Danila Piotti
Giulia de Savorgnani
Elena Carrara

UNIVERS ITALIA 2.0

corso di italiano
libro dello studente e esercizi

1 NUOVA EDIZIONE

INTRODUZIONE

UniversItalia 2.0 è un corso di lingua italiana per stranieri principianti, concepito espressamente per studenti universitari: il corso si rivolge sia agli studenti che studiano italiano come materia principale sia a quelli che lo studiano come materia facoltativa.

Scopo di **UniversItalia 2.0** è far sì che gli studenti siano in grado di comunicare correttamente in italiano in breve tempo e di farsi capire nelle situazioni quotidiane in diversi contesti comunicativi. Inoltre il manuale, grazie al contenuto mirato per temi e argomenti, prepara ad esami, a soggiorni all'estero e a stage in Italia.

Con **UniversItalia 2.0 A1/A2** lo studente raggiunge il livello A2 del Quadro comune europeo di riferimento per le lingue. Le pagini opzionali del *Progetto* a fine lezione e i numerosi esercizi dell'eserciziario fungono da approfondimento di ciò che si è imparato.

Il manuale sviluppa sistematicamente le quattro abilità linguistiche.
Ogni unità contiene i seguenti elementi ricorrenti:

- la pagina di apertura con foto che sintetizzano gli obiettivi didattici e permettono un'introduzione stimolante al tema dell'unità;
- testi ed ascolti autentici che stimolano lo sviluppo di una coscienza interculturale e che parallelamente servono a sviluppare la comprensione orale e scritta, ma anche ad introdurre le strutture grammaticali e lessicali;
- parti analitiche (*Ritorno al testo* e *Occhio alla lingua*) in cui si chiede allo studente di scoprire da solo come funziona la lingua;
- esercizi guidati e semi guidati per esercitare le strutture e il vocabolario introdotto;
- focus sulla produzione libera sia orale che scritta;
- una sezione facoltativa molto creativa e concentrata sull'utilizzo pratico della lingua, la pagina del *Progetto*, con cui si conclude ogni unità;
- spiegazioni grammaticali dettagliate e tabelle chiare e schematiche alla fine di ogni lezione.

L'eserciziario offre:

- numerosi e svariati tipi di esercizi per fissare e ripetere le strutture e il vocabolario introdotti nell'unità;
- testi ed ascolti autentici supplementari, con cui consolidare le abilità *leggere* e *ascoltare*;
- informazioni sulla vita e sulla civiltà italiana (*Lo sapevate che...?*).

UniversItalia 2.0 A1/A2 contiene inoltre due test di autovalutazione concepiti secondo il modello delle liste di autovalutazione del Portfolio europeo. Questi test hanno lo scopo di aiutare lo studente a riflettere in modo autonomo sui propri progressi e di prendere coscienza dei propri punti di forza e di debolezza. In appendice si trovano la tabella sulla fonetica italiana con tracce audio e esercizi relativi, le tabelle dei verbi irregolari e delle preposizioni, le trascrizioni degli ascolti dell'eserciziario e le soluzioni dell'eserciziario.

Il volume **UniversItalia 2.0 A1/A2** è accompagnato da due CD audio.

Per semplificare le consegne e gli esempi si è preferito utilizzare sempre soltanto la forma maschile. Ciononostante si intendono sempre entrambi i generi.

E per finire, vi auguriamo buon lavoro e buon divertimento con **UniversItalia 2.0**!

Il team di **UniversItalia 2.0**

▶‖ 1.2   numero della traccia audio su CD   ≝ 2   esercizio corrispondente nell'eserciziario

INDICE

1 Ciao, mi chiamo... — Pagina 7 — Eserciziario Pagina 121

Funzioni comunicative ▶ salutarsi ▶ presentarsi e presentare gli altri ▶ chiedere e fornire informazioni personali ▶ motivare lo studio dell'italiano ▶ compilare un formulario

Grammatica ▶ i pronomi soggetto (al singolare) ▶ il presente indicativo dei verbi regolari (singolare) ▶ i verbi *essere, avere, chiamarsi* (singolare) ▶ la preposizione *di, a, in, da, per* ▶ la negazione ▶ l'articolo indeterminativo ▶ l'articolo determinativo ▶ sostantivi e aggettivi (singolare) ▶ gli interrogativi (I)

Lessico ▶ formule di saluto ▶ corsi di laurea ▶ paesi e nazionalità ▶ i numeri fino a 100

Progetto ▶ compilare un formulario per ricevere informazioni su un corso di lingua ▶ svolgere un sondaggio

2 Tu che cosa prendi? — Pagina 19 — Eserciziario Pagina 129

Funzioni comunicative ▶ informarsi sullo stato di salute ▶ ordinare ▶ chiedere e indicare l'ora ▶ parlare di gusti e preferenze ▶ chiedere e fornire informazioni generali

Grammatica ▶ il presente indicativo dei verbi irregolari *essere, avere, fare* e *bere* ▶ il plurale dei sostantivi, degli aggettivi e degli articoli determinativi ▶ le preposizioni articolate (*a, da* + articolo) ▶ la domanda con *vorrei* ▶ il presente indicativo dei verbi regolari (plurale) ▶ verbi con la radice *-isc-* (incoativi) ▶ gli interrogativi (II)

Lessico ▶ bevande e snack ▶ orario ▶ giorni della settimana ▶ cibi (I)

Progetto ▶ preparare, svolgere e valutare un sondaggio sulle preferenze e i gusti a colazione

3 Com'è la tua giornata? — Pagina 33 — Eserciziario Pagina 137

Funzioni comunicative ▶ parlare della giornata tipo, delle abitudini e del tempo libero ▶ parlare della frequenza con cui si fa qualcosa ▶ esprimere gusti e preferenze ▶ esprimere possesso

Grammatica ▶ verbi riflessivi ▶ verbi irregolari al presente indicativo (*andare, dare, uscire, rimanere, venire*) ▶ i verbi modali (*potere, dovere, volere*) ▶ verbi riflessivi ▶ la doppia negazione (*non... mai*) ▶ il verbo *andare* più preposizione (*a/al/in*) ▶ il verbo *piacere* ▶ i pronomi indiretti atoni ▶ gli aggettivi possessivi (I) ▶ il plurale dei sostantivi in *-ca/-ga* e *-co/-go*

Lessico ▶ l'orario ▶ la giornata tipo ▶ gli avverbi di tempo *sempre, spesso, a volte, raramente, non... mai*

Progetto ▶ chiedere ad altri studenti cosa fanno il fine settimana ▶ stabilire chi nel gruppo è particolarmente attivo, diligente o casalingo

4 Che bella città! — Pagina 47 — Eserciziario Pagina 145

Funzioni comunicative ▶ descrivere un luogo ▶ chiedere per strada un'informazione e rispondere ▶ descrivere un percorso ▶ ringraziare ▶ parlare del tempo e delle stagioni

Grammatica ▶ la particella *ci* ▶ la costruzione impersonale (*si* + verbo) ▶ l'indicativo presente di *sapere* ▶ i pronomi diretti atoni ▶ le preposizioni articolate ▶ le preposizioni indicanti luogo

Lessico ▶ città ▶ tempo ▶ mesi e stagioni ▶ negozi ▶ descrizione di un percorso ▶ numeri ordinali ▶ avverbi di luogo *fra, accanto a, di fronte a, davanti a, dietro*

Progetto ▶ descrivere la città in cui si studia ▶ parlare di quartieri interessanti

INDICE

5 Generazione Erasmus — Pagina 61 — Eserciziario Pagina 153

Funzioni comunicative ▶ parlare di eventi del passato ▶ parlare di esperienze all'estero (volontariato, anno sabbatico dopo la maturità) ▶ informarsi telefonicamente su un corso di lingua all'estero

Grammatica ▶ il passato prossimo ▶ il passato prossimo dei verbi riflessivi ▶ gli avverbi *già / non ancora* ▶ il verbo *piacere* al passato prossimo ▶ la formazione e l'uso degli avverbi (I) ▶ l'uso transitivo e intransitivo di *cominciare*, *finire* e *iniziare*

Lessico ▶ esperienze all'estero ▶ gli avverbi di tempo *ieri, fa, scorso, stamattina* ▶ al telefono ▶ iscrizione ad un corso di lingua

Progetto ▶ scegliere un'università straniera per svolgere un semestre Erasmus ▶ scrivere una e-mail per ricevere informazioni utili

6 Acquisti per ogni occasione — Pagina 75 — Eserciziario Pagina 161

Funzioni comunicative ▶ parlare di festività ▶ scrivere una lista della spesa ▶ fare acquisti di generi alimentari ▶ descrivere e comprare vestiti

Grammatica ▶ l'articolo partitivo ▶ la particella *ne* ▶ la concordanza del participio passato con i pronomi diretti e con la particella *ne* ▶ i verbi *sapere* e *potere* ▶ l'imperativo della seconda persona singolare e la posizione del pronome ▶ gli aggettivi dimostrativi *questo/quello* ▶ l'aggettivo *bello*

Lessico ▶ feste e festività ▶ fare acquisti ▶ generi alimentari (II) ▶ avverbi di quantità ▶ vestiti ▶ stoffe e materiali ▶ colori

Progetto ▶ organizzare una festa di carnevale

7 Coinquilino cercasi — Pagina 89 — Eserciziario Pagina 169

Funzioni comunicative ▶ esprimere qualcosa cortesemente ▶ esprimere un desiderio ▶ formulare un'ipotesi ▶ descrivere un appartamento ▶ scrivere e comprendere un annuncio immobiliare ▶ concordare un appuntamento per visitare un appartamento

Grammatica ▶ il condizionale presente ▶ il presente progressivo (*stare + gerundio*) ▶ il pronome relativo *che* ▶ l'uso e la formazione dell'avverbio (II)

Lessico ▶ case ▶ appartamenti e stanze ▶ annunci immobiliari ▶ descrizione di appartamenti ▶ i numeri fino a un miliardo ▶ oggetti d'arredamento

Progetto ▶ cercare un coinquilino ▶ preparare delle domande da porre ai candidati che si propongono per l'appartamento

8 Non c'era una volta... — Pagina 103 — Eserciziario Pagina 177

Funzioni comunicative ▶ descrivere situazioni e abitudini del passato ▶ parlare di ricordi dell'infanzia ▶ descrivere l'aspetto e il carattere di una persona ▶ parlare di famiglia

Grammatica ▶ l'imperfetto ▶ l'imperfetto con *mentre* ▶ pronomi diretti atoni con le preposizioni ▶ gli aggettivi possessivi con i nomi di parentela (II)

Lessico ▶ internet e i social network ▶ aspetto e carattere di una persona ▶ membri di una famiglia

Progetto ▶ creare un servizio di social network della classe ▶ cercare il partner di studio ideale per studiare italiano

---

Test di autovalutazione	P. 119	Verbi irregolari	P. 194
Eserciziario delle Unità 1 – 8	P. 121	Riepilogo delle preposizioni	P. 198
Numeri cardinali	P. 185	Soluzioni dell'eserciziario	P. 201
Fonetica	P. 186	Trascrizioni degli ascolti dell'eserciziario	P. 210

▶II 1.1 L'ALFABETO

A	B (bi)	C (ci)	D (di)	E	J (i lunga)
F (effe)	G (gi)	H (acca)	I	L (elle)	K (kappa)
M (emme)	N (enne)	O	P (pi)	Q (cu)	W (doppia vu)
R (erre)	S (esse)	T (ti)	U	V (vi/vu)	X (ics)
Z (zeta)					Y (ipsilon)

COMUNICAZIONE IN CLASSE

Che cosa dice il tuo / la tua insegnante?

Parlate.

Scrivete.

Leggete.

Ascoltate.

Chiedete / Fate una domanda e rispondete.

Completate.

Segnate la risposta giusta.

Abbinate.

Frasi utili per te.

Non capisco.

Come si scrive?

Come si dice … in italiano?

Che cosa significa?

Come si pronuncia?

Che cosa dobbiamo fare?

Può ripetere, per favore?

UNITÀ 1

CIAO, MI CHIAMO...

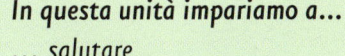

In questa unità impariamo a...
... salutare
... presentarsi e presentare gli altri
... chiedere e fornire informazioni personali
... motivare una scelta (per es. perché studio l'italiano)
... compilare un formulario

➔ In questa unità compiliamo un formulario per raccogliere informazioni su una scuola di lingue e prepariamo una statistica.

1. L'Italia per me è...

Cos'è l'Italia per voi? Scrivete almeno tre parole.
Chiedete all'insegnante le parole che non conoscete.
Confrontate poi in plenum.

Esempio:
● Come si dice *mare* in italiano?
■ Mare.
● Come si scrive?
≡/1 ■ emme-a-erre-e

ALMA Edizioni   sette   **7**

UNITÀ 1

2. Alla festa di Chiara

▶ 1.2 a. *Siamo a una festa di studenti. Un ragazzo si avvicina a una ragazza. Ascoltate due o tre volte il dialogo e poi completate.*

nome	Stefi
città	Prato
facoltà	Economia

nome	Claudio
città	Fabriano
facoltà	Matematica

b. *Insieme a un compagno mettete in ordine le frasi di Stefi.*

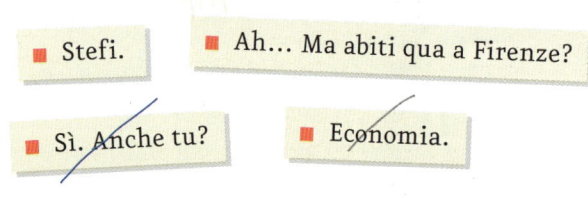

■ No, non proprio di Firenze, sono di Prato. E tu, di dove sei?

- Scusa, ma tu <u>sei</u> un'amica di Chiara?
- Beh, sì. Studio matematica come lei. E tu, che cosa studi?
- E sei di Firenze?
- Io <u>sono</u> di Fabriano, in provincia di Ancona.
- Sì, sì, ... <u>ho</u> un appartamento con un altro ragazzo, uno studente di medicina.
- Io <u>mi chiamo</u> Claudio. E tu, come <u>ti chiami</u>?

≡ 2, 3

■ Sì. Anche tu?

■ Economia

■ No, non proprio di Firenze, sono di Prato

■ Ah, Ma abiti qua a Firenza

■ Stefi

▶ 1.2 c. *Ascoltate un'altra volta e controllate.*

3. Ciao! Conoscete altre forme di saluto in italiano?

8   otto

ALMA Edizioni

UNITÀ 1

4. Ritorno al testo

a. Leggete ancora una volta il dialogo e sottolineate i verbi.

b. Adesso completate la tabella.

Verbi al presente: 1ª e 2ª persona		
infinito	io	tu
chiamarsi	mi chiamo	ti chiami
essere	sono	sei
studiare	studio	studi
abitare	abito	abiti
avere	ho	hai

▶ Quale desinenza hanno i verbi alla prima persona (io)? o
▶ Quale desinenza hanno i verbi alla seconda persona (tu)? i

5. Presentazioni

Cosa dicono i ragazzi qui sotto? Seguite l'esempio.

Provenienza e residenza
essere **di** + città
abitare **a** + città

Sono di Como, ma abito a Parigi.   Sono di Verona e abito a Verona.

MARIA
Roma/Monaco

LUIGI
Napoli/Napoli

CHIARA
Torino/Firenze

CARLA
Venezia/Bologna

RICCARDO
Milano/Londra

E tu?
Coventry
Leighton Buzzard

UNITÀ 1

6. Che cosa studi?

Completate lo schema con le espressioni che vedete qui sotto. Poi cercate il vostro corso di laurea, facoltà o dipartimento. Se non li trovate, chiedete all'insegnante.

~~Medicina e Chirurgia~~   ~~Disegno industriale~~   ~~Filosofia~~   ~~Scienze della comunicazione~~   ~~Informatica~~
~~Storia~~   ~~Matematica~~   ~~Sociologia~~   ~~Lingue e letterature straniere~~   ~~Ingegneria meccanica~~
~~Medicina veterinaria~~

AREA SANITARIA
- Farmacia
- Odontoiatria
- _Medicina e Chirurgia_
- _Medicina veterinaria_

AREA SCIENTIFICA
- Ingegneria civile
- Ingegneria gestionale
- _Disegno industriale_
- Architettura
- Fisica
- _Matematica_
- _Informatica_
- _Ingegneria meccanica_

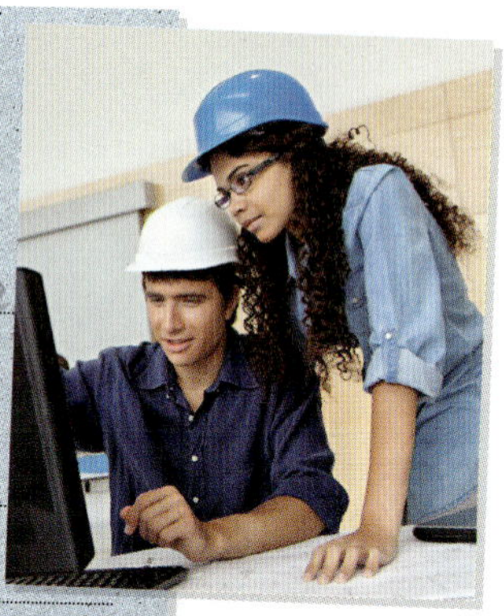

AREA UMANISTICA
- Lettere
- _Filosofia_
- Scienze dell'educazione
- _Storia_
- _Lingue_

AREA SOCIALE
- Scienze del turismo
- Scienze dell'economia e della gestione aziendale
- Giurisprudenza
- _Sociologia_
- _Scienze della comunicazione_

 5

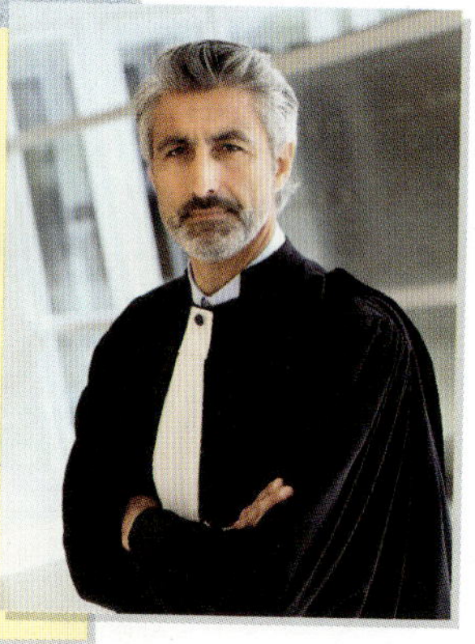

7. Mi chiamo

Presentatevi al vostro vicino. Usate i verbi del punto 4 e le espressioni del punto 6.

Mi chiamo...

8. Ritorno al testo

a. *Leggete il dialogo al punto 2b un'altra volta e sottolineate le domande.*

b. *Scegliete le domande che secondo voi si usano per fare conoscenza e confrontate con un compagno.*

1. _Che cosa studi?_
2. _Abiti qua a...?_
3. _Come ti chiami_
4. _E tu, di dove sei?_

9. E tu?

 6,7 *Adesso girate per la classe e fate le domande a tre compagni diversi.*

UNITÀ 1

10. Ritorno al testo

a. Cercate nel dialogo al punto 2b gli articoli indeterminativi e scriveteli con i nomi.

un'amica (f)   uno studente (m)
un appartamento (m)   un altro negozio (m)

▶ Quali sostantivi sono maschili (m.) e quali femminili (f.)? _____

b. Lavorate in coppia e completate la tabella.

L'articolo indeterminativo	maschile	femminile
davanti a consonante	un	una
davanti a **s** + consonante	uno	una
davanti a vocale	un	un'

11. Esercizio

Completate con gli articoli indeterminativi. Chiedete all'insegnante le parole che non conoscete.

_____ aeroporto
una scuola
_____ scandalo
_____ momento

_____ aula
_____ libro
_____ professore
_____ casa

_____ ragazza
_____ studentessa
_____ amico
_____ lavoro

▶ 1.3 12. Intervista

a. Ascoltate e consultatevi poi con un compagno: secondo voi a quale foto si riferisce l'intervista?

1. ○

2. ○

3. ○

b. Ascoltate un'altra volta e segnate la risposta esatta.

a. Giuliana è
○ segretaria.
○ insegnante.
○ studentessa.

b. Lavora a
○ Milano.
○ Firenze.
○ Roma.

c. L'età media degli studenti è
○ 15 – 20 anni (quindici-venti).
○ 18 – 22 anni (diciotto-ventidue).
○ 20 – 25 anni (venti-venticinque).

c. Confrontate le vostre risposte con quelle di un compagno e poi controllate con un ultimo ascolto.

UNITÀ 1

13. Ritorno al testo

▶II 1.3 a. *Ascoltate l'intervista ancora una volta: quali aggettivi di nazionalità sentite nel dialogo?*

○ spagnolo   ○ portoghese   ○ russo   ○ polacco
○ tedesco   ○ turco   ○ inglese   ○ italiano
○ francese   ○ olandese   ○ americano ○ austriaco

b. *Scrivete gli aggettivi del punto 13 a accanto ai nomi dei Paesi.*

Francia _____	Inghilterra _____	Portogallo _____
Germania _____	Olanda _____	Polonia _____
Spagna _____	Italia _____	Russia _____
America _____	Turchia _____	Austria _____

▶II 1.4 c. *Ascoltate e completate.*

Nella classe che ho in questo momento, una bella classe di livello intermedio alto, ho una ragazza _____ che studia giurisprudenza, una ragazza _____ che studia matematica, una ragazza _____ che vive qui a Roma da cinque mesi e studia lettere antiche, poi ho un ragazzo _____ che studia architettura.

d. *Riflettete sulle desinenze e completate lo schema.*

Sostantivi e aggettivi: concordanza	
maschile	**femminile**
un ragazzo polacco	
un ragazzo olandese	

e. *Adesso completate la lista.*

maschile	femminile		maschile	femminile
spagnolo			americano	
	russa			turca
inglese			italiano	
	francese			portoghese

≝ 9

12 dodici   ALMA Edizioni

UNITÀ 1

14. Esercizio

Scrivete delle frasi come nell'esempio.

Janine, una studentessa di Giuliana, descrive la sua classe.

Hanna è polacca, di Varsavia.

Hanna/Polonia/Varsavia

Jan/Olanda/Amsterdam   Marianne/Austria/Linz   Iwan/Russia/Mosca

Maria/Spagna/Salamanca   Peter/Germania/Colonia   Paul/Francia/Tolone

≡ 10, 11, 12, 13   Amalia/Portogallo/Lisbona   Jasmin/Turchia/Ankara   Joao/Portogallo/Coimbra

essere	
io	
tu	
lui/lei	è

15. I numeri da 0 a 100

a. Completate la tabella con i numeri che trovate qui sotto.

ventotto   diciassette   quattordici   trenta   settanta   undici   sei   ventitré   ventuno

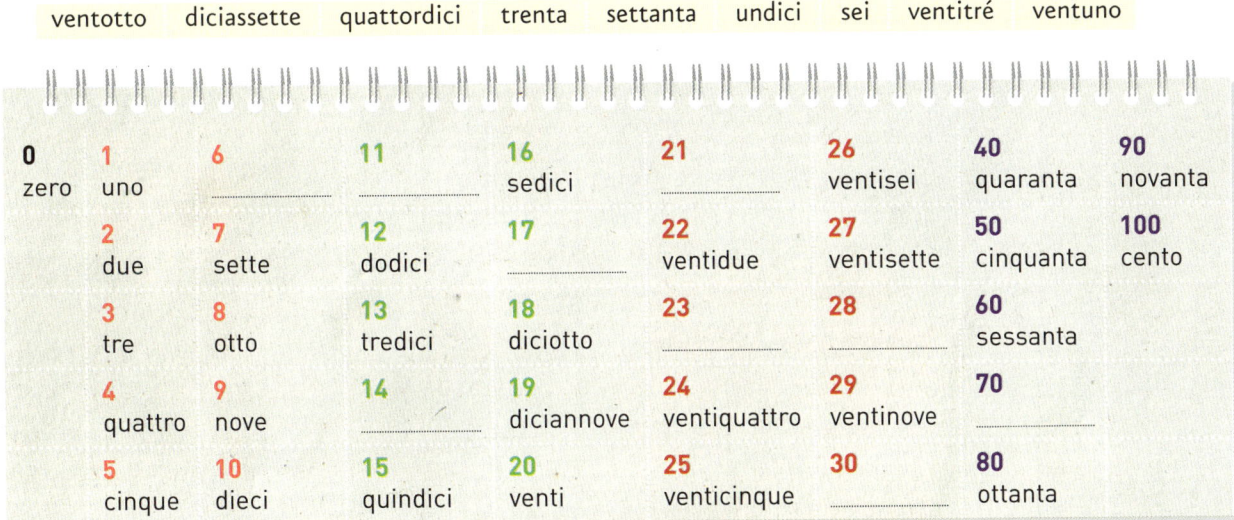

0 zero	1 uno	6 _____	11 _____	16 sedici	21 _____	26 ventisei	40 quaranta	90 novanta
2 due	7 sette	12 dodici	17 _____	22 ventidue	27 ventisette	50 cinquanta	100 cento
3 tre	8 otto	13 tredici	18 diciotto	23 _____	28 _____	60 sessanta	
4 quattro	9 nove	14 _____	19 diciannove	24 ventiquattro	29 ventinove	70 _____	
5 cinque	10 dieci	15 quindici	20 venti	25 venticinque	30 _____	80 ottanta	

▶|| 1.5 *b. Ascoltate e controllate.*

c. Scambiatevi adesso i vostri numeri di telefono.

Esempio:
■ Qual è il tuo numero di telefono?
● 0175-20556362.

≡ 14

Attenzione!
21 = ventuno
28 = ventotto
23 = ventitré

16. Occhio alla lingua!

≡ 15, 16, 17   *Fate la domanda a un compagno.*

Quanti anni hai?   Ventuno.

avere	
io	
tu	
lui/lei	ha

UNITÀ 1

17. Perché studi l'italiano?

a. Leggete il testo e completate il diagramma.

10% = dieci per cento

L'ITALIANO NEL MONDO

Con l'indagine *Italiano 2010* il Ministero degli Affari Esteri Italiano ha voluto scoprire, attraverso una ricerca svolta in tutto il mondo, l'interesse che l'italiano suscita all'estero. Una delle domande più interessanti del questionario riguarda le motivazioni allo studio dell'italiano come lingua straniera.

A conferma dell'immagine della lingua italiana come lingua di cultura, si legge nelle risposte che il 56% sceglie di studiare l'italiano per «Tempo libero e interessi vari». Al secondo posto c'è lo studio (21%), seguito dalle altre due motivazioni: «Lavoro» (13%) e «Motivi personali e familiari» (10%).

(basato su: C. Giovanardi, P. Trifone, *L'inchiesta Italiano 2010*)

MOTIVAZIONI ALLO STUDIO DELL'ITALIANO

10% — ....
13% — ....
21% — ....
56% — ....

b. Siete nel forum «Perché studi l'italiano?». Abbinate i post alle fotografie.

www.forum-studiare-italiano.it

PERCHÉ STUDI L'ITALIANO?

a Studio l'italiano perché è una lingua musicale, bella, e anche perché mio nonno è italiano. Amo l'Italia per la sua storia e la sua cultura e le belle città.

b Studio l'italiano perché voglio studiare in Italia per diventare allenatore di calcio.

c Lavoro nel campo della moda, parlare italiano è importante per il mio lavoro. Mi piace anche la musica italiana: sento sempre le canzoni di Laura Pausini!

d Ciao a tutti! Studio l'italiano da un anno. Amo l'Italia per la sua musica, per la sua cultura e la sua cucina!

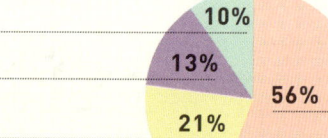
1. .... Martine
25 anni, francese, vive a Parigi

3. .... Rafael
20 anni, brasiliano, vive a San Paolo, studia architettura

2. .... Andrej
21 anni, croato, vive a Spalato

4. .... Lilian
19 anni, americana, studia musica

c. Rileggete i post. Quali motivazioni del punto 17a riconoscete? Scrivetele vicino ai post. Possono essere più di una per post.

d. Adesso partecipate anche voi al forum e scrivete in un post la vostra motivazione.

14 quattordici   ALMA Edizioni

UNITÀ 1

18. Ritorno al testo

a. Cercate nei post e nei testi sotto alle fotografie le forme dei verbi mancanti e scrivetele nella tabella.

Verbi regolari al presente (singolare)			
	studiare	vivere	sentire
io	....	vivo	....
tu	studi	vivi	senti
lui/lei	....	....	sente

b. Adesso intervistate una persona della classe e poi presentatela a un altro compagno. Domandate nome, città, anni, studio, motivi per cui studia l'italiano.

Esempio:
- Come ti chiami?
- Florian. ...
- Si chiama Florian. ...
- ...

≡ 18, 19

Presentare qualcuno
Lui si chiama Florian. /
Questo è Florian.
Lei si chiama Anne. /
Questa è Anne.

19. Occhio alla lingua!

a. Osservate le seguenti parole: Sono maschili o femminili?

italiano   indagine   mondo
cultura   studio

maschile	femminile

▶ Una parola con la desinenza **-o** è normalmente ....
▶ Una parola con la desinenza **-a** è normalmente ....
▶ Una parola con la desinenza **-e** può essere maschile o femminile:
   indagine è femminile   **interesse** è maschile

b. Cercate adesso nei testi del punto 17 gli articoli determinativi dei sostantivi al punto 19a e scriveteli accanto alle parole.

c. Provate in coppia a completare la regola.

L'articolo determinativo (singolare)		
	maschile	femminile
davanti a vocale		
davanti a consonante		
davanti a s + consonante		

≡ 20, 21, 22

20. Esercizio

A questo punto conoscete diverse parole italiane: scrivete su un foglio quelle che vi ricordate, avete 3 minuti di tempo. Scambiate il foglio con il vostro vicino e mettete gli articoli determinativi. Controllate poi con un compagno diverso.

≡ 23, 24, 25

ALMA Edizioni   quindici **15**

UNITÀ 1

→ In questa pagina del Progetto compiliamo un formulario per raccogliere informazioni su un corso di lingua in Italia che vogliamo frequentare durante le vacanze. Poi cerchiamo di scoprire perché gli altri studenti imparano l'italiano e prepariamo una piccola statistica.

Imparare l'italiano in Italia

a. *Volete frequentare un corso d'italiano in Italia. Compilate il modulo di richiesta per avere maggiori informazioni.*

http://www.linguitalia.it/info/richiesta

Home • Scuola • Corsi e Alloggi • **Modulo di richiesta** • Contatto

Impara l'italiano con
LINGUITALIA

MODULO DI RICHIESTA

Vorrei ricevere maggiori informazioni sul programma "Impara l'italiano in Italia" a
○ Venezia ○ Bologna ○ Firenze ○ Roma ○ Napoli ○ Catania

Sono interessato/a a
○ un corso superintensivo ○ un corso intensivo ○ un corso individuale
○ un corso di conversazione ○ un corso di lingua e cultura

Studio l'italiano per
○ lavoro ○ tempo libero e interessi vari ○ studio ○ motivi personali e familiari

Dati personali

Cognome

Nome

Indirizzo

Nazionalità

Numero di telefono

E-mail

Facoltà

Messaggio

b. *In gruppi di quattro: confrontate i moduli. Perché studiate l'italiano? Quale città avete scelto? Quale tipo di corso? Perché?*

c. *Adesso in plenum. Confrontate i risultati e fate una statistica della classe. Quali sono i tre motivi più frequenti? Quale città ha vinto?*

16 sedici

ALMA Edizioni

GRAMMATICA UNITÀ 1

1. Il sostantivo

In italiano i sostantivi sono maschili o femminili. Osserva le desinenze:

	desinenze	singolare
maschile	-o	mondo
femminile	-a	cultura
maschile o femminile	-e	interesse / indagine

2. L'articolo

Le forme dell'articolo determinativo e indeterminativo dipendono dal genere e dalle prime lettere della parola che segue.

	articoli determinativi singolari		articoli indeterminativi	
	maschile	femminile	maschile	femminile
con consonante	il mondo	la cultura	un lavoro	una casa
con vocale	l' interesse	l' indagine	un amico	un' amica
con s + consonante	studio		studente	
con z	zucchero		zucchino	
con ps	psicologo		pseudonimo	
con pn	lo pneumatico		uno pneumologo	
con gn	gnomo		gnocco	
con x	xilofono		xenofobo	
con y	yogurt		yacht	

Davanti a una parola che comincia per **i-** seguita da vocale si usa l'articolo **lo**: *lo Ionio, lo Iodio*.
Davanti a parole che cominciano per **h-** si usa l'articolo **l'**: *l'hotel, l'hobby*.

3. L'aggettivo

Gli aggettivi concordano in genere e numero con il sostantivo a cui si riferiscono. Ci sono due gruppi di aggettivi: aggettivi con desinenza **-o** al maschile singolare e **-a** al femminile singolare e aggettivi con la desinenza **-e** per entrambi i generi.

maschile singolare	femminile singolare
un ragazzo polacco	una ragazza polacca
un ragazzo olandese	una ragazza olandese

Attenzione! Ci sono aggettivi con desinenze particolari.

maschile singolare	femminile singolare
un ragazzo belga	una ragazza belga

UNITÀ 1 GRAMMATICA

4. I numeri cardinali

Una sintesi dettagliata dei numeri si trova a pagina 100.

5. Il presente indicativo (singolare)

Verbi regolari

	abitare	vivere	sentire
io	abito	vivo	sento
tu	abiti	vivi	senti
lui/lei	abita	vive	sente

In italiano esistono tre coniugazioni:
1. coniugazione → abit**are**
2. coniugazione → viv**ere**
3. coniugazione → sent**ire**

chiamarsi
mi chiamo
ti chiami
si chiama

Chiamarsi è un verbo reflessivo.

Verbi irregolari

essere	avere
sono	ho
sei	hai
è	ha

6. La negazione

Sei di Firenze? – **No**, sono di Prato.
Marcello **non** studia architettura.

La negazione si esprime con **no** o con **non**.
La negazione **non** si trova sempre davanti al verbo.

7. Le preposizioni

Le preposizioni *di, a, in, da* e *per*		
Provenienza	**di**	**Di** dove sei? – Sono **di** Prato.
Stato in luogo	**a** (+ città)	Abito **a** Firenze.
	in (+ paese)	Vivi **in** Francia?
Durata	**da**	Vive qui **da** 5 mesi.
Motivo, scopo	**per**	Studio l'italiano **per** lavoro.
		Studio l'italiano **per** diventare allenatore di calcio.

Alla domanda **di dove sei?** si risponde con **di** + il nome della città di provenienza.

8. Gli interrogativi

Come ti chiami?   **Che cosa** studi?   **Perché** studi l'italiano?
Di dove sei?   **Quanti** anni hai?   **Con chi** abiti?
Dove abiti?

UNITÀ 2

TU CHE COSA PRENDI?

In questa unità impariamo a…
… informarsi sullo stato di salute
… ordinare qualcosa
… chiedere e indicare l'ora
… parlare di gusti
… chiedere e dare informazioni generali

➔ In questa unità facciamo un sondaggio tra gli studenti del gruppo sul tema 'gusti a colazione' e valutiamo le informazioni raccolte.

1. Ho una fame!

a. Osservate le fotografie: conoscete i nomi delle cose da mangiare e da bere che vedete?

b. Adesso completate lo schema con le parole seguenti. Potete aggiungere altre parole.

panino   acqua minerale   tramezzino   birra
aperitivo   pizzetta   caffè   vino   spremuta
toast   spritz   cornetto   focaccia   succo d'arancia

bevande —— spremuta

spuntini —— tramezzino

ALMA Edizioni   diciannove **19**

UNITÀ 2

▶ll 1.6 **c.** *Ascoltate il dialogo: quante persone parlano? Chi sono? Dove sono? Che cosa fanno? Parlatene con un compagno.*

▶ll 1.6 **d.** *Ascoltate un'altra volta e segnate l'informazione giusta. Controllate poi in plenum.*

1. I ragazzi vanno   ○ in mensa.   ○ al bar.   ○ in pizzeria.
2. Marco ha   ○ tempo.   ○ fame.   ○ sete.
3. Anna ha   ○ tempo.   ○ fame.   ○ sete.
4. Marco prende _____
5. Anna prende   _____

> Non ho molto tempo, perché alle due ho lezione.
>
> Ho fame!
>
> Ho sete!

2. Tutto bene?

▶ll 1.7 **a.** *Ascoltate più volte il dialogo e completate.*

● Ciao, Marco!
■ Anna, ciao! _____ _____ ?
● _____ c'è _____ . E tu? _____ _____ ?
■ _____ , _____ .

stare	
(io)	sto
(tu)	stai
(lui/lei)	sta
(noi)	stiamo
(voi)	state
(loro)	stanno

b. *Adesso completate lo schema con le domande e le risposte che mancano. Confrontate poi in plenum.*

Chiedere come uno sta e rispondere	
_____ ?	Benissimo / Molto bene!
_____ ?	_____ !
	Abbastanza bene!
	_____ _____ _____ .
	Così, così.
	Male.

Come stai?
Bene, grazie!

c. *Fate un dialogo simile con alcuni compagni.*

3. Tu che cosa prendi?

▶ll 1.8 **a.** *Ascoltate più volte il dialogo e mettete in ordine le frasi alla pagina seguente. Controllate poi in plenum.*

| Naturale. | Per me una pizzetta e una bottiglia di acqua minerale grande. | Senta, posso avere due bicchieri? … Uno anche per te… |

| Io prendo un panino con prosciutto crudo e formaggio e un caffè. | Tu che cosa prendi? | Va bene! |

20 venti   ALMA Edizioni

UNITÀ 2

■ Senti, perché non andiamo al bar dell'università? Lì hanno panini, pizzette, cose così, non c'è da aspettare. I panini sono veramente buoni, le pizzette anche.
● ....
... ...
■ ....
● Mah, io non ho molta fame, piuttosto ho sete.
▲ Prego!
● ....
▲ Naturale o gassata?
● ....
■ ....
● ....
■ Ah, grazie!
▲ Allora, una pizzetta, un panino con prosciutto crudo e formaggio, un caffè e una bottiglia di acqua minerale.

avere	
(io)	ho
(tu)	hai
(lui/lei)	ha
(noi)	abbiamo
(voi)	avete
(loro)	hanno

essere	
(io)	sono
(tu)	sei
(lui/lei)	è
(noi)	siamo
(voi)	siete
(loro)	sono

b. *Leggete il dialogo ancora una volta e completate. Controllate poi in plenum.*

▸ Come chiedo a qualcuno che cosa vuole mangiare o bere? ....
▸ Che cosa dico per ordinare? ....
≝ 2, 3 ▸ Che cosa dico per chiedere qualcosa? ....

4. Ritorno al testo

a. *Cercate nel dialogo le forme plurali dei seguenti sostantivi.*

panino ....
pizzetta ....
bicchiere ....

Attenzione!	
un toast	due toast
un caffè	due caffè

b. *Come sono le desinenze? Come cambiano al plurale? Scrivete la regola.*

Sostantivi		
	singolare	plurale
maschile	....	....
femminile	....	....
maschile/femminile	....	i

ALMA Edizioni   ventuno   21

UNITÀ 2

5. Al bar

Siete al bar. In piccoli gruppi: uno è il barista e prende le ordinazioni, gli altri due ordinano da bere e da mangiare. Scambiatevi poi i ruoli.

— BAR NAPOLI —
Listino Prezzi al Tavolo

Caffetteria

caffè (espresso)	€ 1.00
caffè macchiato	€ 1.20
caffè corretto	€ 2.00
caffè decaffeinato	€ 1.00
caffè americano	€ 2.00
caffè freddo	€ 1.50
cappuccino	€ 2.50
latte macchiato	€ 2.50
cioccolata	€ 3.00
tè e infusi	€ 2.80

Bevande

acqua minerale bicchiere	€ 0.80
½ minerale	€ 2.00
bibite	€ 3.50
tè freddo	€ 3.50
succhi di frutta	€ 2.50
spremute	€ 4.00

Aperitivi Birre & Vini

aperitivi analcolici	€ 3.50
aperitivi alcolici	€ 4.50
vino bicchiere	€ 2.50
spumante coppa	€ 3.00
birra piccola	€ 3.00
birra media	€ 4.00

Liquori

liquori nazionali	€ 4.00
liquori esteri	€ 5.00

Snack

pizzette	€ 3.00
toast	€ 3.50
tramezzini	€ 3.50
panini	€ 2.90

6. Ritorno al testo

a. *Completate con il singolare degli articoli determinativi e cercate le forme mancanti del plurale nel dialogo del punto 3.*

singolare	plurale
panino	panini
spritz	gli spritz
aperitivo	gli aperitivi
pizzetta	pizzette
aranciata	le aranciate

22 ventidue

ALMA Edizioni

UNITÀ 2

b. *Adesso completate la regola.*

L'articolo determinativo		
maschile	**singolare**	**plurale**
davanti a consonante		
davanti a s + consonante		
davanti a vocale		
femminile	**singolare**	**plurale**
davanti a consonante		
davanti a vocale		

c. *Leggete le seguenti frasi e completate lo schema a destra.*

≅ 5, 6, 7

Il panino è buono.   I panini sono buoni.
La pizzetta è buona.   Le pizzette sono buone.
Il succo di frutta è dolce.   I succhi di frutta sono dolci.

Aggettivi			
	m.	f.	m./f.
singolare	-o	-a	-e
plurale			

7. Lessico

a. *Leggete i seguenti aggettivi e formate delle coppie di contrari.*

caldo   amaro   alcolico   grande   dolce   piccolo   analcolico   freddo

b. *Scrivete delle espressioni combinando i nomi qui a destra con gli aggettivi del punto 7a. Attenzione alla concordanza. Sono possibili più combinazioni.*

Esempio: un caffè amaro

aperitivo   panino   cornetto   succo di frutta   birra   caffè

c. *Adesso mettete al plurale le espressioni che avete scritto.*

Esempio: un caffè amaro   due caffè amari

▶‖ 1.9 ## 8. Le ore

Ascoltate e completate.

● _____ _____ _____ ?
■ L'una e venti.
● Beh, non ho molto tempo, perché _____ ho lezione.

▶ Qual è l'espressione per chiedere l'ora? _____ ?
▶ Oppure: **Che ore sono?**

UNITÀ 2

9. Che ora è?

a. Abbinate le espressioni agli orologi.

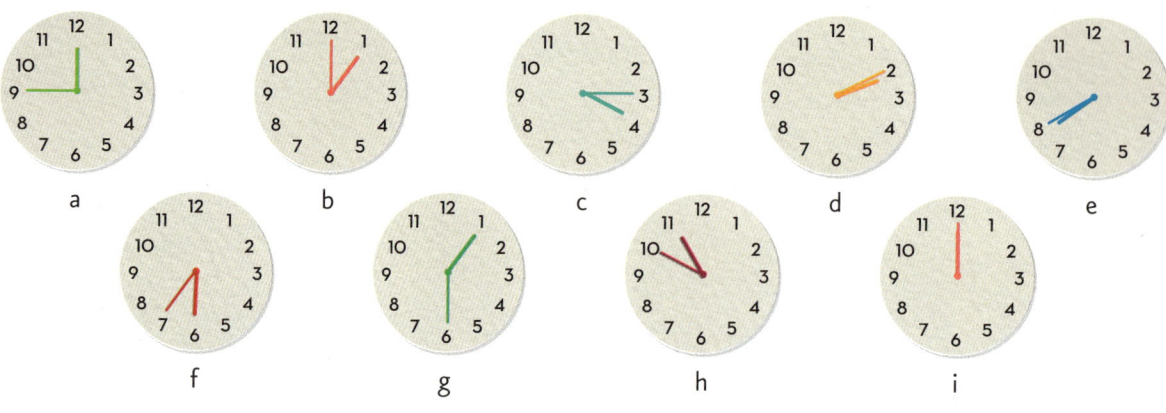

_____ è l'una
_____ è l'una e mezzo/a
_____ sono le due e dieci
_____ sono le quattro e un quarto
_____ sono le sei e trentacinque

_____ sono le otto meno venti
_____ sono le undici meno dieci
_____ è mezzogiorno/mezzanotte
_____ è mezzogiorno/mezzanotte meno un quarto

b. In contesti ufficiali si dice così. Completate.

14:30 — sono le quattordici e trenta

16:15 — _____

00:00 — _____

18:45 — _____

21:50 — _____

10. A che ora?

a. Leggete le frasi e completate poi lo schema con le preposizioni.

Alle due ho lezione.
La biblioteca è aperta **dalle** 8:00 **alle** 20:00.

Le preposizioni con l'articolo		
+	l'	le
a	all'	alle
da	dall'	dalle

L'ora		
A che ora?	**a** mezzogiorno	
	_____ una	
	_____ due	
Quando?	**da** mezzogiorno _____ una	
	_____ una _____ due	
	_____ due _____ tre	

UNITÀ 2

b. Leggete i cartelli e scrivete quattro domande come nell'esempio.
Fate poi le domande al vostro compagno.

MUSEO DI STORIA NATURALE

ORARIO DI APERTURA

Dal 1 giugno al 30 settembre:
da lunedì a venerdì
10.00 – 18.00
(biglietteria 10.00 – 17.00)

Dal 1° ottobre al 31 maggio:
da martedì a venerdì
9.00 – 17.00
(biglietteria 9.00 – 16.00)

sabato e domenica
10.00 – 20.00
(biglietteria 10.00 – 19.00)

informazioni attuali:
www.museostorianaturale.it

SEGRETERIA STUDENTI

ORARIO DI LAVORO

Da lunedì a venerdì
9.00 – 12.00
mercoledì e giovedì anche
13.30 – 15.00

I giorni della settimana
il lunedì
il martedì
il mercoledì
il giovedì
il venerdì
il sabato
la domenica

la domenica =
tutte le domeniche
domenica =
una domenica specifica

BIBLIOTECA COMUNALE

ORARIO

lunedì	9.00 – 13.00
martedì	14.00 – 18.00
mercoledì	9.00 – 15.00
giovedì	15.00 – 19.00
venerdì	9.00 – 19.30
sabato	9.00 – 13.00
domenica	chiuso

Esempio:
● A che ora apre il Museo di storia naturale la domenica? E a che ora chiude?
■ La domenica apre alle… e chiude alle…

c. Fate ora ad un altro compagno delle domande simili sugli orari della vostra università.

≤ 9, 10

UNITÀ 2

▶II 1.10 **11. Informazioni**

a. *Ascoltate il seguente dialogo. Dove si svolge? Chi sono le persone che parlano? Parlatene con un compagno.*

b. *Ora ascoltate di nuovo e completate.*

Nome: Katrin Müller
Nazionalità: _____
Facoltà: _____
Indirizzo: _____

12. Ritorno al testo

▶II 1.10 a. *Ascoltate diverse volte il dialogo e scrivete le domande della segretaria.*

- _____ ?
■ Sì.
- _____ ?
■ Ingegneria.

- _____ ?
■ Sì, …
- Qual è _____ ?
■ Via Garibaldi 17.

b. *La segretaria non dice tu ma Lei, usa la forma di cortesia. Quale persona del verbo usa?* _____

13. Cambiate identità

Immaginate di essere un italiano/un'italiana: scrivete il vostro biglietto da visita con nome, cognome, via, città, numero di telefono. Scoprite poi la nuova identità del vostro vicino. Attenzione: usate la forma di cortesia!

14. Occhio alla lingua!

Leggete le seguenti frasi.

Senta, io **vorrei iscrivermi** a questa università.
Senta, io **vorrei** anche **alcune informazioni** su questa università.

▶ *Si usa* **vorrei** *per esprimere una richiesta cortese. Da che cosa è seguito?*
vorrei + _____
          + _____

Per richiamare l'attenzione o cominciare una frase	
(tu)	Senti!
(Lei – forma di cortesia)	Senta!

≝ 11, 12

UNITÀ 2

15. I pasti degli italiani

a. A coppie. Abbinate gli orari alle espressioni.

pranzo – pranzare   merenda – fare merenda
cena – cenare   colazione – fare colazione

1  .... 2  .... 3  .... 4 ....

b. Leggete il seguente testo e scrivete le parole in neretto sotto alle foto. Attenzione: c'è una foto in più. Confrontate poi con un compagno. Qual è la foto in più?

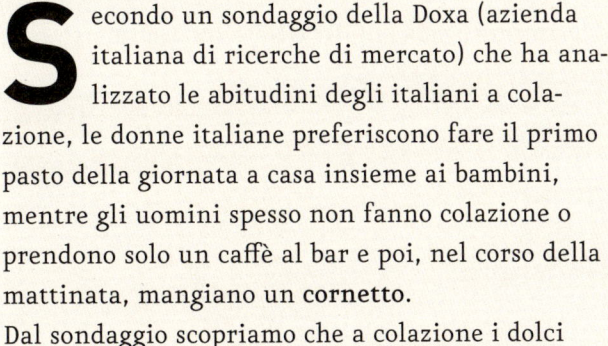

GLI ITALIANI A COLAZIONE

Secondo un sondaggio della Doxa (azienda italiana di ricerche di mercato) che ha analizzato le abitudini degli italiani a colazione, le donne italiane preferiscono fare il primo pasto della giornata a casa insieme ai bambini, mentre gli uomini spesso non fanno colazione o prendono solo un caffè al bar e poi, nel corso della mattinata, mangiano un **cornetto**.
Dal sondaggio scopriamo che a colazione i dolci preferiti dagli italiani sono i **biscotti** seguiti da **fette** biscottate e **pane** con o senza **marmellata**, **miele** o Nutella. Seguono cereali e **muesli**, cornetti, e infine **yogurt** e **frutta fresca**.
Tra le bevande: al primo posto troviamo il latte, poi caffè, caffellatte e cappuccino e per ultimo il tè.

(ispirato a: www.tortealcioccolato.com)

1 ....

2 ....

3 ....

4 ....

5 ....

6 ....

7 ....

8 ....

9 ....

10 ....

c. Completate ora la tabella con gli alimenti e le bevande preferiti dagli italiani a colazione in ordine di preferenza.

alimenti	bevande

UNITÀ 2

d. Ora scrivete una tabella con le abitudini a colazione del vostro Paese: è una colazione dolce o salata? Chiedete all'insegnante le parole che non conoscete. Confrontate poi con un compagno: avete le stesse abitudini degli italiani?

≝ 13

16. Ritorno al testo

a. Rileggete il testo del punto 15 e sottolineate le forme dei verbi al plurale.

b. Completate adesso la tabella.

Verbi regolari al presente			
	mangiare	prendere	scoprire
(io)			
(tu)	mangi		
(lui/lei/Lei)			
(noi)	mangiamo	prendiamo	
(voi)	mangiate	prendete	scoprite
(loro)			scoprono

Verbi irregolari al presente		
	fare	bere
(io)	faccio	bevo
(tu)	fai	bevi
(lui/lei/Lei)	fa	beve
(noi)	facciamo	beviamo
(voi)	fate	bevete
(loro)		bevono

c. Quali persone hanno le desinenze uguali in tutte e tre le coniugazioni?

persona			
desinenza			

≝ 14, 15 d. Perché io, tu, ecc. sono fra parentesi?

17. Esercizio

Mettete in ordine le seguenti forme verbali.

prendete   hanno   ti chiami   beviamo   è   fanno   trovi
abbiamo   aprono   fa   chiudo   mangia   studiate   chiudono
abitiamo   mi chiamo   ha   faccio   viviamo   abiti   scoprite
vivi   mangio   fate

io	tu	lui/lei/Lei	noi	voi	loro

≝ 16

28   ventotto

ALMA Edizioni

UNITÀ 2

18. Esercizio

Coniugate i verbi tra parentesi.

(Essere) _____ l'una e venti: Marco (essere) _____ all'università e (incontrare) _____ Anna. Marco (avere) _____ fame e Anna (avere) _____ sete. (Loro – decidere) _____ di andare al bar e mangiare qualcosa velocemente perché non (avere) _____ molto tempo. Anna (prendere) _____ una pizzetta e da bere acqua minerale, Marco (ordinare) _____ un panino con prosciutto crudo e formaggio e un caffè.

19. E voi?

E voi, fate colazione? Quando? A che ora?
Cosa mangiate e cosa bevete? Parlatene con un compagno.

20. Occhio alla lingua!

a. Leggete le seguenti frasi.

Le donne italiane **preferiscono** fare colazione a casa.
Anna **preferisce** l'acqua minerale naturale.

Le parole evidenziate sono due forme di *preferire*, un verbo della terza coniugazione. Hanno una particolarità:

Verbi della terza coniugazione con ampliamento tematico			
(io)	preferisco	(noi)	preferiamo
(tu)	preferisci	(voi)	preferite
(lui/lei/Lei)	preferisce	(loro)	preferiscono

Attenzione!
Come **preferire** sono **finire** e **capire**, altri verbi della terza coniugazione

b. A coppie, alternandovi. Uno sceglie un verbo del punto 20a (preferire, capire, finire) e dice una persona. L'altro coniuga il verbo.

≡ 17

Esempio:
● capire/lui
■ (lui) capisce

21. Con o senza?

Guardate le foto e fate delle domande al vostro vicino come nell'esempio: scoprite i suoi gusti!

Attenzione!
con **lo** zucchero
senza zucchero

Esempio: Preferisci il caffè con lo zucchero o senza zucchero?

≡ 18, 19, 20, 21

UNITÀ 2

→ In questa pagina del Progetto prepariamo un sondaggio sulle abitudini e le preferenze a colazione degli studenti del gruppo. Facciamo il sondaggio tra gli studenti e lo analizziamo.

La colazione della classe – un sondaggio

a. Completate la seguente tabella.

La mia colazione

A che ora?	
Che cosa mangio?	
Che cosa bevo?	
Dove faccio colazione?	
E il fine settimana?	

b. Formate dei piccoli gruppi. Intervistatevi a vicenda e scrivete le informazioni nella tabella.

La colazione del gruppo

nome del compagno	ora	alimenti	bevande	luogo	fine settimana

c. Confrontate quello che avete scritto e riferite poi alla classe: quanti fanno colazione e quanti no? Fate tutti colazione alla stessa ora? Qual è la bevanda preferita? Qual è l'alimento preferito?

d. Adesso mettete insieme i risultati dei gruppi e scrivete un breve profilo della colazione della classe. Seguite il modello del punto 15b.

La colazione della classe

30 trenta

ALMA Edizioni

GRAMMATICA UNITÀ 2

1. Il plurale (sostantivi)

	singolare	plurale
maschile	panino	panini
femminile	pizzetta	pizzette
maschile o femminile	bicchiere	bicchieri
femminile	indagine	indagini

I sostantivi maschili in -**o** hanno il plurale in -**i**.
I sostantivi femminili in -**a** hanno il plurale in -**e**.
I sostantivi maschili e femminili in -**e** hanno il plurale in -**i**.

singolare	plurale
bar (m.)	bar
caffè (m.)	caffè
città (f.)	città
turista (m./f.)	turisti (m.)
	turiste (f.)

Particolarità
Tutti i sostantivi che terminano per consonante e quelli con accento sull'ultima sillaba rimangono invariati al plurale.
I sostantivi che terminano in -**ista** hanno al plurale due forme: -**i** per il maschile ed -**e** per il femminile.

2. L'articolo determinativo

		singolare		plurale	
maschile	con consonante	il	panino	i	panini
	con vocale	l'	aperitivo	gli	aperitivi
	con s + consonante	lo	studente	gli	studenti
	con z		zero		zeri
	con ps		psicologo		psicologi
	con pn		pneumatico		pneumatici
	con gn		gnomo		gnomi
	con x		xilofono		xilofoni
	con y		yogurt		yogurt
femminile	con consonante	la	pizzetta	le	pizzette
	con vocale	l'	aranciata	le	aranciate

3. L'aggettivo

Gli aggettivi in -**o**/-**a** hanno il plurale in -**i** (maschile) e in -**e** (femminile).
Gli aggettivi in -**e** hanno un'unica forma plurale in -**i** sia per il maschile che per il femminile.

	singolare		plurale	
maschile	un panino	caldo	due panini	caldi
femminile	una pizzetta	calda	due pizzette	calde
maschile o femminile	un bicchiere	grande	due bicchieri	grandi
	una birra		due birre	

trentuno 31

UNITÀ 2 GRAMMATICA

4. Il presente indicativo

Verbi regolari

	-are	-ere	-ire	-ire (-isc-)
	abitare	prendere	aprire	preferire
(io)	abito	prendo	apro	preferisco
(tu)	abiti	prendi	apri	preferisci
(lui/lei/Lei)	abita	prende	apre	preferisce
(noi)	abitiamo	prendiamo	apriamo	preferiamo
(voi)	abitate	prendete	aprite	preferite
(loro)	abitano	prendono	aprono	preferiscono

Nei verbi in -**care** e -**gare** si inserisce una -**h**- prima della desinenza della 2° persona singolare *tu* (cerchi, paghi) e della 1° persona plurare *noi* (cerchiamo paghiamo) per mantenere la pronuncia /k/ e /gh/.

Vedi i **verbi irregolari** a pagina 194 e seguenti.

Di solito in italiano i pronomi personali soggetto non si usano, perché il verbo contiene già l'indicazione della persona. I pronomi si usano solamente quando si vuole dare particolare rilievo al soggetto.
Io abito a Mantova. E **tu**, dove abiti?

Quando ci si rivolge a una persona, la forma di cortesia è Lei (3° persona singolare).
Quando ci si rivolge a più persone, si usa di solito la 2° persona singolare.
Signor Carrara, **(Lei)** che cosa prende?
Che cosa prendete?

5. Le preposizioni

In italiano le preposizioni si possono unire con l'articolo determinativo: osservate le seguenti combinazioni.
I ragazzi sono **al** bar.   al = a+il
La biblioteca è aperta **dalle** 8.00 **alle** 18.00   dalle = da+le; alle = a+le

La preposizione **con** di solito è seguita dall'articolo.
Dopo **senza** l'articolo cade.
Preferisci il caffè **con lo** zucchero o **senza** zucchero?

6. Pronomi interrogativi

Che lavoro fa?   **Che** ora è?   **Qual** è il Suo indirizzo?

32   trentadue   ALMA Edizioni

COM'È LA TUA GIORNATA?

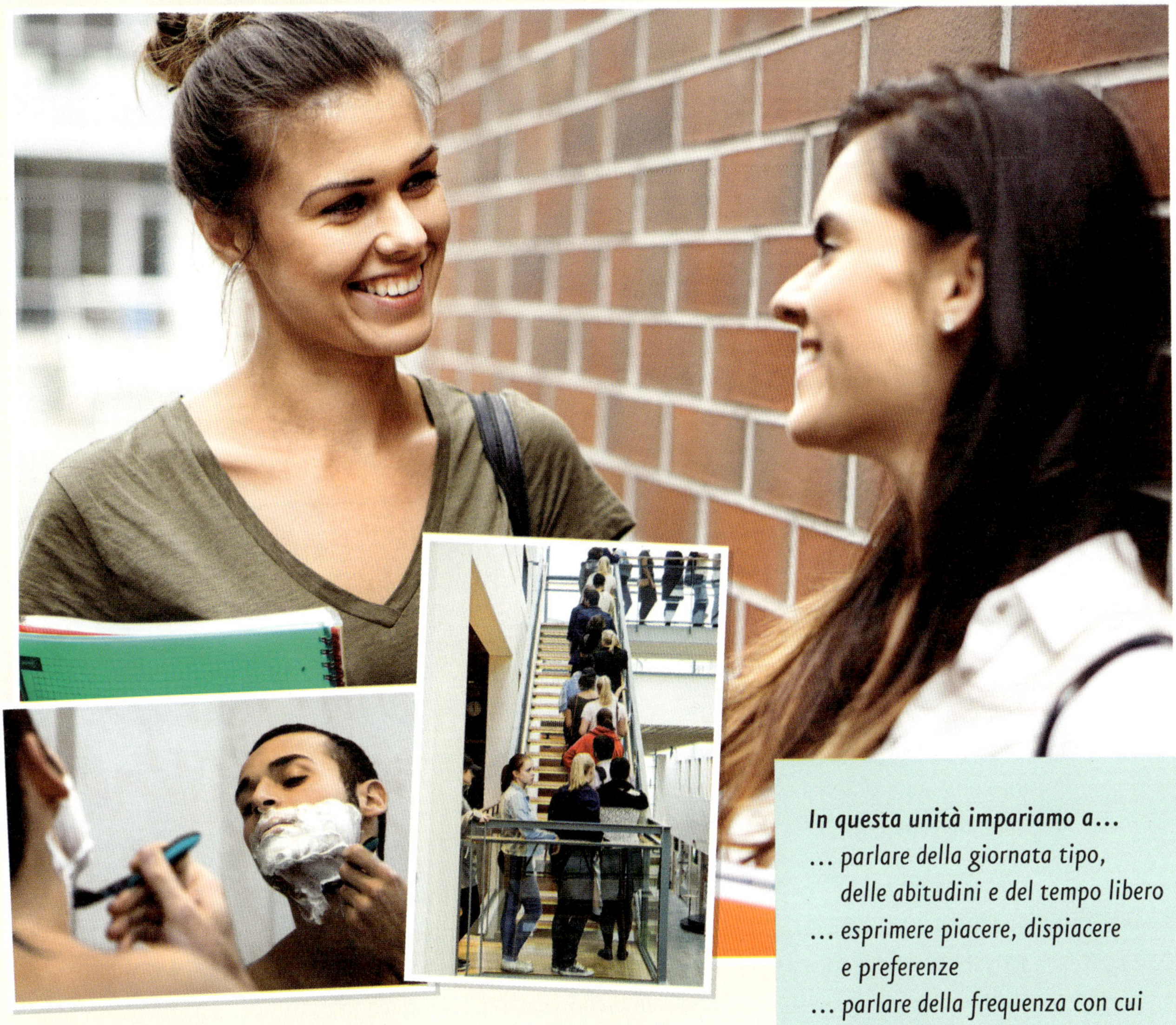

UNITÀ 3

1. Com'è la vita di uno studente universitario?

a. A coppie. Completate lo schema con le espressioni che trovate sotto. Confrontate poi in plenum. Quali espressioni corrispondono alle foto?

colazione   la barba   a dormire   quattro chiacchiere
la doccia   a lezione   la fila   in bagno   sport

andare	fare	farsi
	quattro chiacchiere	

In questa unità impariamo a…
… parlare della giornata tipo, delle abitudini e del tempo libero
… esprimere piacere, dispiacere e preferenze
… parlare della frequenza con cui si fa qualcosa
… esprimere possesso

➔ In questa unità scopriamo le abitudini settimanali degli altri studenti.

UNITÀ 3

b. *Leggete i seguenti post. Scegliete poi per ogni post una foto. Confrontate alla fine con un compagno: avete scelto le stesse foto?*

http://www.blog-studenti.it

Com'è la vita di uno studente universitario?

DANIELE — 25 SETTEMBRE 2016 | 16:36

Ciao a tutti! Tra pochi giorni inizio il primo anno di università, vorrei sapere da quelli che già studiano: com'è la routine quotidiana di uno studente universitario? Potete darmi alcune informazioni? Grazie in anticipo!

ALESSIO — 25 SETTEMBRE 2016 | 17:01

Allora, se vivi insieme ad altri studenti, ti descrivo una giornata tipica. Per andare in bagno devi sempre fare la fila o usarlo insieme ai tuoi coinquilini: uno si fa la barba/la doccia, uno (meglio: una) si lava i capelli ecc. ecc.
Poi fai velocemente colazione, quando c'è qualcosa in frigorifero, ma non c'è mai quello che ti piace...
Prendi l'autobus (o la metro o la macchina) e arrivi all'università. Vai a lezione e ad ogni pausa fai 4 chiacchiere, poi pranzi (mensa o altro). Per il pomeriggio dipende dalla facoltà, quindi o vai a lezione o studi. La sera prepari qualcosa da mangiare, spesso c'è un amico che resta a cena e porta un paio di birre 😊.
Se vuoi andare a dormire, devi prima rifare il letto...
Insomma, non ti annoi mai!
Buon divertimento! 😉

FRANCESCA — 28 SETTEMBRE 2016 | 9:03

Ciao Daniele! È difficile parlare di routine in generale, io posso descrivere la mia "giornata tipo". La mattina mi alzo presto perché ho lezione, il pomeriggio studio a casa o in biblioteca, e la sera, quando non lavoro (in un bar), esco e mi incontro con i miei amici, a volte faccio sport. La mia vita da studentessa mi piace, anche se non ho molto tempo libero perché voglio dare cinque esami nei prossimi mesi. Certo, ci sono momenti stressanti, ma tutto sommato mi trovo bene!

1

2

3

4

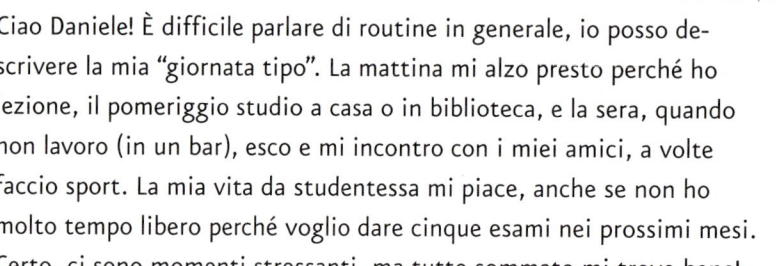
5

2. Occhio alla lingua!

a. *Leggete le seguenti frasi e completate la tabella. Che cosa notate nelle forme dei verbi?*

La mattina **mi alzo** presto. E tu, quando **ti alzi**?

Verbi riflessivi: alzarsi	
(io)	....
(tu)	....
(lui/lei/Lei)	si alza
(noi)	ci alziamo
(voi)	vi alzate
(loro)	si alzano

34 trentaquattro

UNITÀ 3

b. A gruppi di tre. Cercate nei post di Alessio e Francesca gli altri verbi riflessivi e scriveteli qui accanto. Quale gruppo è più veloce?

c. A turno. Uno sceglie un verbo del punto 2b e dice una persona. L'altro coniuga il verbo.

Esempio:
- incontrarsi con gli amici/tu
- ti incontri con gli amici

3. Di solito...

Segnate con una crocetta le vostre risposte.
Cercate poi fra i compagni quello che vi assomiglia di più.

1. Quando suona la sveglia io…
   ○ mi sveglio e mi alzo subito.
   ○ mi giro dall'altra parte e dormo ancora.

2. Per prima cosa…
   ○ mi faccio la doccia.
   ○ faccio il caffè.
   ○ mi lavo i denti.

3. A pranzo…
   ○ mi fermo all'università.
   ○ torno a casa.

4. La sera…
   ○ mi trovo con gli amici.
   ○ mi riposo a casa.
   ○ guardo la TV.

andare	
(io)	vado
(tu)	vai
(lui/lei/Lei)	va
(noi)	andiamo
(voi)	andate
(loro)	vanno

dare	
(io)	do
(tu)	dai
(lui/lei/Lei)	dà
(noi)	diamo
(voi)	date
(loro)	danno

uscire	
(io)	esco
(tu)	esci
(lui/lei/Lei)	esce
(noi)	usciamo
(voi)	uscite
(loro)	escono

4. Ritorno al testo

a. Leggete i post di Alessio e Francesca: cercate i verbi utili per descrivere la giornata e inseriteli nel seguente schema secondo le vostre abitudini. Confrontate poi in plenum.

la mattina

il pomeriggio

la sera

UNITÀ 3

b. *Quali altri verbi sono importanti secondo voi per descrivere la vita di tutti i giorni? Se non li conoscete in italiano, chiedete all'insegnante e aggiungeteli allo schema del punto 4a. Confrontate poi in plenum.*

5. La mia "giornata tipo"

A gruppi di tre. Raccontate la vostra "giornata tipo". Ognuno di voi deve inserire nel suo racconto due informazioni false. I compagni devono scoprire quali sono.

Esempio:
Io mi alzo presto e alle 8.30 vado all'università…

6. Occhio alla lingua!

a. *Leggete le seguenti frasi tratte dai post del punto 1b. Le parole evidenziate sono verbi modali. Inseriteli nella tabella.*

Potete darmi alcune informazioni?
Devi sempre fare la fila.
Se **vuoi** andare a dormire, **devi** prima rifare il letto.

Io **posso** descrivere la mia ‹giornata tipo›.
Voglio dare cinque esami nei prossimi mesi.

Verbi modali			
	potere	dovere	volere
(io)			
(tu)			
(lui/lei/Lei)			
(noi)			
(voi)			
(loro)			

b. *A coppie. Completate le coniugazioni della tabella sopra con le seguenti forme. Confrontate poi in plenum.*

puoi   vogliamo   devono   vuole   possiamo   deve   vogliono

dobbiamo   devo   può   volete   possono   dovete

c. *Rileggete le frasi del punto 6a: da che cosa sono seguiti i verbi potere, dovere, volere?*

UNITÀ 3

7. Messaggi

Annalisa, Marco, Sergio e Manuela sono quattro studenti che condividono un appartamento. Hanno orari molto diversi e quindi si mandano spesso dei messaggi. Completate i seguenti messaggi con la forma corretta di volere, dovere, potere (in alcuni casi è possibile più di una soluzione).

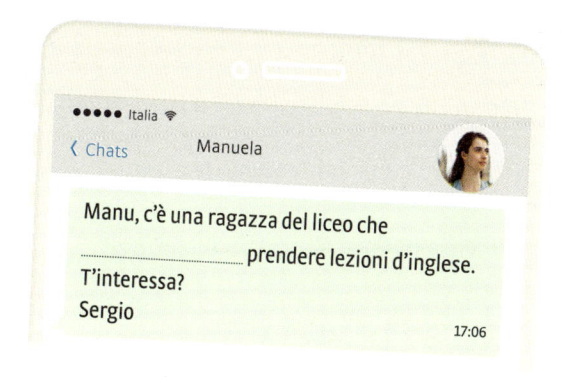

gelatooooooooo — Annalisa, Marco, Sergio, Manuela

Manuela:
Ragazzi, _____ un megagelato stasera? Offro io: _____ festeggiare l'esame!!!
Manuela   15:33

Manuela

Manu, c'è una ragazza del liceo che _____ prendere lezioni d'inglese. T'interessa?
Sergio   17:06

teatro — Annalisa, Manuela, Marco, Sergio

Marco:
Ragazze, io e Sergio _____ andare a teatro. _____ comprare i biglietti anche per voi?
Marco   10:02

Manuela

Manu, per favore, _____ fare la spesa anche per me oggi? Io non _____ proprio perché _____ restare all'università. Dopo ti mando anche la lista. Grazie mille!
Annalisa 😊   09:10

≡ 6, 7

8. Oggi...

Scrivete tre cose che dovete/volete/potete fare e tre cose che non dovete/volete/potete fare oggi. Poi intervistate un compagno: fategli delle domande come nell'esempio e rispondete alle sue domande.

Esempio: Che cosa devi fare oggi?

9. Occhio alla lingua!

a. Leggete le seguenti frasi e completate. Confrontate poi in plenum.

Poi fai velocemente colazione, quando **c'è** qualcosa in frigorifero.
Spesso **c'è** un amico che resta a cena.
Certo, **ci sono** momenti stressanti.

▶ **C'è** e **ci sono** vengono da **esserci**.
▶ Si usa **c'è** _____
▶ Si usa **ci sono** _____

UNITÀ 3

b. *A coppie. Guardate il disegno per 30 secondi e chiudete il libro. Chi si ricorda le cose in frigorifero?*

Esempio:
In frigorifero c'è… / In frigorifero ci sono…

c. *Leggete le frasi.*

In frigorifero **c'è** il latte.   Il latte **è** in frigorifero.

C'è viene da **esserci**, **è** viene da **essere**. Conoscete la differenza?

d. *Esercizio. Completate con è, sono, c'è, ci sono.*

1. Le feste di Chiara _____ sempre molto belle: _____ buona musica, _____ molte cose da mangiare e da bere.
2. Nella classe di Giuliana _____ una ragazza tedesca. Si chiama Isabel, _____ di Berlino.
3. Capri _____ un'isola italiana dove _____ sempre molti turisti.
4. Nella vita di uno studente _____ cose belle e cose meno belle: gli esami _____ stressanti ma _____ anche il tempo per divertirsi.

10. Occhio alla lingua!

a. *Leggete le seguenti frasi tratte dai post del punto 1b. Le parole evidenziate sono avverbi di frequenza. Completate lo schema.*

Per andare in bagno devi **sempre** fare la fila.   **Spesso** c'è un amico che resta a cena.
… Ma non c'è **mai** quello che ti piace.   La sera **a volte** faccio sport.

_____ _____ _____ _____ raramente _____

b. *Cosa notate nella frase con mai?*

c. *Aggiungete alle seguenti frasi gli avverbi fra parentesi. Fate attenzione alla posizione, a volte sono possibili diverse soluzioni. Confrontate poi in plenum.*

La giornata di Filippo

1. La mattina si alza presto (sempre).

2. Fa colazione (mai).

3. Alle 8:00 prende l'autobus (a volte), ma va all'università in bicicletta (spesso).

4. Il pomeriggio resta a studiare in biblioteca (raramente).

5. La sera cucina qualcosa (spesso).

6. Va al ristorante (mai).

UNITÀ 3

11. E tu?

Inserite nelle seguenti frasi gli avverbi di frequenza. Le frasi devono descrivere le vostre abitudini. Confrontate poi con un compagno. Avete le stesse abitudini?

1. Mi alzo alle 9.00.
2. A colazione bevo un caffè.
3. Dopo colazione compro il giornale.
4. A mezzogiorno vado in mensa.
5. Il pomeriggio faccio la spesa.
6. La sera rimango a casa.
7. Mi faccio la doccia prima di andare a letto.

Esempio: Non mi alzo mai alle 9.00.

≡ 10, 11, 12

rimanere	
(io)	rimango
(tu)	rimani
(lui/lei/Lei)	rimane
(noi)	rimaniamo
(voi)	rimanete
(loro)	rimangono

12. Rispondiamo!

A gruppi di tre. Rispondete alla domanda di Daniele nel post del punto 1b. Date delle informazioni utili. Leggete poi le risposte degli altri gruppi. Quale preferite?

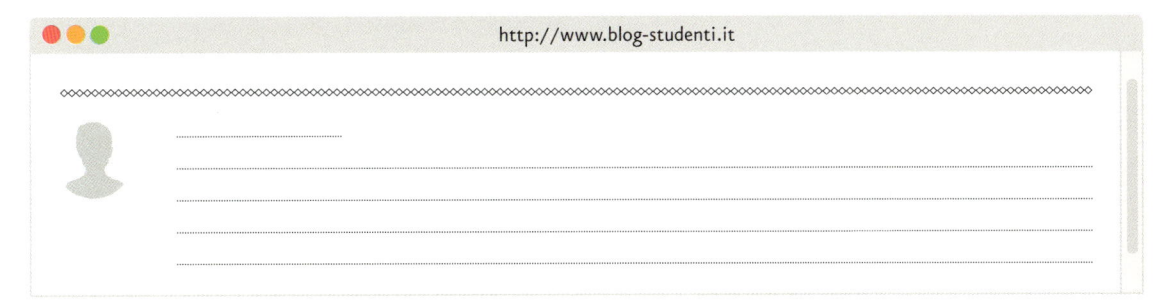

http://www.blog-studenti.it

13. Lessico

a. *In questa unità avete visto il verbo andare insieme ad alcune espressioni. Qui ne vedete altre. Provate a completare lo schema con le parole sotto. Confrontate poi in plenum.*

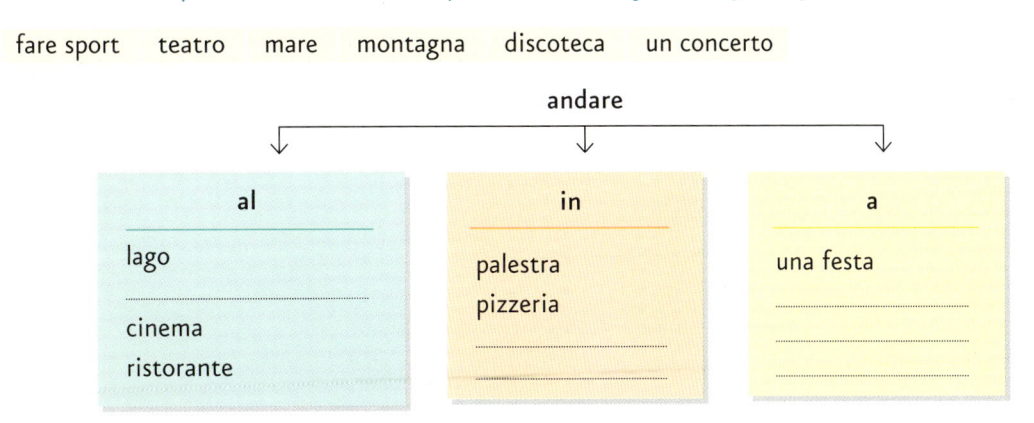

fare sport   teatro   mare   montagna   discoteca   un concerto

andare

al
lago
cinema
ristorante

in
palestra
pizzeria

a
una festa

b. *A coppie. Uno sceglie una parola dello schema, l'altro fa una frase con un avverbio di frequenza in base alle proprie esperienze.*

≡ 13, 14, 15

Esempio: ● cinema   ■ Vado spesso al cinema.

UNITÀ 3

▶II 1.11 **14. Hai voglia di venire?**

venire	
(io)	vengo
(tu)	vieni
(lui/lei/Lei)	viene
(noi)	veniamo
(voi)	venite
(loro)	vengono

a. Ascoltate il dialogo. Quante persone parlano? Di che cosa parlano? Discutetene con un compagno.

b. Ascoltate il dialogo un'altra volta e rispondete alle domande. Controllate poi in plenum.

1. Chi va al concerto? _____
2. Quando ci vanno? _____
≡ 16   3. A che ora comincia il concerto? _____

15. Occhio alla lingua!

a. A coppie. Guardate le immagini e leggete le frasi. Completate la regola e controllate poi in plenum.

> Mi piace Fabri Fibra. Mi piace la musica rap.
> — Enrico

> Non mi piacciono i concerti di musica rap. Mi piace suonare il piano.
> — Federico

Si usa **mi piace** con _____ e con _____
Si usa **mi piacciono** con _____

b. Esercizio. Le cose che mi piacciono e quelle che non mi piacciono. Che cosa vi piace fare in un corso di lingua? Scrivete delle frasi e confrontate poi con un compagno: vi piacciono le stesse cose?

- ascoltare
- la grammatica
- fare gli esercizi
- le canzoni
- lavorare da solo/a
- i giochi
- lavorare in piccoli gruppi
- leggere
- lavorare in coppia
- scrivere
- parlare

40   quaranta   ALMA Edizioni

UNITÀ 3

16. Ritorno al testo

a. A coppie. Leggete le seguenti frasi tratte dal dialogo del punto 14 e inserite le parole qui sotto.

| piace | ci | piacciono | mi | piace | ti | piace | gli | piace | Gli |

- ■ Senti, _____ _____ Fabri Fibra?
- ● Se _____ _____ ? Lo adoro!
- …
- ● Federico? No, no, non preoccuparti, non _____ _____ i concerti di questo genere.
- ■ Ah!
- ● _____ _____ suonare il piano, va più a concerti di musica classica, sai…
- …
- ■ Quando abbiamo tempo _____ _____ uscire con i nostri amici…

▶|| 1.11   *b. Ascoltate e controllate.*

c. Insieme a un compagno completate la tabella. Confrontate poi in plenum.

Pronomi indiretti atoni		
(io)	_____	
(tu)	_____	
(lui)	_____	
(lei)	le	piace/piacciono…
(Lei)	Le	
(noi)	_____	
(voi)	vi	
(loro)	gli	

17. Tutti i gusti sono gusti

Che cosa piace al vostro vicino? Provate a indovinare! Aggiungete due cose alla lista, poi mettete le crocette e infine verificate con delle domande come nell'esempio. Ogni preferenza indovinata vale un punto, vince chi indovina di più.

	moltissimo	molto	abbastanza	non molto	per niente
andare al cinema	○	○	○	○	○
leggere a letto	○	○	○	○	○
i film dell'orrore	○	○	○	○	○
le feste di carnevale	○	○	○	○	○
la musica classica	○	○	○	○	○
_____	○	○	○	○	○
_____	○	○	○	○	○

≚ 17, 18, 19

Esempio:
Ti piace/piacciono…?   Sì, moltissimo./Sì, molto./Sì, abbastanza.
                        No, non mi piace/piacciono./No, non molto./No, per niente.

UNITÀ 3

18. Ritorno al testo

a. Leggete queste frasi tratte dai post (punto 1b) e dal dialogo (punto 16a) e completate con le forme a destra.

1. Io posso descrivere _____ _____ "giornata tipo".
2. Ho solo un biglietto in più. E _____ _____ ragazzo?
3. La sera esco e mi incontro con _____ _____ amici.
4. Ci piace uscire con _____ _____ amici.

la mia *il tuo* *i nostri* *i miei*

b. A coppie. Le parole che avete scritto sono aggettivi possessivi: a che cosa si riferiscono? Che cosa c'è davanti a ogni possessivo? Parlatene e completate la tabella.

Aggettivi possessivi				
	maschile		femminile	
	singolare	plurale	singolare	plurale
(io)	il mio amico	_____ amici	_____ giornata	le mie giornate
(tu)	_____ amico	i tuoi amici	la tua giornata	le tue giornate
(lui/lei/Lei)	il suo amico	i suoi amici	la sua giornata	le sue giornate
(noi)	il nostro amico	_____ amici	la nostra giornata	le nostre giornate
(voi)	il vostro amico	i vostri amici	la vostra giornata	le vostre giornate
(loro)	il loro amico	i loro amici	la loro giornata	le loro giornate

c. Che cosa notate con loro?

19. Mio, tuo, suo...

a. Scrivete su un foglio 10 sostantivi (5 maschili e 5 femminili, alcuni singolari e alcuni plurali).

b. Giocate ora in coppia. A turno, un giocatore dice un sostantivo della lista e un pronome personale, l'altro deve abbinare il sostantivo all'aggettivo possessivo corrispondente. Ogni abbinamento corretto vale un punto. Vince chi totalizza più punti.

≝ 20, 21   Esempio: A: compagni/io   B: i miei compagni

20. Il mio fine settimana

Uno studente italiano / Una studentessa italiana viene nella vostra università per un semestre Erasmus. Presentatevi e scrivete come passate normalmente il vostro fine settimana e cosa potete fare insieme (circa 60 parole).

Messaggi

Ciao _____ !

_____

Cari saluti,

→ In questa pagina del Progetto chiediamo agli altri studenti del gruppo come passano il fine settimana e verifichiamo chi è particolarmente attivo, chi diligente e chi invece casalingo.

Come passi il tuo fine settimana?

a. Chiedete a quattro compagni quali sono le loro abitudini durante il fine settimana. Usate le tabelle qui sotto: scrivete il nome del compagno, fate le domande e segnate le risposte.

NOME:	sì, sempre	sì, spesso	sì, a volte	no, raramente	no, mai
Ti alzi tardi?					
Vai in discoteca?					
Organizzi feste?					
Studi?					
Fai sport?					
Vai al lago / al mare / in montagna?					
Guardi la TV?					

NOME:	sì, sempre	sì, spesso	sì, a volte	no, raramente	no, mai
Ti alzi tardi?					
Vai in discoteca?					
Organizzi feste?					
Studi?					
Fai sport?					
Vai al lago / al mare / in montagna?					
Guardi la TV?					

NOME:	sì, sempre	sì, spesso	sì, a volte	no, raramente	no, mai
Ti alzi tardi?					
Vai in discoteca?					
Organizzi feste?					
Studi?					
Fai sport?					
Vai al lago / al mare / in montagna?					
Guardi la TV?					

NOME:	sì, sempre	sì, spesso	sì, a volte	no, raramente	no, mai
Ti alzi tardi?					
Vai in discoteca?					
Organizzi feste?					
Studi?					
Fai sport?					
Vai al lago / al mare / in montagna?					
Guardi la TV?					

b. Stabilite ora chi è il tipo attivo, studioso e casalingo del gruppo. Riferite poi in plenum i risultati.

attivo	studioso	casalingo

UNITÀ 3 GRAMMATICA

1. Verbi riflessivi

	alzarsi	mettersi	divertirsi
(io)	mi alzo	mi metto	mi diverto
(tu)	ti alzi	ti metti	ti diverti
(lui/lei/Lei)	si alza	si mette	si diverte
(noi)	ci alziamo	ci mettiamo	ci divertiamo
(voi)	vi alzate	vi mettete	vi divertite
(loro)	si alzano	si mettono	si divertono

I verbi riflessivi si coniugano come gli altri verbi.
Il pronome riflessivo precede il verbo.

Non *mi* alzo volentieri.
La negazione **non** precede il pronome riflessivo.

Domani **mi** devo alzare presto.
Domani devo alzar**mi** presto.
In presenza di un verbo modale, il pronome riflessivo può precedere il verbo modale oppure seguire l'infinito a cui viene unito. In questo caso la -e- dell'infinito cade.

La mattina **mi faccio** il caffè.
Nella lingua parlata, alcuni verbi non riflessivi vengono usati in funzione riflessiva per esprimere una partecipazione emotiva personale all'azione.

2. Verbi modali

	dovere	potere	volere
(io)	devo	posso	voglio
(tu)	devi	puoi	vuoi
(lui/lei/Lei)	deve	può	vuole
(noi)	dobbiamo	possiamo	vogliamo
(voi)	dovete	potete	volete
(loro)	devono	possono	vogliono

Devi sempre fare la fila.
Voglio dare cinque esami nei prossimi mesi.
I verbi modali **dovere**, **potere** e **volere** sono verbi irregolari e vengono accompagnati da un verbo all'infinito.

GRAMMATICA UNITÀ 3

3. Esserci

Al presente, il verbo **esserci** si coniuga nel modo seguente: **c'è / ci sono**.
C'è si riferisce ad un sostantivo al singolare.   In frigorifero **c'è** il latte.
Ci sono si riferisce ad un sostantivo al plurale.   **Ci sono** momenti stressanti.

Attenzione!
In frigorifero **c'è** il latte.   ma   Il latte **è** in frigorifero.
In centro **ci sono** molti pub.   ma   I pub **sono** in centro.

C'è una festa.   **Ci sono** gli esami.

4. Doppia negazione

Non faccio **mai** colazione.   Adesso **non** mangio **niente**.   **Non** conosco **nessuno**.
In presenza di **mai, niente, nessuno, nemmeno** è necessario far precedere il verbo da **non**.

Nessuno ascolta musica.
Questo non è necessario se **nessuno, nemmeno** sono all'inizio della frase.

5. Piacere

Mi **piace** suonare il piano.   **piace** + verbo all'infinito
Mi **piace** la vita da studentessa.   **piace** + sostantivo al singolare
Non mi **piacciono** i concerti di musica rap.   **piacciono** + sostantivo al plurale

Il verbo **piacere** si usa generalmente alla 3° persona singolare o alla 3° persona plurale.

6. I pronomi indiretti atoni

singolare	mi	(a me)
	ti	(a te)
	gli	(a lui)
	le	(a lei)
	Le	(a Lei)
plurale	ci	(a noi)
	vi	(a voi)
	gli	(a loro)

Mi piace la musica.
I pronomi indiretti atoni vanno prima del verbo coniugato.

Non ci piace andare a teatro.
La negazione **non** va prima del pronome atono.

ALMA Edizioni   quarantacinque **45**

UNITÀ 3 GRAMMATICA

7. Gli aggettivi possessivi

	singolare		plurale	
maschile	il mio		i miei	
	il tuo		i tuoi	
	il suo	amico	i suoi	amici
	il nostro		i nostri	
	il vostro		i vostri	
	il loro		i loro	
femminile	la mia		le mie	
	la tua		le tue	
	la sua	giornata	le sue	giornate
	la nostra		le nostre	
	la vostra		le vostre	
	la loro		le loro	

L'aggettivo possessivo concorda in numero e in genere con la parola a cui si riferisce.
In italiano, l'aggettivo possessivo può essere preceduto dall'articolo determinativo
o dall'articolo indeterminativo, a seconda del senso della frase.
Karl è un mio amico tedesco.   Katerina è una mia amica russa.

Carlo porta sempre **il suo** cane in ufficio.
Francesca porta sempre **il suo** cane in ufficio.

8. La formazione del plurale dei sostantivi in -ca/-ga e -co/-go.

f.	-ca → -che	la biblioteca → le biblioteche
	-ga → -ghe	la riga → le righe

L'accento è sulla penultima sillaba.   L'accento è sulla terzultima sillaba.

m.	-co → -chi	il parco → i parchi
	-go → -ghi	l'albergo → gli alberghi

m.	-co → -ci	il medico → i medici
	-go → -gi	lo psicologo → gli psicologi

Eccezioni: l'amico → gli amici, il dialogo → i dialoghi

UNITÀ 4

CHE BELLA CITTÀ!

In questa unità impariamo a...
... descrivere un luogo
... chiedere informazioni stradali
... descrivere un itinerario
... ringraziare
... parlare del tempo e delle stagioni

➔ In questa unità scriviamo una descrizione della città in cui viviamo per uno studente Erasmus.

1. Il mio quartiere

a. Guardate le fotografie e completate scrivendo le parole accanto al numero giusto come negli esempi.

torre   piazza   negozio   fermata dell'autobus
portici   chiesa

1. _____   2. _____
3. portici   4. _____
5. negozio   6. _____

ALMA Edizioni   quarantasette **47**

UNITÀ 4

b. Scrivete le seguenti parole nella categoria giusta, come nell'esempio. Chiedete all'insegnante il significato delle parole che non conoscete. Se conoscete altre parole, aggiungetele alle categorie. Controllate poi in plenum.

ristorante   biblioteca   parco   stazione   teatro   discoteca   ospedale   posta
zona verde   cinema   farmacia   fiume   museo   fontana   ponte   scuola   giardinetto

cultura

natura

infrastrutture — ristorante

c. A gruppi di tre. Raccontate che cosa c'è e che cosa non c'è nel vostro quartiere.

Esempio:
Nel mio quartiere c'è un supermercato, ci sono due farmacie, ma non c'è un cinema.

▶ 1.12   2. ... è una bella città!

a. Ascoltate il dialogo. Di che città parlano Claudia e Stephanie? E perché parlano di questa città?

b. Ascoltate il dialogo un'altra volta e segnate con una crocetta tutte le informazioni corrette.

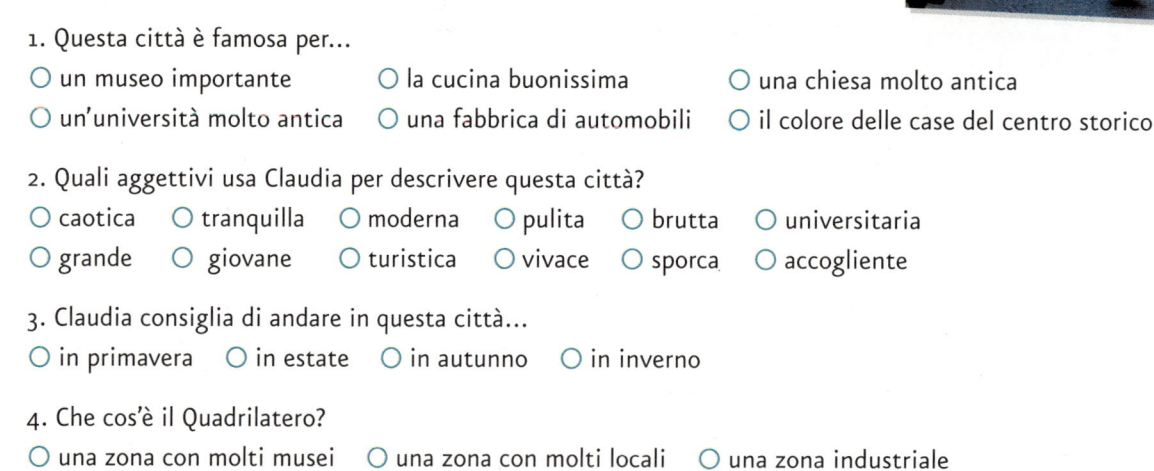

1. Questa città è famosa per...
○ un museo importante   ○ la cucina buonissima   ○ una chiesa molto antica
○ un'università molto antica   ○ una fabbrica di automobili   ○ il colore delle case del centro storico

2. Quali aggettivi usa Claudia per descrivere questa città?
○ caotica   ○ tranquilla   ○ moderna   ○ pulita   ○ brutta   ○ universitaria
○ grande   ○ giovane   ○ turistica   ○ vivace   ○ sporca   ○ accogliente

3. Claudia consiglia di andare in questa città...
○ in primavera   ○ in estate   ○ in autunno   ○ in inverno

4. Che cos'è il Quadrilatero?
○ una zona con molti musei   ○ una zona con molti locali   ○ una zona industriale

c. Ascoltate il dialogo un'altra volta. Secondo voi, quali foto di p. 47 mostrano questa città? Perché? Parlatene con un compagno e poi in plenum.

3. Com'è la tua città?

A gruppi di tre. Descrivete la vostra città o il vostro paese d'origine e raccontate che cosa c'è da vedere.

UNITÀ 4

▶ll 1.13 **4. Ritorno al testo**

A coppie. Completate i brani tratti dal dialogo scegliendo tra le espressioni a destra. Controllate poi con un ascolto.

... È una città in cui si può andare in giro in tutte le stagioni dell'anno perché ha moltissimi portici, circa 40 chilometri, e quindi si può girare anche quando _____, quando _____. Però ti consiglio di andarci in primavera, che è la stagione migliore, in estate direi di no, perché _____ e _____.
Devi salire sulla Torre degli Asinelli perché se _____, c'è una vista magnifica su tutta la città e sull'Appennino.

- c'è il sole
- c'è (la) nebbia
- c'è (il) vento
- fa molto caldo
- è nuvoloso
- c'è molta afa
- nevica
- piove
- fa freddo

5. Il tempo e le stagioni

a. *Scrivete i nomi dei mesi nelle stagioni corrispondenti. Confrontate poi con un compagno.*

aprile   settembre   maggio   luglio   novembre   giugno   dicembre
febbraio   agosto   gennaio   marzo   ottobre

primavera — estate — autunno — inverno

b. *A coppie. A guarda le informazioni sotto, B quelle a p. 117. A turno chiedete che tempo fa nelle città e rispondete alle domande del compagno.*

Esempio: ● Che tempo fa a Londra in febbraio? ■ Piove e fa freddo!

Londra – febbraio 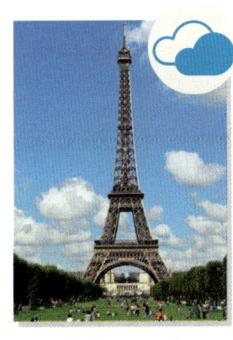   Parigi – ottobre    Roma – aprile    Mosca – gennaio 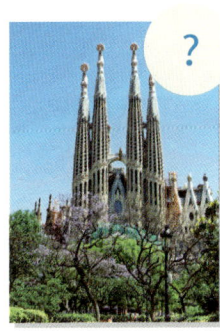   Barcellona – agosto

ALMA Edizioni   quarantanove **49**

UNITÀ 4

6. Occhio alla lingua!

a. Leggete le seguenti frasi con attenzione. A quali espressioni si riferisce ci? A che cosa serve? Quale posizione può avere nella frase? Parlatene con un compagno e poi in plenum.

- Io sono di Bologna. Non **ci** abito da qualche anno, però **ci** torno regolarmente.
  ...
- Vorrei andare a Bologna. Secondo te, questo è un bel periodo per andar**ci**?
- Ti consiglio di andar**ci** in primavera.

b. Sottolineate ora nelle domande le parole che, nelle risposte, si possono sostituire con ci. Poi completate.

Esempio:
- Quando andate <u>in Italia</u>? ■ *Ci andiamo* in agosto.

1. ● Da quanto tempo abiti in questa città? ■ _____ da un anno.
2. ● Quando vuoi andare a Roma? ■ Voglio _____ in settembre.
3. ● Chi viene al cinema con me stasera? ■ _____ io!
4. ● Quanto tempo resta a Firenze Carlo? ■ _____ una settimana.
5. ● Non tornate a casa? ■ No, _____ più tardi.

7. Il Quadrilatero

a. Leggete il testo. Quali sono i nomi del locale e dei negozi che vedete nelle foto? Scriveteli.

SCOPRIAMO IL QUADRILATERO

Il Quadrilatero è una zona del centro storico di Bologna molto caratteristica e sempre piena di vita, da visitare rigorosamente a piedi. È compresa tra piazza Maggiore, via Rizzoli, via Castiglione e via Farini. Qui si trovano i tipici negozi di alimentari: le salumerie, i banchi di frutta e verdura, le macellerie, le pescherie, i panifici, i negozi con le specialità della gastronomia bolognese. Alcuni di questi negozi sono storici: gestiti dalla stessa famiglia da generazioni mantengono gli antichi arredi e l'architettura di un tempo.

Bologna - Quadrilatero

UNITÀ 4

Da non perdere: il panificio Atti, in via Drapperie 6 dal 1880, dove si possono gustare le specialità direttamente dal forno (pasticcini e la famosa torta di riso, ma anche tortellini e pane di tutti i tipi) e la salumeria Tamburini (prosciutto, mortadella, parmigiano) in via Caprarie 1 dal 1932.

Ci sono poi numerosi bar e ristoranti dove si mangia o si prende l'aperitivo. Sicuramente il più curioso e caratteristico è l'Osteria del Sole in vicolo Ranocchi dal 1465. Qui si servono solo bevande (vino, birra, liquori): i clienti ordinano da bere e mangiano le cose comprate nei negozi vicini.

Buona passeggiata!

Bologna - *Quadrilatero*

b. Leggete l'inizio del testo e segnate nella cartina qui sotto la zona del Quadrilatero. Cercate poi in quale via o piazza si trovano il panificio Atti, la salumeria Tamburini e l'Osteria del Sole.

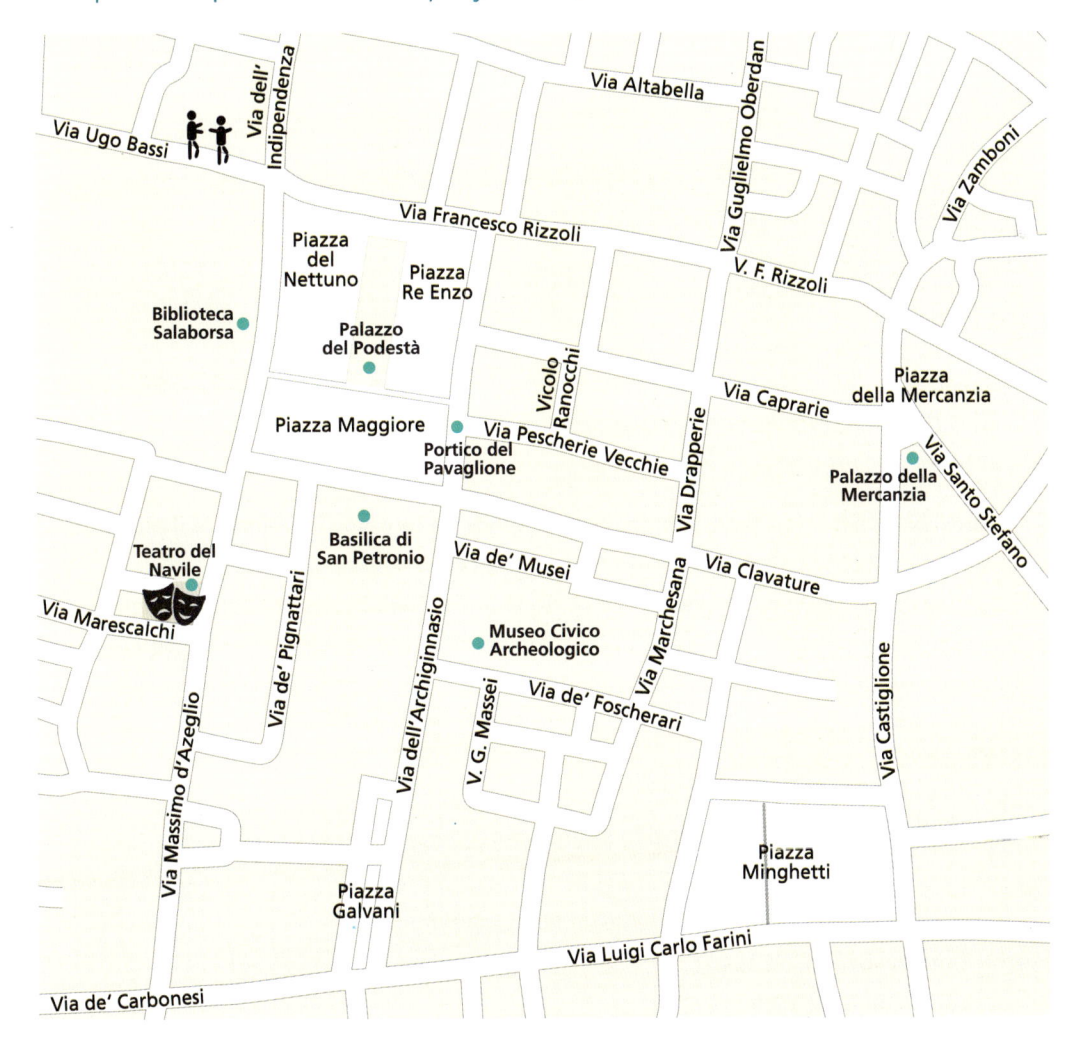

cinquantuno 51

UNITÀ 4

c. Dove compri cosa? Completate le frasi aiutandovi con il testo e le parole qui a destra.

il pesce   cibi già cucinati   la carne

In salumeria compro _____
In macelleria compro _____
Al panificio compro _____
In pescheria compro _____
In rosticceria compro _____

≝ 9   macelleria   rosticceria   pescheria

8. Dove fai la spesa?

A gruppi di tre. Quali negozi del punto 7c ci sono nel vostro quartiere?
In quali di questi negozi fate la spesa? Andate spesso al supermercato?

9. Occhio alla lingua!

a. Leggete le seguenti frasi tratte dal dialogo del punto 2 e dal testo del punto 7. Le forme evidenziate sono esempi di verbi con il si impersonale. Insieme a un compagno riflettete: come funzionano? Completate la tabella e confrontate poi in plenum.

Ci sono poi numerosi bar e ristoranti dove **si mangia** o **si prende** l'aperitivo. Sicuramente il più curioso e caratteristico è l'Osteria del Sole in vicolo Ranocchi. Qui **si servono** solo bevande.
A Bologna non **ci si annoia** mai, è una di quelle città in cui **si può** andare in giro in tutte le stagioni dell'anno.
… Poi **si va** in Piazza Maggiore con la basilica di San Petronio e da lì **si va** lungo il Portico del Pavaglione.
Al Quadrilatero c'è un mercato dove **si possono** comprare i prodotti tipici della gastronomia della città.

Il si impersonale
si + verbo 3ª persona singolare
si + _____ + sostantivo al singolare
si + _____ + sostantivo al plurale
si + _____ + espressioni con preposizione
quando il verbo è riflessivo: _____ + si + _____

52   cinquantadue

b. Leggete i post e coniugate i verbi alla forma del si impersonale.

http://www.bologna-consigli.it

Un weekend a Bologna

MARIA   12 APRILE 2016 | 9:23

1. Questo fine settimana vorrei andare a Bologna. Cosa (potere) _____ fare in due giorni?

GIOVANNI   12 APRILE 2016 | 11:04

2. (dovere) _____ visitare i monumenti principali di questa bellissima città: San Petronio, Santo Stefano e le due Torri!

FILIPPO   13 APRILE 2016 | 8:55

3. (andare) _____ al Quadrilatero: (comprare) _____ i prodotti tipici della gastronomia bolognese e poi (fermarsi) _____ per un aperitivo.

GAIA   13 APRILE 2016 | 9:16

4. (andare) _____ in un ristorante tipico e (mangiare) _____ i tortellini.

10. Indovina!

A gruppi. Uno pensa a una città, senza dire il nome, e racconta che cosa si può fare in questa città. Gli altri devono indovinare di che città si tratta. Potete aiutarvi con le espressioni qui sotto. Chiedete all'insegnante le parole che non conoscete.

salire su una torre pendente   mangiare i tipici tortellini   andare in barca sul Tamigi
vedere molti grattacieli   partecipare a una famosa festa della birra   vedere le scuole di samba
muoversi in vaporetto

Esempio:
● In questa città si vedono autobus a due piani.
■ Londra!
● Giusto.

11. Vorrei andare...

a. Ascoltate il dialogo. Dove vuole andare la ragazza?

UNITÀ 4

b. Ascoltate il dialogo un'altra volta e segnate le espressioni che sentite.

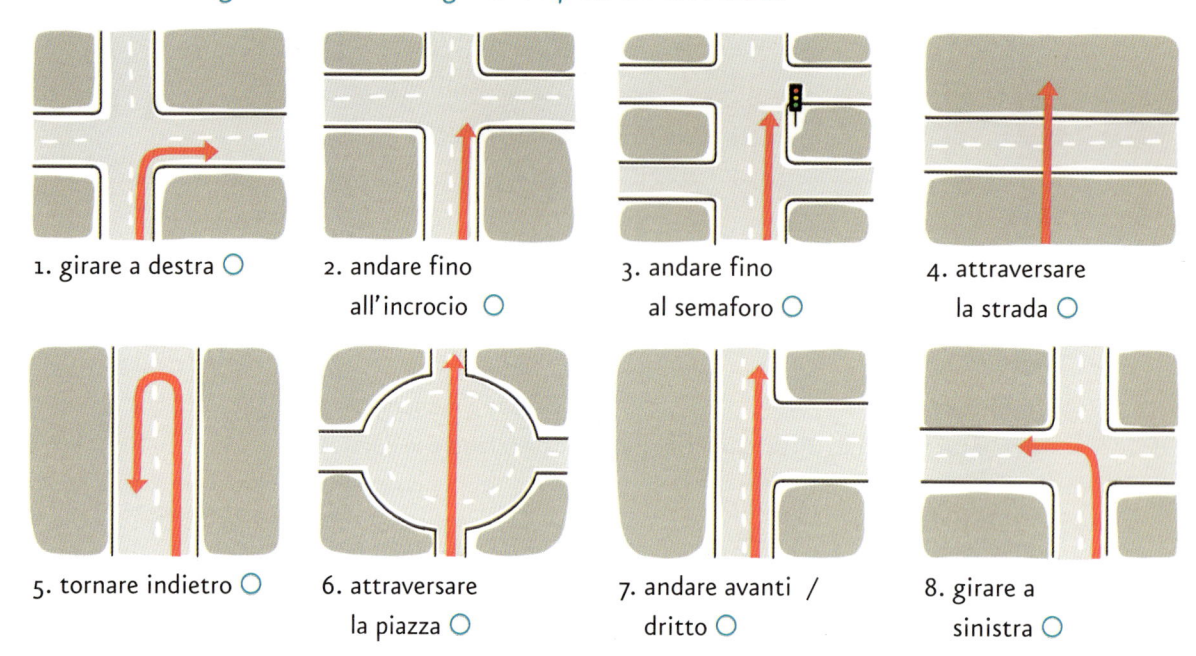

1. girare a destra ○
2. andare fino all'incrocio ○
3. andare fino al semaforo ○
4. attraversare la strada ○
5. tornare indietro ○
6. attraversare la piazza ○
7. andare avanti / dritto ○
8. girare a sinistra ○

c. Ascoltate il dialogo un'altra volta e segnate sulla cartina qui sotto il percorso indicato dal passante. Confrontate poi con un compagno.

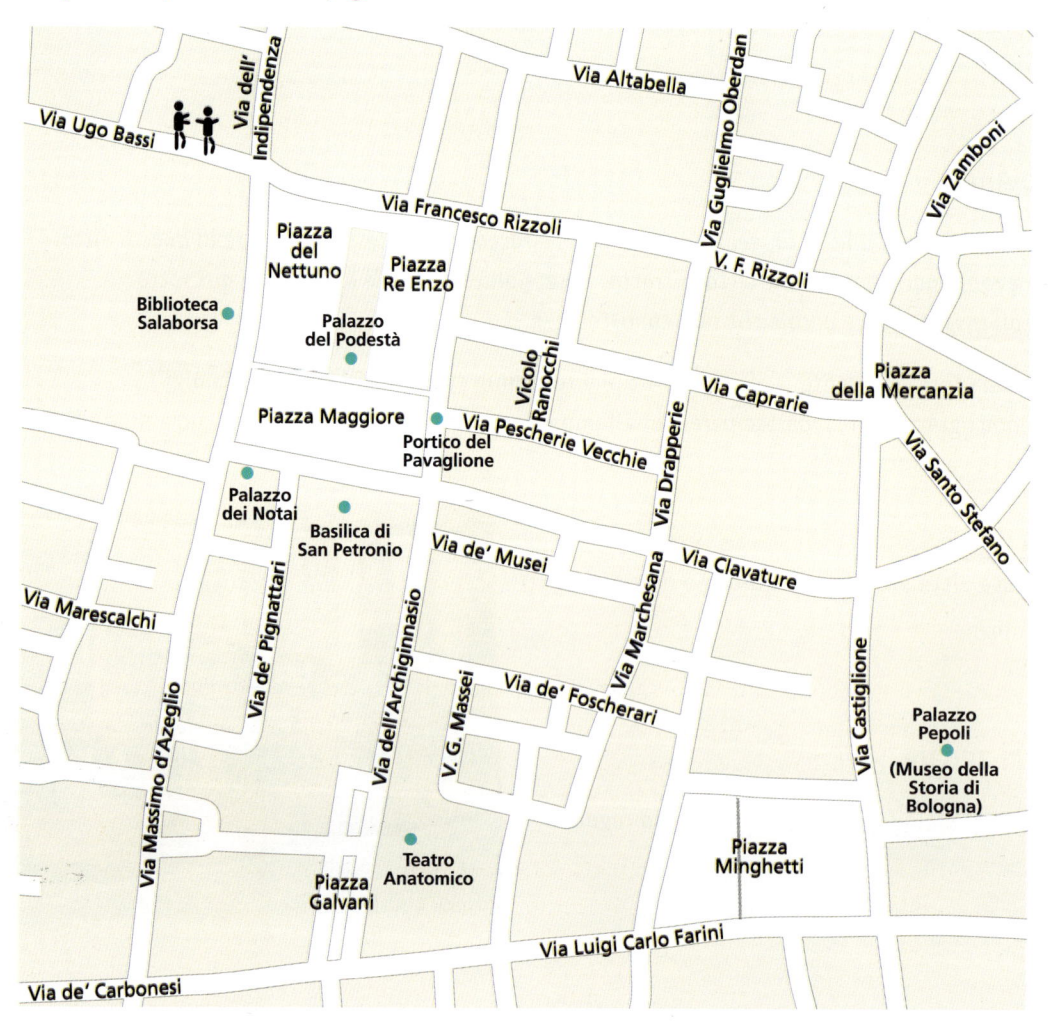

13

54   cinquantaquattro   ALMA Edizioni

UNITÀ 4

12. Ritorno al testo

▶ 1.14 *a. A coppie. Leggete le seguenti espressioni e inseritele nel dialogo. Controllate poi con un ascolto.*

| sa dov'è | grazie mille | senta, scusi | è lontano | cerco |

- ● _____!
- ■ Sì, mi dica.
- ● _____ vicolo Ranocchi, è qui vicino?
- ■ Vicolo Ranocchi...
- ● Sì, vorrei andare all'Osteria del Sole.
- ■ Ah, sì, ho capito. _____ il Portico del Pavaglione?
- ● Mmm...
- ■ Allora, è facile. Lei va avanti fino all'incrocio e poi gira a destra in Piazza Nettuno, quella con la fontana, la attraversa ed è già in Piazza Maggiore. Lì vede sulla sinistra il Palazzo del Podestà, sulla destra San Petronio e di fronte il portico del Pavaglione. Ecco, lei va verso questi portici, li attraversa e va in via Pescherie Vecchie. Va avanti un po' e alla prima strada gira a sinistra: l'Osteria del Sole è lì.
- ● Ma, _____?
- ■ No, no, sono cinque minuti a piedi.
- ● _____!
- ■ Non c'è di che!

sapere	
(io)	so
(tu)	sai
(lui/lei/Lei)	sa
(noi)	sappiamo
(voi)	sapete
(loro)	sanno

I numeri ordinali
la **prima** strada (1ª)
la **seconda** strada (2ª)
la **terza** strada (3ª)

b. Adesso completate.

Che cosa dice la turista per:
▶ richiamare l'attenzione del passante: _____
▶ dire che cosa cerca: _____
▶ chiedere se la cosa che cerca è lontana _____
≝ 14,15 ▶ ringraziare _____

13. In giro per Bologna

A coppie. Chiedete la strada per arrivare al posto che cercate. A guarda la piantina a p. 51 e B la piantina a p. 54. Potete usare la forma del tu o del Lei.

A Sei in via Ugo Bassi e cerchi: il Teatro Anatomico, il Palazzo dei Notai, il Palazzo Pepoli
B Sei in via Ugo Bassi e cerchi: il Museo Civico Archeologico, il Palazzo della Mercanzia, il Teatro del Navile

Esempio:
- ● Cerco la Biblioteca Salaborsa.
- ■ Vai / Va avanti fino all'incrocio e poi giri / gira a destra in Piazza Nettuno, quella con la fontana. La Biblioteca Salaborsa è a destra.
- ● Grazie!
- ≝ 16 ■ Non c'è di che!

ALMA Edizioni

cinquantacinque 55

UNITÀ 4

14. Occhio alla lingua!

a. A coppie. Leggete con attenzione le seguenti frasi tratte dall'ascolto del punto 11. A che cosa si riferiscono le parole evidenziate? Che posto hanno nella frase?

> Attenzione!
> li ≠ lì
> la ≠ là

Lei va avanti fino all'incrocio e poi gira a destra in Piazza Nettuno, quella con la fontana, **la** attraversa ed è già in Piazza Maggiore. Lì vede sulla sinistra il Palazzo del Podestà, sulla destra San Petronio e di fronte il Portico del Pavaglione. Ecco, Lei va verso questi portici, **li** attraversa e va in via Pescherie Vecchie.

b. In plenum. Le parole evidenziate qui sopra si chiamano pronomi diretti atoni.

Questi pronomi...
- si riferiscono a _____
- il loro posto nella frase è _____

c. Adesso completate la tabella.

I pronomi diretti atoni	
singolare	plurale
mi	ci
ti	vi
lo (m.)	_____ (m.)
_____ (f.)	le (f.)
La (forma di cortesia, m. e f.)	

15. Lo, la, li o le?

a. Completate le risposte con i pronomi.

1. ● Mangi spesso gli spaghetti? ■ Certo! _____ adoro!
2. ● Conosci bene Milano? ■ No, veramente _____ conosco molto poco.
3. ● Parli italiano fuori dall'università? ■ Sì, _____ parlo un po' con un'amica.
4. ● Dove fai le fotocopie? ■ _____ faccio nel negozio qui all'angolo.
5. ● Bevi caffè a colazione? ■ _____ devo bere per forza, se no, non mi sveglio.
6. ● Usi spesso la macchina? ■ Non _____ uso proprio. Preferisco la bicicletta.
7. ● Compri i libri per l'università? ■ No. Di solito _____ prendo in biblioteca.
8. ● Frequenti sempre le lezioni? ■ Beh, sì, _____ frequento, ma non proprio sempre.

≡ 17, 18, 19

b. E adesso intervistate il vostro vicino: fategli le domande del punto 15a e rispondete alle sue domande.

16. Occhio alla lingua!

a. Leggete le frasi seguenti e osservate le parole evidenziate: sono preposizioni articolate, cioè sono formate da una preposizione e da un articolo. A coppie completate la tabella. Controllate poi in plenum.

1. A Bologna si può andare in giro in tutte le stagioni **dell'**anno.
2. **Dalla** Basilica di San Petronio si va lungo il Portico **del** Pavaglione.
3. **Al** Quadrilatero si trovano i negozi con le specialità **della** gastronomia bolognese.
4. Al panificio Atti si possono gustare le specialità direttamente **dal** forno.
5. **All'**Osteria del Sole si servono solo bevande e si mangiano le cose comprate **nei** negozi vicini.
6. Devi salire **sulla** Torre degli Asinelli perché se c'è il sole c'è una vista magnifica su tutta la città e **sull'**Appennino.

di	+ l'	= dell'
da	+ _____	= dalla
_____	+ _____	= del
a	+ _____	= al
_____	+ _____	= della
_____	+ _____	= dal
_____	+ _____	= all'
_____	+ _____	= nei
su	+ _____	= sulla
_____	+ _____	= sull'

56 cinquantasei

ALMA Edizioni

UNITÀ 4

b. Nella seguente tabella sono inserite le preposizioni che avete analizzato al punto 16a. Provate ora insieme a un compagno a completarla con le preposizioni mancanti. Controllate poi in plenum.

Le preposizioni con l'articolo								
	m. sing.			m. pl.		f. sing.		f. pl.
+	il	l'	lo	i	gli	la	l'	le
di	del	dell'				della		
da	dal					dalla		
a	al						all'	
in				nei				
su		sull'				sulla		

17. Dov'è...?

Guardate la piantina e le espressioni sotto a destra. A coppie scrivete delle frasi come nell'esempio, avete due minuti di tempo. Vince la coppia con più frasi corrette.

Esempio:
La fontana è davanti al teatro.

Preposizioni e locuzioni indicanti luogo

fra/tra

accanto a

di fronte a

davanti a

dietro (a)

≦ 20, 21

18. Ti piace Bologna?

A gruppi. Ora avete alcune informazioni su Bologna. Che cosa vi piace di questa città?
In quale stagione vorreste andarci? Che cosa vorreste vedere e che cosa vorreste fare in questa città?

Esempio:
Mi piace... Vorrei...

ALMA Edizioni — cinquantasette **57**

UNITÀ 4

→ In questa pagina del Progetto scriviamo un commento su un blog e descriviamo la città in cui studiamo.

Questa città è...

a. Pensate alla città in cui studiate e riflettete sui seguenti punti.

- Che cosa si può fare la sera? E dove?
- Com'è la città?
- Qual è secondo voi un quartiere o una zona interessante?
- Quali sono le cose da vedere assolutamente?

b. A gruppi di quattro. Confrontate le vostre idee e completate la pagina web.

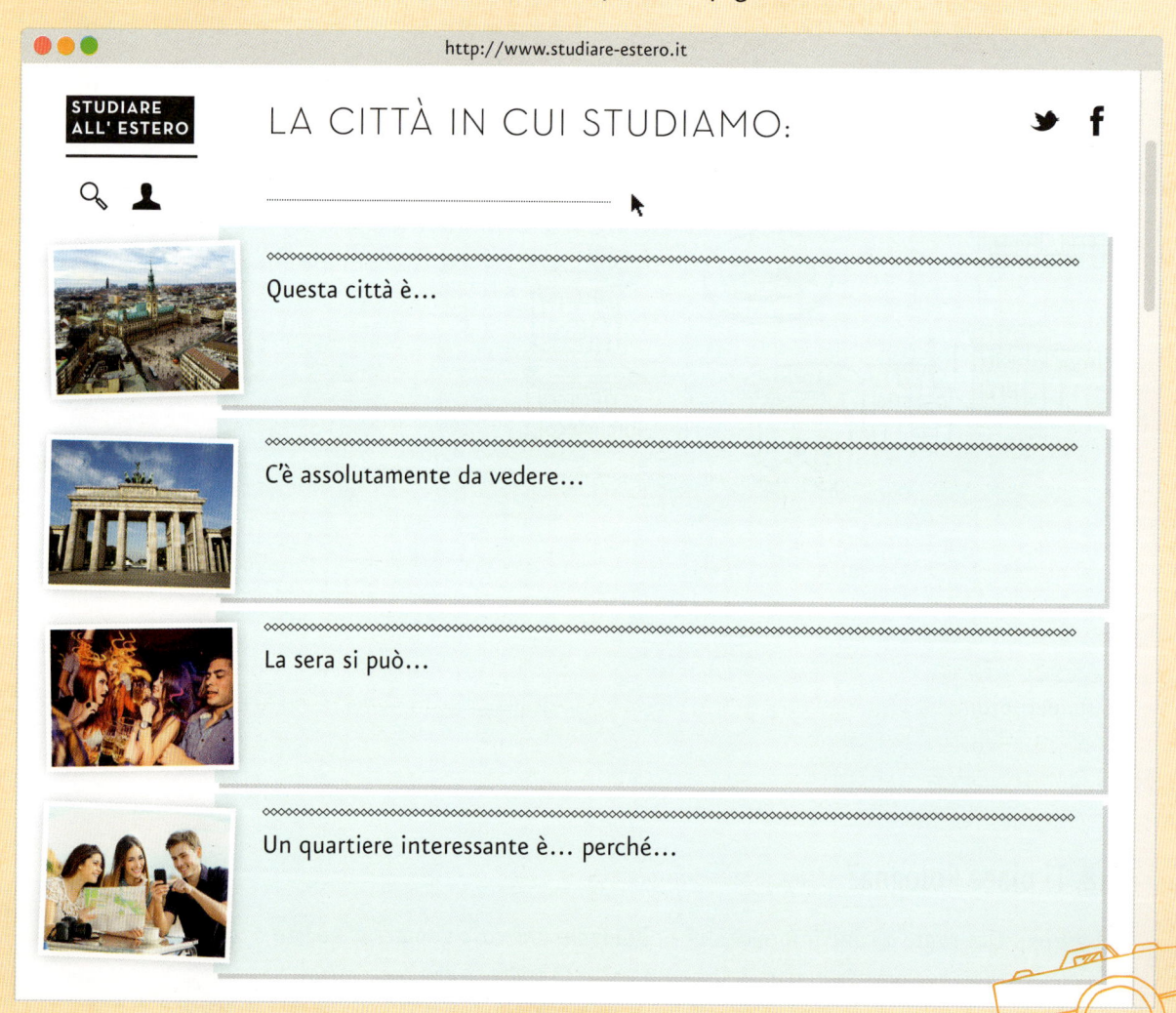

http://www.studiare-estero.it

STUDIARE ALL'ESTERO

LA CITTÀ IN CUI STUDIAMO:

- Questa città è...
- C'è assolutamente da vedere...
- La sera si può...
- Un quartiere interessante è... perché...

c. Riferite in plenum. Le proposte sono simili? Quali sono i quartieri più interessanti?

GRAMMATICA UNITÀ 4

1. La particella *ci*

Quando andate *al cinema*? – **Ci** andiamo sabato sera.
Quanto tempo resti *a Londra*? – **Ci** resto un mese.
Quando vai *a Bologna*? – Vorrei andar**ci** in primavera.

Ci sostituisce un luogo citato in precedenza. **Ci** precede il verbo coniugato o viene unita alla fine di un infinito. In questo caso, la **-e** dell'infinito cade.

2. La forma impersonale *si* (al presente)

Con il **si** possiamo esprimere:

La forma impersonale se il verbo non ha un oggetto espresso.
In questo caso, il verbo è alla 3° persona singolare:
A Bologna ci sono molti ristoranti dove **si mangia** bene.
si + verbo alla 3° persona singolare.

Se il verbo ha un suo soggetto espresso, il verbo è alla 3° persona singolare quando il sostantivo che segue è al singolare, alla 3° persona plurale quando il sostantivo che segue è al plurale.
Al Quadrilatero **si prende** *l'aperitivo*.
si + verbo alla 3° persona singolare + oggetto al singolare.
Al Quadrilatero **si possono** comprare *i prodotti* tipici.
si + verbo alla 3° persona plurale + oggetto al plurale.

Attenzione! nel caso di un verbo riflessivo, il pronome riflessivo **si** diventa **ci**.
A Bologna non **ci si** annoia mai.

3. I numeri ordinali

1°	primo	4°	quarto	7°	settimo	10°	decimo
2°	secondo	5°	quinto	8°	ottavo	11°	undicesimo
3°	terzo	6°	sesto	9°	nono	12°	dodicesimo

I numeri ordinali dal 1° al 10° hanno una forma irregolare. Dall'11° in poi si formano aggiungendo il suffisso **-esimo** al numero cardinale senza la vocale finale.

È la **prima** strada sulla sinistra.
I numeri ordinali sono aggettivi, perciò concordano in genere e in numero con la persona o la cosa a cui si riferiscono.

UNITÀ 4 GRAMMATICA

4. I pronomi diretti atoni

singulare	mi
	ti
	lo
	la
	La
plurale	ci
	vi
	li
	le

Lei va verso *questi portici*, **li** attraversa e va in via Pescherie Vecchie.
Mangi *la pasta*? – No, non **la** mangio mai.

I pronomi diretti sostituiscono un sostantivo già nominato in precedenza. Precedono sempre il verbo.

5. Le preposizioni articolate

In italiano, le preposizioni **in, di, a, da, su** si uniscono all'articolo determinativo. Osserva la tabella:

	il	lo	l'	la	i	gli	le
in	nel	nello	nell'	nella	nei	negli	nelle
di	del	dello	dell'	della	dei	degli	delle
a	al	allo	all'	alla	ai	agli	alle
da	dal	dallo	dall'	dalla	dai	dagli	dalle
su	sul	sullo	sull'	sulla	sui	sugli	sulle

Attenzione! la preposizione **da** viene usata anche per indicare moto a luogo e stato in luogo con sostantivi e nomi che indicano persone.
Vado **da** Maria.
Vado **dal** professore.
Sono **da** Maria.

6. Le preposizioni di luogo

in soggiorno	**sul** balcone	**sotto** la sedia	**di fianco al** letto	**davanti al** bar
in cucina	**sul** comodino	**sopra** il lavandino	**vicino al** supermercato	**di fronte all'**università
in bagno			**accanto al** teatro	**dietro (al)la** biblioteca

Per tutte le stanze di una casa o di un appartamento si utilizza la preposizione **in** per esprimere che ci si trova in queste o che ci si muove verso di esse.

sotto	sopra
accanto a	su
davanti a	dietro (a)
di fianco a	di fronte a
vicino a	fra/tra

UNITÀ 5

GENERAZIONE ERASMUS

In questa unità impariamo a...
... parlare di avvenimenti del passato
... parlare di esperienze personali all'estero
... informarsi al telefono su un corso all'estero

➲ In questa unità cerchiamo un'università italiana adatta per frequentare un semestre all'estero e scriviamo una e-mail al coordinatore Erasmus dell'università.

1. Cento motivi per andare all'estero

a. *Ecco alcuni motivi per fare un'esperienza di studio all'estero. Quali sono i più importanti per voi? Classificateli in ordine di importanza.*

per imparare una nuova lingua ○	per crescere ○
per fare nuove esperienze ○	per divertirsi ○
per imparare ad essere indipendente ○	per fare nuove amicizie ○
perché è importante per il curriculum ○	per conoscere un nuovo sistema universitario ○
per conoscere una nuova cultura ○	

b. *Confrontate ora con un compagno. Ci sono altri motivi importanti per voi?*

ALMA Edizioni · sessantuno · 61

UNITÀ 5

2. Il mio Erasmus

a. Leggete le esperienze di alcuni studenti italiani. Sono esperienze simili? Sono positive o negative?

---

www.erasmus-cambia-vita.it

ERASMUS

L'ERASMUS TI CAMBIA LA VITA!

FRANCESCO – *Giurisprudenza* 02 AGOSTO 2016 | 13:37

L'esperienza Erasmus mi ha dato quello che trenta esami non danno: esperienza di vita. A Valencia ho avuto la possibilità di costruire una nuova vita. Ho fatto amicizia con studenti inglesi, francesi, tedeschi, spagnoli e di tante altre nazionalità, tutti con esperienze e culture diverse, ma con gli stessi problemi. Insieme abbiamo organizzato feste indimenticabili e ci siamo divertiti un sacco. Ho fatto delle vere amicizie che ho ancora. L'Erasmus ti cambia la vita!

LAURA – *Lingue e letterature straniere* 10 AGOSTO 2016 | 15:12

Con l'Erasmus sono stata a Friburgo, in Germania, e la prima cosa che ho pensato è stata quella di eliminare ogni contatto con la lingua italiana. Così ho cercato un appartamento con una ragazza tedesca: ho dovuto parlare tedesco per tutto il tempo! Poi ho cercato di inserirmi in diversi corsi, da quello teatrale al coro dell'università a quello di balli latino-americani. Sei mesi sono passati molto velocemente, adesso parlo abbastanza bene il tedesco e in più ho fatto anche alcuni esami. L'Erasmus è una bellissima opportunità, lo consiglio a tutti!

PAOLA – *Economia* 10 AGOSTO 2016 | 17:15

Sono arrivata a Bordeaux il 6 settembre 2015. Il primo mese è stato un po' difficile per la ricerca dell'alloggio, ma verso la fine di settembre finalmente ho trovato una stanza in una casa nel centro storico della città insieme ad altre ragazze. A Bordeaux mi sono trovata benissimo: è una città veramente bella dove ho frequentato corsi interessanti (l'università è organizzata benissimo!) e ho conosciuto tantissimi studenti provenienti da tutta Europa. Consiglio a tutti di fare questa esperienza!

---

b. Leggete un'altra volta i post e scrivete accanto a ogni post i motivi del punto 1a che corrispondono alle esperienze raccontate.

3. Ritorno al testo

a. Nel primo post compare ha dato, un verbo al passato prossimo. Leggete di nuovo i post, cercate e sottolineate tutte le forme al passato prossimo. Quante sono? Confrontate con un compagno.

b. Analizzate ora le forme che avete trovato nel post di Laura e completate la tabella.

passato prossimo	soggetto	desinenza del participio passato	infinito
1. sono stata	io	-a	essere
2.			
3.	la cosa (lei)		

62 sessantadue ALMA Edizioni

UNITÀ 5

4.			
5.			
6.			
7.	sei mesi (loro)		
8.			fare

c. A coppie. Confrontate le vostre tabelle e insieme formulate la regola.

▶ Il passato prossimo si forma con _____ / _____ + _____

d. Cercate nel post di Laura le forme del participio passato di questi verbi e completate.

Participio passato	
pens_____	→ verbi in -are
dov_____	→ verbi in -ere
part**ito**	→ verbi in -ire

I participi che si formano in questo modo sono regolari.
Nel post di Laura ci sono due participi irregolari. Quali sono? _____ , _____ .

4. Avere o essere?

a. In coppia. Osservate la tabella del punto 3b. Quali verbi formano il passato prossimo con essere e quali con avere? Ci sono differenze rispetto alla vostra lingua?

b. Osservate il participio passato: perché l'ultima lettera non è sempre uguale?

c. Provate ora a formare il passato prossimo dei seguenti verbi.

abitare   andare   arrivare   avere   capire   controllare
costruire   diventare   frequentare   imparare   parlare   preferire
restare   ricevere   stare   tornare   trovare   uscire

≡ 2, 3, 4

io sono...   io ho...

5. Che cosa hanno fatto ieri sera?

Scrivete le risposte di queste persone. Fate attenzione alle desinenze!

Ieri sera...

- uscire con gli amici e mangiare un gelato
- restare a casa e guardare un film alla TV
- studiare per l'esame
- andare in discoteca e lì incontrare i nostri amici
- andare in palestra e fare un'ora di Pilates

sessantatré   63

UNITÀ 5

6. L'anno scorso...

Immaginate di avere fatto cinque di queste cose l'anno scorso e segnatele con una crocetta. Cercate poi di indovinare che cosa ha fatto il vostro vicino. A turno fatevi delle domande come nell'esempio. Vince chi indovina di più.

○ partire in autostop   ○ andare in campeggio   ○ fare un lungo viaggio in bicicletta
○ essere al Polo Nord   ○ trovare 500 euro per la strada   ○ frequentare un corso di yoga
○ compiere 20 anni   ○ partecipare a una maratona   ○ salire su una montagna

≡/ 5   Esempio: ● L'anno scorso sei partito/a in autostop?   ■ Sì. / No. E tu l'anno scorso...

7. Occhio alla lingua!

a. *Al punto 3 avete visto due forme di participio passato irregolari (stato → essere, fatto → fare). Nella tabella vedete altre forme irregolari. A coppie provate a completare. Confrontate poi in plenum.*

venire   leggere   rimanere   rispondere   dire   bere   scrivere   vedere   ~~aprire~~
prendere   nascere   decidere   chiudere   scoprire   mettere   chiedere

Participi irregolari

aperto → aprire	detto → _____	nato → _____	scritto → _____
bevuto → _____	deciso → _____	preso → _____	scoperto → _____
chiesto → _____	letto → _____	rimasto → _____	venuto → _____
chiuso → _____	messo → _____	risposto → _____	visto → _____

b. *Formate delle espressioni unendo le parole di sinistra con quelle di destra.*

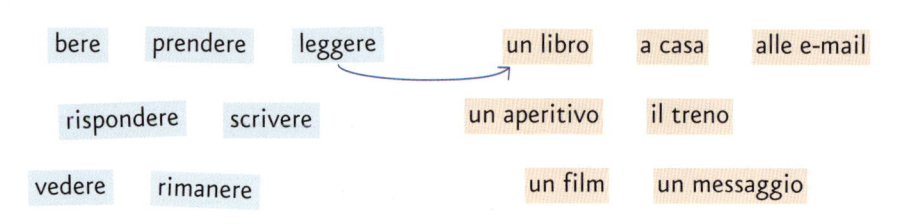

bere   prendere   leggere   un libro   a casa   alle e-mail
rispondere   scrivere   un aperitivo   il treno
vedere   rimanere   un film   un messaggio

leggere un libro

c. *Scrivete ora quello che avete fatto o non avete fatto ieri. Usate tutte le espressioni trovate. Confrontate poi con un compagno: avete fatto le stesse cose?*

≡/ 6, 7   Esempio: Ieri ho letto un libro. / Ieri non ho letto un libro.

8. Occhio alla lingua!

a. *Osservate le seguenti frasi tratte dai post 1 e 3 del punto 2a.*

Abbiamo organizzato feste indimenticabili e **ci siamo divertiti** un sacco.
A Bordeaux **mi sono trovata** benissimo.

Ci siamo divertiti è una forma del passato prossimo del verbo _____
Mi sono trovata è una forma del passato prossimo del verbo _____

UNITÀ 5

b. Adesso cercate di formulare la regola.

▶ Il passato prossimo dei verbi riflessivi si forma con l'ausiliare _____
▶ La desinenza del participio passato si concorda con _____

c. Completate la coniugazione.

divertirsi			
(io)	mi	sono	divertito/a
(tu)			
(lui/lei/Lei)			
(noi)			divertiti/e
(voi)			
(loro)			

d. Il fine settimana di Jessica. Completate il testo con i verbi al passato prossimo.

Venerdì Jessica (partire) _____ per un fine settimana a Roma. (alzarsi) _____ presto, (preparare) _____ la valigia e poi (andare) _____ all'università. Alla fine delle lezioni (prendere) _____ il treno per Roma. Durante il viaggio (leggere) _____ e (rilassarsi) _____ un po'. Il treno (arrivare) _____ a Roma puntualmente, un'amica di Jessica (andare) _____ a prenderla. La sera le due amiche (rimanere) _____ a casa, (riposarsi) _____ e (preparare) _____ qualcosa da mangiare. Sabato (loro – fare) _____ un giro in centro, la sera (incontrarsi) _____ con gli amici e insieme (andare) _____ in discoteca. Domenica mattina (svegliarsi) _____ tardi. Il pomeriggio Jessica (tornare) _____ a casa.

≡ 8, 9

9. Venerdì sera ho...

A coppie. Raccontate che cosa avete fatto durante il fine settimana.

Esempio:
Venerdì sera...   Sabato...   Domenica...

▶ll 1.15 ## 10. Dove sei stato?

a. Ascoltate il dialogo. Da quale città è tornato Carlo?

b. Ascoltate il dialogo un'altra volta e segnate con una crocetta le informazioni corrette.

Carlo...
1. è tornato dagli Stati Uniti ○ tre giorni fa. ○ ieri. ○ sei giorni fa.
2. ha fatto ○ una vacanza. ○ un corso di lingua. ○ un semestre all'università.
3. è rimasto ○ un mese. ○ due mesi. ○ tre mesi.
4. ha fatto la maturità ○ tre mesi fa. ○ l'anno scorso. ○ sei mesi fa.
5. vuole iscriversi a ○ medicina. ○ fisica. ○ ingegneria.

ALMA Edizioni

UNITÀ 5

11. E tu che cosa hai fatto?

A gruppi di tre. Avete sentito cosa ha fatto Carlo dopo la maturità: e voi, che cosa avete fatto? Raccontate.

12. Occhio alla lingua!

a. Osservate le seguenti frasi:

Ho **già** finito il liceo.
Non ho **ancora** deciso che cosa fare, vorrei iscrivermi a ingegneria, ma **non** sono **ancora** sicuro al cento per cento.

▸ Che cosa significa **già**? ....
▸ Che cosa significa **non ancora**? ....

b. Aggiungete già o non ancora alle seguenti frasi, fate attenzione alla posizione.

Esempio: Andrea è partito. → Andrea è già partito. / Andrea non è ancora partito.

1. Avete pagato?
2. Sei stato in Italia?
3. Maria ha visto l'ultimo film di Moretti.
4. Paolo e Claudio sono tornati dalle vacanze.
5. Hai incontrato Giovanna?
6. Abbiamo letto il giornale.

c. A coppie, alternandovi. Fate delle domande usando le espressioni qui a destra e rispondete come nell'esempio. Potete aggiungere altre espressioni.

Esempio: ■ Sei già stato a San Diego?
● No, non ci sono ancora stato./Sì, ci sono già stato.

a Venezia   in Australia
a Roma   in Cina   a Barcellona
in Patagonia   all'Isola d'Elba

≝ 10, 11

13. Quando?

a. Mettete in ordine le seguenti espressioni di tempo.

| ieri pomeriggio | tre settimane fa | tre mesi fa | ieri mattina | quattro giorni fa | due anni fa | ieri sera |
| sei mesi fa | 5 minuti fa | un'ora fa | l'anno scorso | l'altro ieri | stamattina | la settimana scorsa |

due anni fa, ...
....
.... 5 minuti fa

b. Adesso rispondete alle seguenti domande con un'espressione di tempo.

Quando è stata l'ultima volta che...

1. ... hai fatto la spesa?
2. ... sei andato/a al mare?
3. ... sei andato/a al cinema?
4. ... hai scritto una tesina?
5. ... hai fatto un viaggio all'estero?
6. ... ti sei arrabbiato/a?

≝ 12, 13, 14

c. A gruppi di quattro: confrontate le vostre risposte. Sono simili?

UNITÀ 5

14. Ritorno al testo

▶ll 1.16 *a. Ascoltate e completate con la domanda.*

● _____ ?   ■ Sì, mi è piaciuta tantissimo.

> **Attenzione!**
> piacere → piaciuto
> conoscere → conosciuto

b. A coppie. Leggete la domanda e la risposta del punto 14a e formulate la regola.

Piacere al passato prossimo
Il verbo **piacere** forma il passato prossimo con l'ausiliare _____
La desinenza del participio passato si concorda con _____

15. Questione di gusti

Completate le seguenti domande con il verbo piacere al passato prossimo.

≡ 15, 16

1. Ti _____ il film?
2. Ti _____ la città?
3. Ti _____ i musei di Bologna?
4. Ti _____ le escursioni fuori città?

16. L'anno scorso...

a. Completate le seguenti frasi.

L'anno scorso sono stato/-a a _____
Lì ho visto _____
Ieri ho mangiato _____
E ho bevuto _____
Qualche tempo fa ho visto il film _____
L'ultimo libro che ho letto è _____
A Natale mi hanno regalato _____

b. Date la lista a un compagno e rispondete alle sue domande secondo l'esempio.

Esempio:
L'anno scorso sono stato/-a a Milano.
■ Ti è piaciuta Milano?
● Sì, molto. / Abbastanza. / No, non tanto. / No, per niente.

17. Occhio alla lingua!

a. Leggete le seguenti frasi tratte dai post del punto 2a. Le parole evidenziate sono avverbi. Da quali aggettivi derivano? A coppie provate a completare la tabella e controllate poi in plenum.

Sei mesi sono passati molto **velocemente**.
Verso la fine di settembre **finalmente** ho trovato
una stanza in una casa nel centro storico.
(Bordeaux) È una città **veramente** bella.

aggettivo		avverbio
_____	→	velocemente
_____	→	finalmente
_____	→	veramente

ALMA Edizioni   sessantasette **67**

UNITÀ 5

b. A coppie provate ora a completare la regola. Controllate poi in plenum.

L'avverbio: forme
Gli aggettivi che finoscono in -o: ver~~o~~ + a + -mente = veramente
Gli aggettivi che finiscono in -e: _____
Gli aggettivi che finiscono in -le: _____
Gli aggettivi che finiscono in -re: particolar~~e~~ + -mente = _____
L'avverbio è   ○ variabile.   ○ invariabile.

c. Leggete attentamente le seguenti frasi. A che cosa si riferisce velocemente? E veloce? Parlatene con un compagno e completate la regola. Confrontate poi in plenum.

Sei mesi sono passati molto **velocemente**.
La Ferrari è un'auto molto **veloce**.

L'avverbio: uso
L'avverbio si riferisce a _____, un aggettivo o un avverbio.
L'aggettivo si riferisce a _____

18. Aggettivo o avverbio?

a. Scrivete gli avverbi corrispondenti ai seguenti aggettivi.

| sicuro   facile   chiaro   regolare   logico |

_____

b. Completate ora le seguenti frasi con le parole del punto 18a: scegliete tra la forma dell'aggettivo e quella dell'avverbio. Le forme sono in ordine.

1. Quando vado a Roma voglio vedere _____ il Colosseo.
2. Paula è spagnola: per lei la grammatica italiana è _____ .
3. Silvia ha gli occhi _____ .
4. Il fine settimana vado _____ in palestra.
5. Per imparare bene una lingua si deve studiare, _____ , anche la grammatica.

19. E voi?

E voi avete già fatto un'esperienza all'estero? Dove siete stati? Che cosa avete fatto?
Scrivete un'e-mail a un amico italiano/un'amica italiana e raccontate (circa 80 parole).

UNITÀ 5

▶II 1.17 **20. Imparare una lingua all'estero**

a. Guardate questa pagina tratta da un sito Internet e ascoltate poi la telefonata.

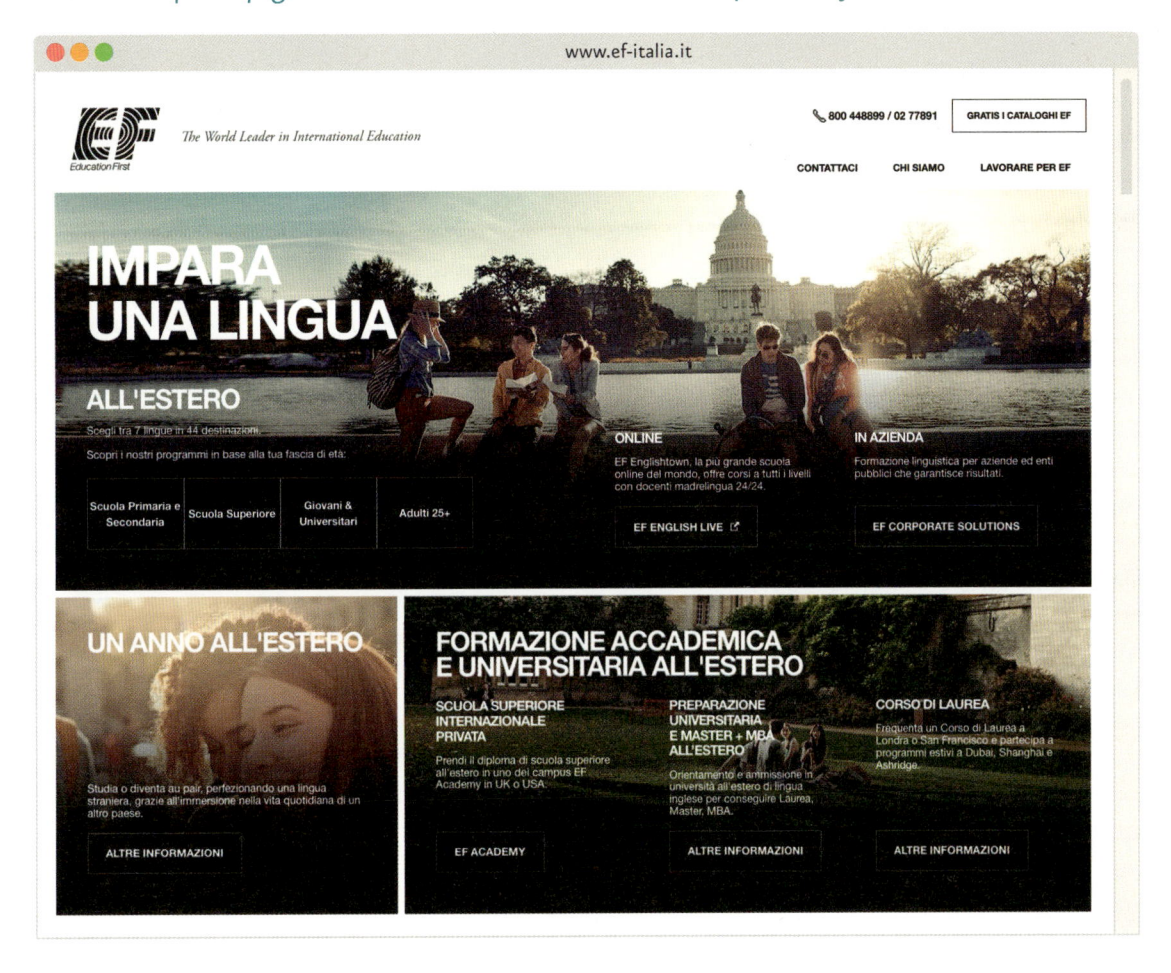

b. Ascoltate di nuovo la telefonata e scrivete le parole che mancano.

- Centro Linguistico EF, buongiorno.
- _____. Mi chiamo Marco Giannucchi e _____ delle _____ sui corsi intensivi di tedesco che fate a Monaco, in Germania.
- Sì. E ha già guardato in Internet, nel nostro sito?
- Sì, ma _____ sapere _____ fare un corso per principianti assoluti, perché ho letto che _____ d'ingresso.
- Guardi, ci sono corsi di tutti i livelli, e quindi anche corsi per principianti. Lei quando vuole andare?
- Beh, io _____ subito, perché _____ il tedesco per un semestre Erasmus.
- Ho capito... Il corso per principianti già _____. Il prossimo comincia fra dieci giorni. Il 25 settembre.
- E la durata del corso?
- Beh, _____ lei quante settimane rimanere.
- Ah, bene, e _____ per iscrivermi?
- Deve compilare il modulo che trova sul nostro sito, spedirlo per e-mail e poi noi le mandiamo la conferma con tutte le informazioni.
- Va bene, _____.
- Arrivederci.

> **Attenzione!**
> dieci giorni **fa**
> **fra** dieci giorni

UNITÀ 5

21. Ritorno al testo

Cosa si dice ...

1. all'inizio di una telefonata? _____
2. per avere delle informazioni? _____
3. per chiedere se c'è la possibilità di fare qualcosa? _____
4. per chiedere quello che si deve fare? _____
5. per ringraziare e chiudere una telefonata? _____

≡ 19, 20, 21

22. Occhio alla lingua!

a. Leggete le seguenti frasi. Quando si usa l'ausiliare essere e quando avere con il verbo cominciare? Parlatene con un compagno e poi in plenum.

Il corso per principianti **è** già **cominciato**.
Marco non **ha** ancora **cominciato** il corso di tedesco.
Marco non **ha** ancora **cominciato** a studiare il tedesco.

> **Attenzione!**
> Come **cominciare (a)** funzionano anche i verbi **iniziare (a)** e **finire (di)**.

b. Completate le frasi con i verbi al passato prossimo.

1. Ieri sera (noi – andare) _____ a letto tardi perché il film (finire) _____ a mezzanotte.
2. Francesca non (venire) _____ con noi a teatro perché (finire) _____ di lavorare alle otto.
3. John (iniziare) _____ a studiare l'italiano nel 2013.
4. Mio padre (cominciare) _____ a lavorare a 20 anni.
5. Anche i tuoi corsi (cominciare) _____ in settembre?

≡ 22

23. Una telefonata

Lavorate a coppie. Fate un dialogo con i seguenti ruoli.

A
Sei uno studente/una studentessa che vuole fare un corso d'italiano in Italia. Telefoni a una scuola di lingue e chiedi informazioni.

B
Sei il segretario/la segretaria di una scuola di lingue. Rispondi al telefono e dai le informazioni.

≡ 23

settanta

ALMA Edizioni

> Scegliamo un'università italiana dove fare un semestre Erasmus e scriviamo un'e-mail per presentarci e per chiedere informazioni utili.

Fare l'Erasmus in Italia

a. Leggete alle pagine 117/118 le informazioni tratte dai siti di tre università italiane. In quale di queste università vi piacerebbe fare un semestre Erasmus?

b. Cercate ora un compagno che ha scelto un'università diversa dalla vostra e confrontate i motivi della vostra scelta.

c. Scrivete un'e-mail al responsabile Erasmus dell'università che avete scelto e presentatevi (nome, città di provenienza, età, facoltà, semestre). Quali sono le informazioni di cui avete bisogno (inizio corsi, possibilità di fare un corso di lingua, test d'ingresso ecc.)?

Gentili signori, ...

UNITÀ 5 GRAMMATICA

1. L'uso e la formazione del passato prossimo

Ieri **siamo andati** al cinema.

Il passato prossimo viene usato per raccontare un'azione trascorsa e conclusa.

Teresa **ha lavorato**.   Vittorio **è uscito**.

Si forma con il presente dei verbi ausiliari **avere / essere + il participio passato** del verbo principale.

In italiano, di solito l'ausiliare e il participio passato non vengono separati.

I bambini **non hanno mangiato** molto.
La negazione **non** precede il gruppo ausiliare + participio.

Attenzione!
Ho **già** finito il liceo, ma **non** ho **ancora** deciso che cosa fare.
Le espressioni **già** e **non... ancora** si trovano tra l'ausiliare e il participio passato.

2. Formazione del participio passato

Il participio passato si forma dall'infinito del verbo. La desinenza dell'infinito viene sostituita dalle seguenti desinenze:

-are	→	-ato	lavor**are** →	lavor**ato**
-ere	→	-uto	pot**ere** →	pot**uto**
-ire	→	-ito	part**ire** →	part**ito**

Attenzione!   piacere → piaciuto   conoscere → conosciuto

Molti verbi, soprattutto in *-ere*, hanno un participio passato irregolare.

Ecco una selezione dei verbi irregolari più importanti:

aprire	→ **aperto**	leggere	→ **letto**	rimanere	→ **rimasto**
chiedere	→ **chiesto**	mettere	→ **messo**	rispondere	→ **risposto**
chiudere	→ **chiuso**	morire	→ **morto**	scendere	→ **sceso**
decidere	→ **deciso**	nascere	→ **nato**	scoprire	→ **scoperto**
dire	→ **detto**	offrire	→ **offerto**	scrivere	→ **scritto**
essere	→ **stato**	prendere	→ **preso**	vedere	→ **visto**
fare	→ **fatto**	rendere	→ **reso**	venire	→ **venuto**

Altri verbi si trovano nella tabella dei verbi irregolari a pag. 194 e seguenti.

GRAMMATICA UNITÀ 5

3. La coniugazione con *avere* e con *essere*

	avere	participio passato
(io)	ho	lavorato
(tu)	hai	lavorato
(lui/lei/Lei)	ha	lavorato
(noi)	abbiamo	lavorato
(voi)	avete	lavorato
(loro)	hanno	lavorato

Ieri Marcella ha lavorato tutto il giorno.
Umberto e Carla non hanno lavorato.

Quando il passato prossimo è costruito con l'ausiliare **avere**, il participio passato rimane invariato in **-o**.

	essere	participio passato
(io)	sono	andato/andata
(tu)	sei	andato/andata
(lui/lei/Lei)	è	andato/andata
(noi)	siamo	andati/andate
(voi)	siete	andati/andate
(loro)	sono	andati/andate

Roberto è andato all'università.
Anche Lia è andata all'università.
Roberto e Lia sono andati all'università.
Patrizia e Gabriella non sono andate all'università.

Quando il passato prossimo è costruito con l'ausiliare **essere**, il participio passato concorda in genere e numero con il soggetto.

4. L'uso degli ausiliari *avere* e *essere*

Paola **è arrivata** a Bordeaux il 6 settembre 2015.
Paola **ha trovato** una stanza in una casa nel centro storico.

Ti **è piaciuta** Milano?
Le escursioni fuori città ci **sono piaciute** tantissimo.
Il passato prossimo di **piacere** si forma con l'ausiliare **essere**.

Paola a Bordeaux **si è trovata** benissimo.
A Valencia abbiamo organizzato feste indimenticabili e **ci siamo divertiti** un sacco.
Anche il passato prossimo dei verbi riflessivi si forma con l'ausiliare **essere**. I pronomi precedono l'ausiliare.

Il passato prossimo dei verbi **costare**, **bastare** e **durare** si forma con **essere**.
Il passato prossimo dei verbi **nuotare**, **sciare**, **camminare** e **viaggiare** si forma con **avere**.

I verbi **cominciare**, **iniziare** e **finire** possono essere sia transitivi che intransitivi. Nel primo caso, il passato prossimo si forma con l'ausiliare **avere** e nel secondo con **essere**.

Marco non **ha** ancora **cominciato** a studiare il tedesco.
uso transitivo → avere

Il corso è già **cominciato**.
uso intransitivo → essere

UNITÀ 5 GRAMMATICA

5. Avverbi e aggettivi (I)

Sei mesi *sono passati* molto **velocemente**.
La Ferrari è un'auto molto **veloce**.
Gli avverbi accompagnano un verbo, un aggettivo o un'intera frase e servono a definirne meglio il significato. Gli aggettivi invece si riferiscono a sostantivi e a persone.

Gli aggettivi concordano nel genere e numero con il sostantivo a cui si riferiscono, gli avverbi sono invariabili.

In italiano molti avverbi hanno una forma propria derivata dalla forma femminile dell'aggettivo qualificativo + il suffisso **-mente**.

Aggettivi in -o	vero	→	vera	→	vera**mente**
Aggettivi in -e	veloce			→	veloce**mente**
Aggettivi in -le	finale	→	final(e)	→	final**mente**
Aggettivi in -re	particolare	→	particolar(e)	→	particolar**mente**

UNITÀ 6

ACQUISTI PER OGNI OCCASIONE

In questa unità impariamo a...
... a parlare delle festività
... a scrivere una lista della spesa
... acquistare generi alimentari
... descrivere e acquistare capi d'abbigliamento

→ In questa unità organizziamo una festa di carnevale: come ci mascheriamo? Che cosa portiamo da mangiare e da bere?

PROGETTO – PROGETTO

1. Che festa è?

a. *A coppie. Guardate le foto: a quali feste si riferiscono? Scrivete il numero della foto corrispondente accanto alle seguenti parole.*

○ Capodanno   ○ Carnevale   ○ Pasqua   ○ Natale

ALMA Edizioni   settantacinque   75

UNITÀ 6

b. *Che cosa si fa in Italia in occasione di queste feste? Scrivete accanto ad ogni festa le espressioni che trovate qui sotto. Sono possibili più combinazioni. Confrontate poi in plenum.*

mangiare il panettone o il pandoro   guardare i fuochi d'artificio   mascherarsi   fare e ricevere regali
regalare un uovo di cioccolato   brindare all'anno nuovo   organizzare una festa in maschera
indossare biancheria rossa   stare con la famiglia   fare scherzi   fare il presepe   mangiare la colomba
fare una festa   giocare a tombola

Capodanno

Pasqua

Carnevale

Natale

Feste e proverbi
Natale con i tuoi, Pasqua con chi vuoi.
A Carnevale ogni scherzo vale.

Attenzione!
01/01 = Il **primo** gennaio
02/01 = il **due** gennaio
03/01 = il **tre** gennaio

c. *A gruppi di tre. Quale festa del punto 1a preferite? Cosa fate? Festeggiate altre feste? Quando? Come festeggiate?*

▶II 1.18   **2. Al supermercato**

a. *Ascoltate il dialogo. Per quale festa fanno la spesa le due amiche?*

b. *Ascoltate il dialogo un'altra volta e segnate gli alimenti che le due amiche comprano. Confrontate poi con un compagno.*

○ carote   ○ formaggio   ○ sedano   ○ melanzane   ○ pomodori

○ patate   ○ olive   ○ aglio   ○ lenticchie   ○ cotechino

○ riso   ○ insalata   ○ capperi   ○ prosciutto   ○ cipolle

c. *Ascoltate un'altra volta: che cosa è importante mangiare in questa festa per Sara? Perché?*

3. Noi mangiamo...

A gruppi di tre. Scegliete una festa che festeggiate regolarmente e raccontate come festeggiate e che cosa mangiate. C'è un piatto tipico che mangiate sempre?

4. Occhio alla lingua!

a. *Leggete le seguenti frasi tratte dal dialogo e completate la regola. Confrontate poi in plenum.*

- Puoi prendere **dei** pomodori, per favore?
- Quanti **ne** prendo?
- Mezzo chilo. ...
- Prendiamo **della** frutta?

| 100 g = un etto |
| 500 g = mezzo chilo |
| 1000 g = un chilo |
| 1 l = un litro |

▸ **Dei** e **della** sono due forme di articolo partitivo.
▸ L'articolo partitivo si forma con _____ + _____. Può essere usato al _____ e al _____.
▸ Con l'articolo partitivo si esprime una quantità ○ precisa. ○ non precisa.
▸ **Ne** è il pronome partitivo, è invariabile.

b. *A coppie. Volete organizzare una festa. Decidete in occasione di che cosa e scrivete una lista degli alimenti che dovete comprare. Non dimenticate le quantità.*

c. *Adesso fate dei dialoghi come al punto 4a. Alternatevi nei ruoli.*

≡ 3, 4   Esempio: • Puoi prendere del pane, per favore? ■ Quanto ne prendo? • Mezzo chilo.

5. Ritorno al testo

▶II 1.19 a. *Ascoltate e completate. Confrontate poi in plenum.*

- Hai la lista? • Sì, dove _____ ho mess____?

b. *A coppie provate a formulare la regola.*

Il passato prossimo con i pronomi diretti lo, la, li, le
La desinenza del participio passato si concorda con _____.

c. *Completate ora le seguenti frasi. Controllate poi in plenum.*

1. • Hai il libro?
   ■ Sì, dove _____ ho _____?

2. • Hai la penna?
   ■ Sì, dove _____ ho _____?

3. • Hai gli appunti?
   ■ Sì, dove _____ ho _____?

4. • Hai le chiavi?
   ■ Sì, dove _____ ho _____?

Attenzione!
Si può mettere l'apostrofo solo al singolare.

Attenzione!
• Quante bottiglie di vino hai comprato?
■ **Ne** ho comprate cinque.

UNITÀ 6

d. Completate le frasi con i pronomi e i verbi al passato prossimo.

1. Mario ieri ha incontrato Lucia al cinema e poi (invitare) _____ a cena.

2. ● Mangiamo le lenticchie a Capodanno?
   ■ Sì, (io – comprare) _____ ieri.

3. Vuoi il giornale? Io (leggere) _____ già _____ .

4. Ti ricordi di Lisa? (io – incontrare) _____ ieri per caso in centro.

5. ● Sai dov'è Franco?
   ■ No, non (io – vedere) _____ .

6. Giovanni e Jacopo sono due miei amici, (conoscere) _____ al liceo.

7. ● Hai già fatto colazione?
   ■ Sì, (io – fare) _____ al bar.

6. L'ultima volta che...

A coppie. Ognuno sceglie cinque alimenti del punto 2b. Fate un dialogo come nell'esempio. Alternatevi nei ruoli.

Esempio:
● Quando hai mangiato l'ultima volta delle melanzane?   ■ Le ho mangiate una settimana fa.

7. Occhio alla lingua!

a. Leggete con attenzione le seguenti frasi: secondo voi, quale delle due significa che Riccardo non è capace di cucinare? Parlatene con un compagno.

Riccardo non **sa** cucinare.   Riccardo non **può** cucinare perché non ha tempo.

b. Sapere o potere? Completate le frasi.

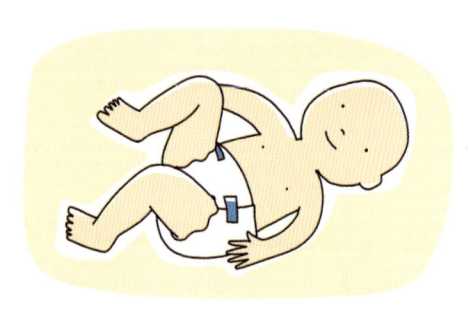

1. Lucia non _____ camminare.

2. Maria non _____ camminare.

3. Giulio e Matteo non _____ nuotare.

4. Andrea e Marco non _____ nuotare.

UNITÀ 6

8. Cosa sapete fare in italiano?

Scrivete quattro cose che sapete già fare (abbastanza) bene in italiano e quattro cose che non sapete fare ancora bene. Poi parlatene in piccoli gruppi.

Esempio: Io so contare fino a cento.

9. Un giorno particolare

a. *Leggete velocemente il testo seguente tratto da un blog italiano. Scegliete poi una foto adatta tra quelle qui accanto. Confrontate infine con un compagno: avete scelto la stessa foto?*

MODA BLOG

Dopo anni a base di caffè, fotocopie, stage, esami, feste e stress, è arrivato il giorno della laurea, un momento decisivo della propria vita. Scegliere l'abbigliamento adatto è quindi importante.

GLI OUTFIT PER LEI

Il **tailleur** è un'ottima scelta, ma se non vi piacciono le **gonne**, mettete un **completo pantalone**, comodo e pratico. Fate attenzione ai pantaloni: comprateli adatti al vostro fisico. I colori: il nero è un classico, ma anche il blu e il grigio vanno benissimo. Sotto la **giacca** indossate un top o una **camicia** elegante di cotone o di seta, bianca se il completo è scuro, di un colore vivace se il completo è grigio. Se mettete un **vestito**, abbinatelo a una giacca, un blazer o un cardigan. Evitate i **maglioni**, non sono eleganti. Indossate un paio di **scarpe** eleganti, con un tacco non troppo alto.

GLI OUTFIT PER LUI

Non scegliete un look troppo casual o sportivo, la laurea è un evento formale. Evitate quindi **felpe con cappuccio**, t-shirt o **magliette**, jeans o pantaloni troppo casual e **scarpe da ginnastica**. Scegliete un **abito** classico ed elegante (ma non da cerimonia), nero, grigio o blu scuro e aggiungete una nota di colore con la **cravatta**, ma evitate le fantasie troppo vivaci. Se decidete di non mettere la cravatta, fate attenzione alla **camicia**: deve essere perfetta, in tinta unita.

b. *Leggete attentamente il testo e collegate le parole in neretto alle foto, come nell'esempio. Confrontate poi con un compagno.*

≝ 9, 10 c. *A gruppi di tre. Come ci si veste nel vostro Paese in un'occasione simile?*

Attenzione!
un paio di jeans / i jeans (pl.)
un paio di pantaloni / i pantaloni (pl.)

UNITÀ 6

10. Ritorno al testo

a. *Leggete il testo del punto 9a. Cercate il contrario delle seguenti espressioni e i materiali che mancano nella tabella a destra.*

classico ≠ _____   fantasia ≠ _____

elegante ≠ _____   chiaro ≠ _____

Materiali	
	_____
di	lino
	lana
	pelle

b. *A gruppi di tre. Descrivete il vostro capo d'abbigliamento preferito (che cos'è, il materiale). Dove e quando l'avete comprato? Se non conoscete una parola, consultate l'insegnante.*

Esempio:
Il mio capo d'abbigliamento preferito è un paio di jeans. Questi jeans sono casual, di cotone. Li ho comprati a Roma due anni fa.

c. *In plenum. Fate ora una lista delle parole nuove che avete usato al punto 10b utili per descrivere capi d'abbigliamento.*

11. I colori

a. *Leggete il testo del punto 9a un'altra volta, cercate i nomi dei colori e inseriteli qui sotto.*

bianco   _____   _____   _____   _____   _____   _____

_____   _____   _____   _____   _____   _____

b. *Completate ora con i restanti colori.*

| rosa | giallo | marrone | beige | rosso | arancione | viola | verde | azzurro |

c. *Leggete ora le seguenti frasi tratte dal testo del punto 9a e completate la regola.*

Sotto la giacca indossate un top o una **camicia** elegante bianca.
Scegliete un **abito** classico nero, grigio o blu scuro.
I colori: **il** nero è un classico, ma anche **il** blu e **il** grigio vanno benissimo.

I colori: aggettivi e sostantivi

Quando i colori si usano come aggettivi, si concordano con _____ .
Alcuni colori sono invariabili, per esempio _____ , rosa, viola e beige.
Quando i colori si usano come sostantivi, il loro genere è _____ .

---

d. *A gruppi di quattro. Preferite indossare un colore particolare? Quale? Quanti colori ci sono nel vostro armadio? C'è un colore predominante? Quale colore manca?*

11

80   ottanta   ALMA Edizioni

UNITÀ 6

12. A proposito di colori...

a. *Leggete il seguente testo sui colori. In base alle informazioni del testo, voi che cosa trasmettete con i colori che indossate abitualmente? Siete d'accordo? Parlatene in gruppi di tre.*

CHE COSA TRASMETTONO I COLORI?

Soprattutto nel mondo del lavoro i colori che indossi possono indicare che tipo di personalità hai.

1. Indossa colori scuri per trasmettere autorità e potere.
2. Scegli colori pastello per sembrare rilassato e amichevole.
3. Combina i colori per trasmettere creatività, ma non abbinare colori che non stanno bene insieme.
4. Indossa il rosa per sembrare amorevole.
5. Il bianco simboleggia un nuovo inizio. Indossalo per avere un aspetto fresco e pulito.
6. Metti qualcosa di giallo per mostrare calore e ottimismo.
7. Vestiti di arancione per mostrare grande energia.

(adattato: da http://it.wikihow.com/Scegliere-Che-Colore-Indossare)

b. *Rileggete il testo del punto 12a e sottolineate le forme dei verbi usate per dare un consiglio o un suggerimento.*

c. *Completate ora la tabella e la regola. Confrontate poi in plenum.*

Imperativo (tu)			
indossare	mettere	aprire	vestirsi
		apri	

▸ La desinenza dei verbi regolari in **-are** è: _____
▸ La desinenza dei verbi regolari in **-ere** e **-ire** è: _____
▸ I pronomi stanno _____
▸ La forma negativa si forma con _____

13. Come vestirsi in Italia

a. *Completate i sei consigli di un blog italiano coniugando i verbi all'imperativo (forma tu).*

Se desideri vestirti con stile durante un viaggio in Italia, ecco alcuni consigli.

1. (scegliere) _____ tessuti naturali come cotone, lino e seta, (evitare) _____ quelli sintetici.
2. (concentrarsi) _____ su abiti di buona qualità in colori neutri, come il nero, il bianco, il beige e il blu scuro.
3. (aggiungere) _____ al tuo guardaroba qualche capo di abbigliamento di grandi stilisti.
4. Non (indossare) _____ capi troppo corti. Shorts e gonne corte non sono eleganti, inoltre possono metterti in difficoltà se vuoi visitare una chiesa.

UNITÀ 6

5. (cercare) _____ accessori sobri ed eleganti. Per le sciarpe (evitare) _____ colori forti.
6. (indossare) _____ scarpe di qualità, preferibilmente di pelle. Non (mettere) _____ le infradito in città, (le – usare) _____ solo in spiaggia.

≡ 12, 13, 14, 15 **b.** A gruppi di tre. Scrivete adesso un testo simile. Quali consigli date a uno studente straniero che vuole venire nel vostro Paese?

14. Ritorno al testo

Al punto 12 avete visto le forme dell'imperativo (forma tu). Cercate ora nel testo del punto 9a le forme dell'imperativo del voi e completate la tabella e la regola. Confrontate poi in plenum.

Imperativo (voi)			
indossare	mettere	aprire	vestirsi
_____	_____	aprite	vestitevi

▸ Le forme dell'imperativo del **voi** sono ○ uguali a ○ diverse da   quelle dell'indicativo presente.
▸ I pronomi stanno _____
▸ La forma negativa si forma con _____.

≡ 16

15. Come vi vestite...?

Partecipate al blog Come vi vestite per un colloquio di lavoro? e scrivete una serie di consigli su cosa fare e cosa non fare (usate le forme dell'imperativo del voi).

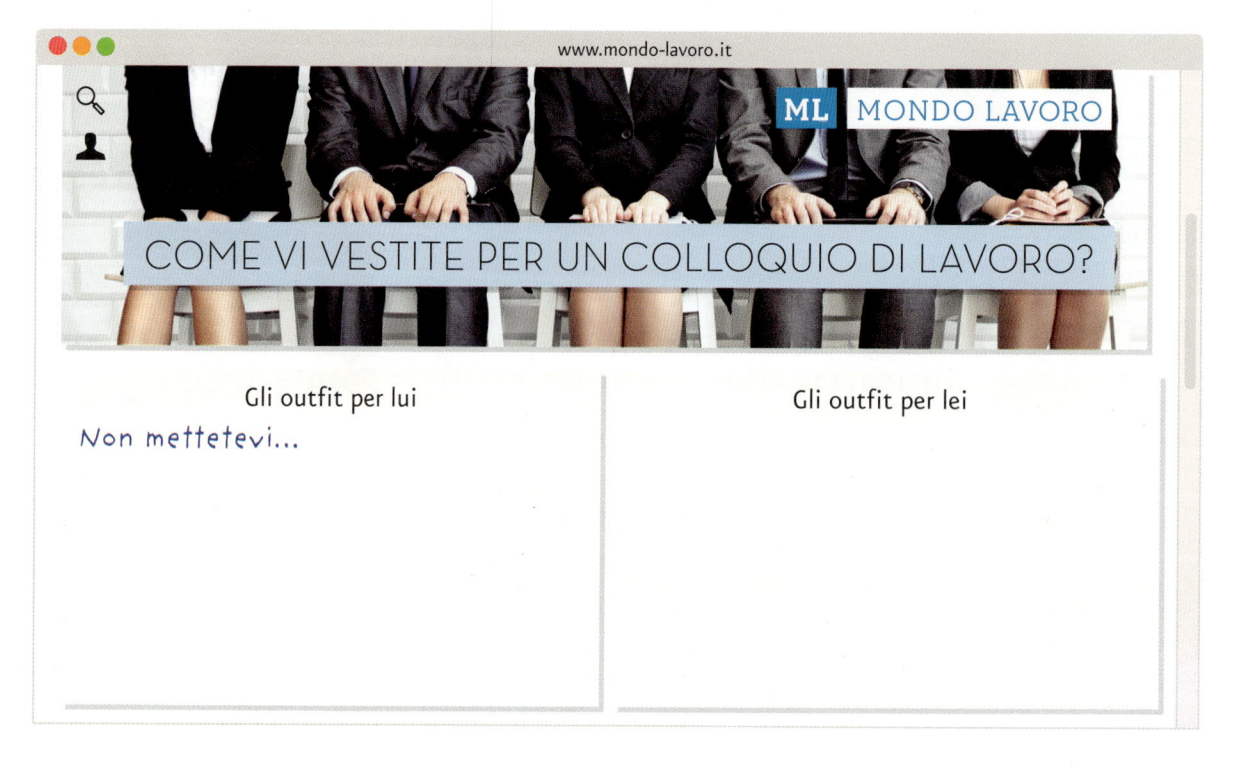

www.mondo-lavoro.it

ML MONDO LAVORO

COME VI VESTITE PER UN COLLOQUIO DI LAVORO?

Gli outfit per lui
Non mettetevi...

Gli outfit per lei

UNITÀ 6

▶II 1.20 **16. Vorrei vedere...**

a. *Ascoltate il dialogo. Che cosa vuole comprare il ragazzo? Di che colore è la cosa che vuole comprare? Il ragazzo la compra?*

Questi?
Quelli.

b. *Ascoltate il dialogo più volte e completate. Confrontate poi in plenum.*

● Buongiorno!
■ Ciao!
● _____ quei _____ che sono in vetrina.
■ Quali?
● Quelli _____ .
■ Sì. _____
   _____ ?
● _____ 32.
■ Vediamo... Ecco _____ 32, lì c'è la cabina.
   ...
■ _____ ?
● Mhh, sono un po' stretti.
■ Aspetta, ti porto una taglia più grande. ... Ecco.

● Grazie.
■ E questi _____ ?
● Questi _____ .
   _____ ?
■ Questi _____ 99 euro e 50.
● Va bene, _____ .
■ Bene, puoi accomodarti alla cassa.

largo ≠ stretto   lungo ≠ corto

17. Ritorno al testo

A coppie. Leggete il dialogo al punto 16b e trovate le espressioni adatte.

Che cosa dice la commessa per:
▶ chiedere la taglia   _____
▶ sapere se la taglia è giusta   _____
▶ comunicare il prezzo   _____

Che cosa dice il ragazzo per:
▶ esprimere che cosa vuole vedere   _____
▶ dire che la taglia è giusta   _____
▶ informarsi sul prezzo   _____
▶ comunicare che compra i jeans   _____

≝ 17

Attenzione!
un po' stretti
troppo stretti

jeans, camicia, gonna ecc. → taglia
scarpe → numero

ALMA Edizioni   ottantatré 83

UNITÀ 6

18. Facciamo shopping!

Lavorate a coppie. Fate un dialogo come nell'esempio. Alternatevi nei ruoli.

A
Vuoi comprare le cose qui sotto. Chiedi anche il prezzo, come nell'esempio.

B
Sei il commesso/la commessa. Chiedi la taglia e dai informazioni come nell'esempio.

Esempio:
● Buongiorno, vorrei vedere la camicia azzurra che è in vetrina.
■ Che taglia porti?
● La 42.
■ La 42… Ecco.
● Quanto viene?
■ 76,90 €.

76,90 € | 95 € | 88,90 € | 99 € | 36,50 € | 89 €

19. Occhio alla lingua!

a. *Leggete le seguenti frasi tratte dal dialogo del punto 16 e completate la regola. Confrontate poi in plenum.*

● Vorrei vedere **quei** jeans che sono in vetrina. ■ Quali? ● **Quelli** neri.

▸ Nella prima frase **quello** è usato come ○ aggettivo, ○ pronome, cioè accompagna un sostantivo.
▸ Nell'ultima frase **quello** è usato come ○ aggettivo, ○ pronome, cioè sta al posto del sostantivo, lo sostituisce.
▸ Quando **quello** è usato come aggettivo si comporta come l'articolo determinativo.

b. *Provate a completare la tabella: prima scrivete gli articoli tra parentesi, poi, con l'aiuto dell'insegnante, mettete le forme di quello.*

Quello (aggettivo)		
(il) _____ negozio	(i) *quei* negozi	
(___) _____ albergo	(___) _____ alberghi	
(___) _____ studente	(___) _____ studenti	
(___) _____ borsa	(___) _____ borse	
(___) _____ amica	(___) _____ amiche	

▸ Anche **bello**, se usato davanti al sostantivo, si comporta allo stesso modo.

Questo (aggettivo e pronome)	singolare	plurale
m.	questo	questi
f.	questa	queste

Quello (pronome)	singolare	plurale
m.	quello	quelli
f.	quella	quelle

20. Un po' di complimenti

A coppie. Guardate cosa indossa il vostro vicino e fategli dei complimenti come nell'esempio.

Esempio: ● Che bei jeans! ■ Ti piacciono? ● Sì, sono proprio belli.

→ Vogliamo organizzare una festa di Carnevale della classe: decidiamo che cosa portiamo da mangiare e come ci mascheriamo.

Organizziamo una festa di Carnevale

a. A gruppi di quattro. Che cosa sapete cucinare? Mettetevi d'accordo su che cosa portate da mangiare o da bere e completate lo schema.

Cibo

Nome				
Che cosa porta				

b. Riferite in plenum. Avete abbastanza cose da bere e da mangiare?

c. A gruppi di quattro. Come volete mascherarvi? Che cosa vi mettete? Completate lo schema.

Costumi

Nome	si maschera da...	si mette...

d. Riferite in plenum. Alla fine la classe vota il costume più divertente.

UNITÀ 6 GRAMMATICA

1. L'articolo partitivo

Con l'articolo partitivo si esprime una quantità indefinita; si forma con la preposizione **di** + l'articolo determinativo.

Puoi portare **del** formaggio. (di + il)   A Roma ho incontrato **degli** amici. (di + gli)
Prendiamo **della** frutta? (di + la)   Puoi prendere **dei** pomodori, per favore? (di + i)
   Devo comprare **delle** carote. (di + le)

2. La particella pronominale *ne*

Puoi prendere dei pomodori, per favore? – Quanti **ne** prendo?
Le patate sono finite. **Ne** compro un chilo, va bene?

La particella pronominale **ne** ha una funzione partitiva, sostituisce cioè una parte di un tutto già nominato.

Vuoi una *sigaretta*? – No, grazie, **ne** ho appena fumat**a** *una*.
Quanti *musei* hai visitato? – **Ne** ho visitat**i** *tre*.
Se **ne** è seguito da un verbo al passato prossimo, il participio deve concordare in genere e in numero con il nome a cui il **ne** si riferisce.

3. Accordo del passato prossimo con i pronomi diretti *lo, la, li, le*

Hai portato **il libro**? – Sì, l'ho portat**o**.   Hai portato **gli appunti**? – Sì, li ho portat**i**.
Chiara? **L**'ho conosciut**a** a Brindisi.   **Le chiavi**? **Le** ho mess**e** nelle borsa.

Se il passato prossimo viene formato con l'ausiliare **avere**, il participio passato mantiene la desinenza **-o**.
Se però davanti al passato prossimo ci sono i pronomi diretti **lo, la, li, le** il participio deve concordare in genere e numero con il pronome a cui si riferisce.

Attenzione!
Dove **lo** hai comprato? oppure Dove **l**'hai comprato?
I pronomi **lo** e **la** possono essere apostrofati.

4. I verbi *sapere* e *potere*

Riccardo non **sa** cucinare.   Domani Riccardo **non può** cucinare.

Il verbo **sapere** seguito da un verbo significa *essere in grado di*.
Il verbo **potere** si usa invece quando si indica la possibilità o di fare (o non fare) qualcosa.

5. I colori

Gli aggettivi che indicano un colore e che terminano in **-o** o in **-e** si comportano come gli altri aggettivi. Alcuni hanno invece delle forme invariabili, per esempio: *blu, rosa, viola, beige*.

il maglione **bianco**   i pantaloni **rossi**   ma   la camicia **blu**
la gonna **verde**   le scarpe **nere**   i jeans **viola**

Invariabili sono anche i colori che derivano da nomi di fiori e piante: *lilla, fucsia, gelsomino, ...*

I colori possono essere usati anche come sostantivi accompagnati dall'articolo determinativo maschile.
Qual è il tuo colore preferito? – **Il rosa**.

6. L'imperativo (tu e voi)

Combina i colori.   **Combinate** i colori.
L'imperativo si usa per dare un consiglio o un'istruzione.

verbi regolari				
	indossare	mettere	aprire	finire (-isc-)
(tu)	indossa	metti	apri	finisci
(voi)	indossate	mettete	aprite	finite

Per i verbi regolari in **-ere** e **-ire** le forme dell'imperativo della 2° persona singolare e plurale sono uguali a quelle del presente indicativo.
Per i verbi in **-are** questo vale soltanto per la 2° persona plurale.
I verbi irregolari con un ampliamento del radice al presente indicativo mantengono questa irregolarità anche all'imperativo.

verbi irregolari									
	andare	avere	dare	dire	essere	fare	sapere	stare	tenere	venire
(tu)	va'/vai	abbi	da'/dai	di'	sii	fa'/fai	sappi	sta'/stai	tieni	vieni
(voi)	andate	abbiate	date	dite	siate	fate	sappiate	state	tenete	venite

L'imperativo negativo

Non abbinare colori che non stanno bene insieme.   **Non indossate** capi troppo corti.

L'imperativo negativo della 2° persona singolare (*tu*) si forma con **non** + infinito.
L'imperativo negativo della 2° persona plurale (*voi*) si forma con **non** + imperativo.

L'imperativo con i pronomi

Matteo, Luca, **scusatemi**!
Marta, **scusami**!
Quanto pane porto? – Mah, porta**ne** un chilo.

Franco, **dimmi** tutto!
Alla festa **vacci** pure da sola. Io purtroppo non ho tempo.
Fagli una bella sorpresa.

I pronomi diretti atoni, i pronomi riflessivi così come **ci** e **ne** si uniscono alla 2° persona singolare dell'imperativo.

Attenzione! I verbi con una forma monosillabica di imperativo raddoppiano la consonante del pronome, escluso con **gli**.

Non chiamarlo sul cellulare!   oppure   **Non lo chiamare** sul cellulare!
Non chiamatelo sul cellulare!   oppure   **Non lo chiamate** sul cellulare!

Con l'imperativo negativo i pronomi possono essere uniti all'infinito o stare tra la negazione **non** e il verbo.

UNITÀ 6 GRAMMATICA

7. I dimostrativi *questo/quello*

Scusi, quanto viene **questa** gonna?
Vorrei provare **quei** jeans che ho visto in vetrina.

Questo indica una persona o cosa vicina a chi parla. **Quello** indica una persona o cosa lontana da chi parla. **Questo** e **quello** possono essere usati come aggettivi (quando accompagnano un sostantivo) o come pronomi (quando sostituiscono un sostantivo).

Queste scarpe ti piacciono? – Sì, **queste** nere mi piacciono molto.
Vorrei vedere **quei** jeans che sono in vetrina. – Quali? – **Quelli** neri.

L'aggettivo **questo** si presenta come segue:

	singolare	plurale
maschile	questo negozio	questi negozi
femminile	questa borsa	queste borse

L'aggettivo dimostrativo **quello** si declina come l'articolo determinativo.

	singolare	plurale
maschile	(il) quel negozio	(i) quei negozi
	(l') quell'albergo	(gli) quegli alberghi
	(lo) quello studente	(gli) quegli studenti
femminile	(la) quella borsa	(le) quelle borse
	(l') quell'amica	(le) quelle amiche

Il pronome dimostrativo **quello** ha le seguenti forme:

	singolare	plurale
maschile	quello	quelli
femminile	quella	quelle

8. L'aggettivo *bello*

Che **bel** maglione!   Il maglione è proprio **bello**.   Che **bei** jeans!   I jeans sono proprio **belli**.

L'aggettivo **bello** ha forme diverse a seconda che si trovi prima o dopo il sostantivo a cui si riferisce. Quando **bello** si trova prima di un sostantivo, si declina come l'articolo determinativo.

	singolare	plurale
maschile	bel maglione	bei maglioni
	bell'orologio	begli orologi
	bello spettacolo	begli spettacoli
femminile	bella borsa	belle borse
	bell'amica	belle amiche

UNITÀ 7

COINQUILINO CERCASI

In questa unità impariamo a...
... dire cortesemente a qualcuno cosa deve fare
... esprimere un desiderio
... esprimere un'ipotesi
... descrivere un appartamento
... capire e scrivere un annuncio immobiliare
... concordare un appuntamento per visitare un appartamento

→ In questa unità cerchiamo un coinquilino / una coinquilina per il nostro appartamento condiviso.
Per farlo, prepariamo delle domande da porre al candidato / alla candidata.

1. Abitazioni

a. Leggete le seguenti definizioni. A quali foto si riferiscono? Scrivete nei cerchietti i numeri corrispondenti.

villetta a schiera ○   villa ○   casale ○

condominio / palazzo ○   grattacielo ○   casa d'epoca ○

UNITÀ 7

b. Abbinate le definizioni del punto 1a ai seguenti aggettivi. Sono possibili diverse combinazioni. Confrontate poi con un compagno: avete le stesse idee?

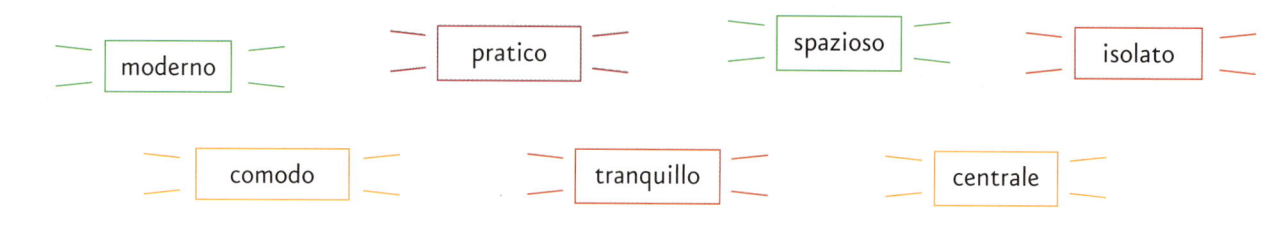

moderno   pratico   spazioso   isolato

comodo   tranquillo   centrale

c. Dove potrebbero abitare queste persone? A coppie abbinate i tipi di abitazione alle persone. Sono possibili diverse combinazioni.

Anna: studentessa, ama la compagnia e le feste

Famiglia Tessari: tre figli, un cane, amano il verde

Laura e Gianluca: lavorano in centro

≡ 1, 2

2. Cercasi... Affittasi...

a. Ecco la piantina di un appartamento. Scrivete i nomi dei singoli ambienti come nell'esempio.

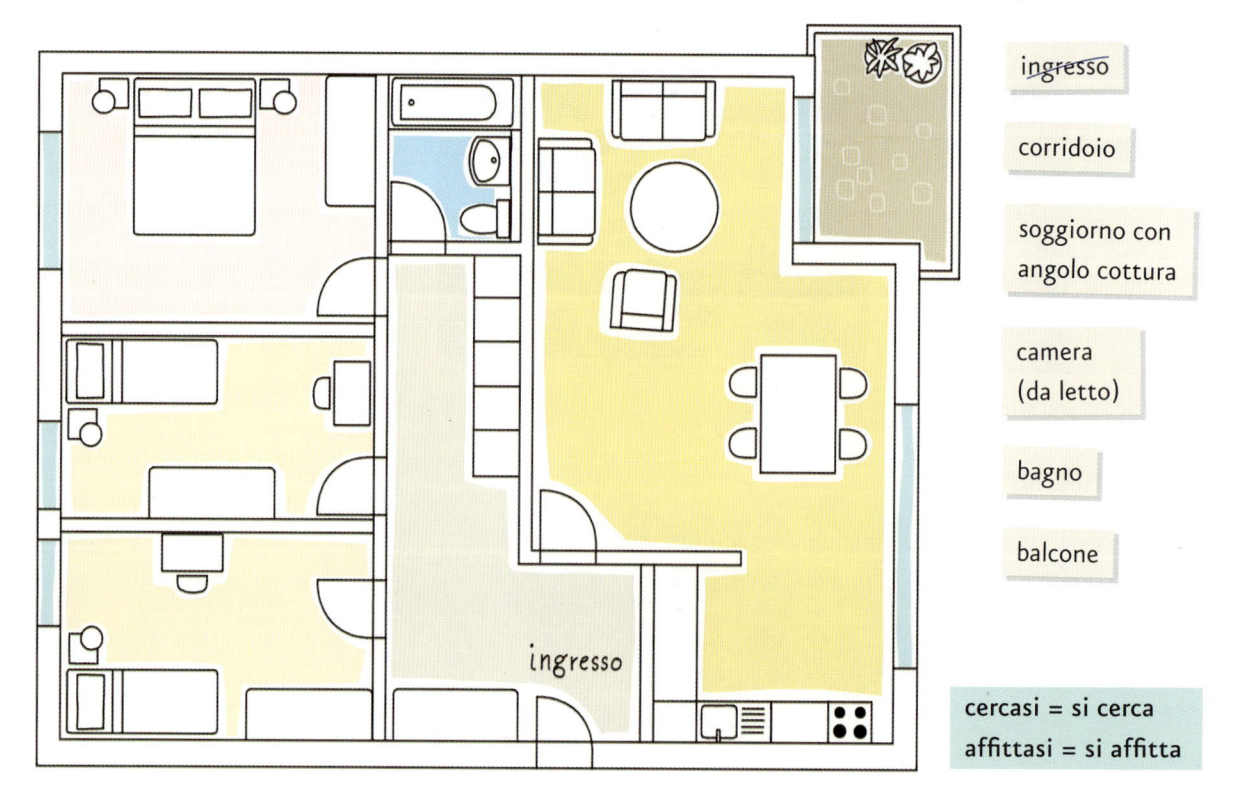

ingresso
corridoio
soggiorno con angolo cottura
camera (da letto)
bagno
balcone

cercasi = si cerca
affittasi = si affitta

90 novanta   ALMA Edizioni

UNITÀ 7

b. Leggete i seguenti annunci immobiliari. Quale corrisponde alla piantina del punto 2a?

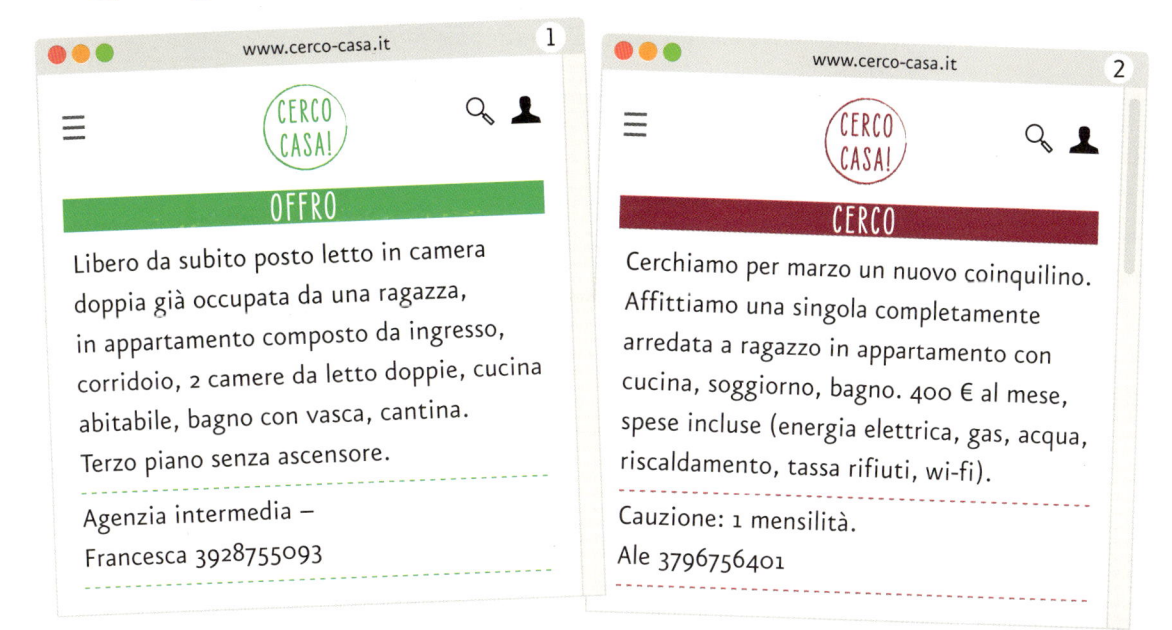

1 www.cerco-casa.it

CERCO CASA!

OFFRO

Libero da subito posto letto in camera doppia già occupata da una ragazza, in appartamento composto da ingresso, corridoio, 2 camere da letto doppie, cucina abitabile, bagno con vasca, cantina. Terzo piano senza ascensore.

Agenzia intermedia – Francesca 3928755093

2 www.cerco-casa.it

CERCO CASA!

CERCO

Cerchiamo per marzo un nuovo coinquilino. Affittiamo una singola completamente arredata a ragazzo in appartamento con cucina, soggiorno, bagno. 400 € al mese, spese incluse (energia elettrica, gas, acqua, riscaldamento, tassa rifiuti, wi-fi).

Cauzione: 1 mensilità.
Ale 3796756401

3 www.cerco-casa.it

CERCO CASA!

OFFRO

Libera camera singola in appartamento con due camere singole e una doppia, soggiorno con angolo cottura, bagno e balcone. L'appartamento è arredato, dotato di TV e lavatrice, stoviglie, coperte e biancheria. L'affitto mensile è di 300 € + 75 € di spese condominiali.

Paola, cell 339823354

I numeri da cento a un miliardo

100 = cento
200 = duecento
375 = trecentosettantacinque
1.000 = **mille**
2.000 = due**mila**
100.000 = cento**mila**
1.000.000 = un milione (di)
1.000.000.000 = un miliardo (di)

c. Cercate negli annunci le espressioni usate per definire...

1. camera da letto per una sola persona: _____
2. camera da letto per due persone: _____
3. cucina dove si può anche mangiare: _____
4. zona del soggiorno dove si può cucinare: _____
5. appartamento con mobili: _____
6. prezzo mensile di un appartamento: _____
7. costi di manutenzione di una casa con diversi appartamenti: _____
8. apparecchio che porta da un piano all'altro: _____

≝ 3, 4,
5, 6

3. La mia casa...

A coppie. Descrivete il vostro appartamento: com'è? Quante stanze ha? Quali? A che piano è? Qual è la vostra stanza preferita? Perché?

UNITÀ 7

▶ 1.21 ## 4. Pronto?

a. Ascoltate la telefonata. A quale annuncio del punto 2b si riferisce Valeria?

b. Ascoltate di nuovo e segnate con una crocetta le informazioni corrette.

Valeria vuole sapere…
1. se l'appartamento è vicino alla metropolitana. ○
2. se l'università è lontana. ○
3. quante persone abitano nell'appartamento. ○
4. se c'è la lavatrice. ○
5. se c'è un balcone. ○
6. se la camera disponibile è arredata. ○

c. Ascoltate un'altra volta. Cosa decidono di fare le due ragazze? Perché?

5. Ritorno al testo

▶ 1.22 *a. Ascoltate il dialogo alcune volte e completate con i verbi che trovate qui sotto. Controllate poi in plenum.*

| porterei dovresti dividerei potresti saresti preferirei sarei andrebbe vedrei dovremmo |

- ■ E la camera libera…?
- ● È una singola.
- ■ Quindi non la _____ con nessuno.
- ● No, no, _____ sola in camera.
- ■ È ammobiliata?
- ● Beh, sì, c'è l'essenziale: un letto, un comodino, un armadio… ma non c'è la scrivania.
- ■ Non c'è problema, la _____ io. E l'affitto…
- ● Allora, sono 375 € al mese, spese comprese.
- ■ Va bene. Senti, io _____ molto interessata, la _____ volentieri.

- ● Allora, _____ venire quando ci siamo tutti, perché abbiamo la regola che tutti devono essere d'accordo sul nuovo coinquilino, quindi devi conoscere tutti.
- ■ Va bene, quando posso venire?
- ● Allora…, se vieni mercoledì sera, verso le sei, _____ esserci tutti.
- ■ Mercoledì… _____ un po' più tardi, _____ bene alle otto?
- ● Alle otto… OK, va bene, lo dico anche agli altri.
- ■ Mi _____ dare l'indirizzo esatto?
- ● Sì, certo. L'indirizzo è via…

b. I verbi che avete scritto al punto 5a sono esempi di un nuovo modo verbale: il condizionale presente. Completate la tabella dei verbi regolari e quella di «essere» con le forme che trovate nel dialogo. Riflettete poi insieme a un compagno sulla formazione del condizionale.

Condizionale presente	portare	dividere	preferire	essere
(io)				
(tu)	porteresti	divideresti	preferiresti	
(lui/lei/Lei)	porterebbe	dividerebbe	preferirebbe	sarebbe
(noi)	porteremmo	divideremmo	preferiremmo	saremmo
(voi)	portereste	dividereste	preferireste	sareste
(loro)	porterebbero	dividerebbero	preferirebbero	sarebbero

92 novantadue

ALMA Edizioni

UNITÀ 7

c. *A coppie. Alcune forme di condizionale che trovate al punto 5a e qui sotto sono irregolari: come si formano? Riflettete e rispondete alle domande come negli esempi.*

saprei   darei   terrei   mangerei   rimarrei   lascerei   pagherei
verrei   starei   avrei   farei   vivrei   cercherei

▸ Quali verbi perdono la -e- dell'infinito? sapere → saprei,

▸ Quale verbo in -are si comporta allo stesso modo? _____

▸ Quali verbi perdono la -e- o la -i- dell'infinito e trasformano l'ultima consonante della radice in -r-?
tenere → terrei,

▸ Quali verbi in -are conservano -a-? dare → darei,

▸ E inoltre...
I verbi in _____ e _____ prendono una -h- prima della desinenza.
I verbi in _____ e _____ perdono la -i- della radice.

6. Quando lo usiamo?

A coppie. Rileggete il dialogo del punto 5a e stabilite in quali frasi il condizionale è usato per...

▸ formulare un'ipotesi, una supposizione, una possibilità _____
▸ dire cortesemente a qualcuno che cosa deve fare _____
▸ fare una proposta _____
▸ esprimere una richiesta cortese _____
▸ esprimere un desiderio _____

≡ 7, 8

7. La vincita milionaria

a. *Leggete i post del forum ‹Ho vinto alla lotteria!› e completate con i verbi al condizionale.*

Voi che cosa (fare) _____ con una vincita milionaria?

1. MARIA: (Fare) _____ un lungo viaggio, (rimanere) _____ in giro almeno un anno e (stare) _____ solo in alberghi lussuosi. E poi non (lavorare) _____ più!

2. PIETRO: (Pagare) _____ tutti i debiti, (comprare) _____ una grande villa e (dormire) _____ tranquillo!

3. DANIELE: Mi (piacere) _____ invitare tutti i miei amici e fare una grande festa.

4. CHIARA: (Mettere) _____ una parte dei soldi in banca e poi (andare) _____ in Africa e (partecipare) _____ a un lungo safari.

5. ROBERTO: (Tenere) _____ solo una parte dei soldi, il resto lo (regalare) _____ .

UNITÀ 7

≡ 9, 10 **b.** *E voi che cosa fareste? Scrivete almeno quattro cose che vi piacerebbe fare. Confrontate poi in gruppi: avete gli stessi desideri?*

8. Le cose della casa

a. *Cercate negli annunci del punto 2b e nel dialogo del punto 5a i nomi che mancano e scriveteli sotto le fotografie.*

			lavastoviglie

sedia		televisore	

	divano	libreria	

tavolo	lampada

b. *A gruppi di tre. A turno, uno descrive una delle cose raffigurate al punto 8a senza dire il nome, gli altri indovinano di che cosa parla, come nell'esempio. Vince chi indovina di più.*

Esempio:
- È in soggiorno, la uso per sedermi.
- La sedia!
≡ 11, 12   - Giusto!

9. Cerco coinquilino – cerco casa

a. *A coppie (A e B). Siete studenti fuori sede e condividete un appartamento insieme ad altri studenti. Nell'appartamento c'è un posto libero. Scrivete un annuncio in cui cercate un nuovo coinquilino/una nuova coinquilina, descrivete l'appartamento e la stanza disponibile.*

94 novantaquattro ALMA Edizioni

UNITÀ 7

b. B rimane al proprio posto con l'annuncio. **A** cambia coppia e legge l'annuncio scritto dal nuovo compagno (**B**). Fate un dialogo con i seguenti ruoli.

A
Vai a studiare in Italia per un anno e cerchi un alloggio. Hai letto un annuncio che ti interessa particolarmente. Prima di tutto rifletti bene e prepara alcune domande da fare a chi ha messo l'annuncio. Poi telefona e chiedi informazioni. Fissa anche un appuntamento per andare a vedere l'alloggio.

B
Hai messo un annuncio per trovare un nuovo coinquilino per il tuo appartamento. Pensa a come puoi descrivere il tuo alloggio. A un certo punto telefona una persona interessata, rispondi alle sue domande.

≡ 13, 14, 15

10. Occhio alla lingua!

Leggete la seguente frase tratta dal dialogo del punto 4. Le parole evidenziate sono un esempio di forma progressiva. Come si forma? Completate la regola.

Mi chiamo Valeria Rubini e **sto chiamando** per la camera libera nel vostro appartamento.

La forma progressiva
La forma progressiva si forma con il verbo _____ + **gerundio**: ed esprime un'azione che si svolge nel momento in cui parliamo.

Il gerundio:			Attenzione!		
chiam**are**	→	chiam**ando**	fare	→	facendo
prend**ere**	→	prend**endo**	bere	→	bevendo
dorm**ire**	→	dorm**endo**	dire	→	dicendo

11. Una convivenza perfetta

Osservate cosa stanno facendo questi studenti un sabato mattina e scrivete le frasi come nell'esempio. Aiutatevi con le espressioni qui accanto.

lavare i piatti   pulire il bagno   ~~pulire la cucina~~
caricare la lavatrice   passare l'aspirapolvere
portare via l'immondizia

Mario   Elisa   Fabio   Isabella   Francesco   Anna

1. Mario sta pulendo la cucina.
2. Elisa _____
3. _____
4. _____
5. _____

≡ 16, 17   6. _____

ALMA Edizioni   novantacinque   **95**

UNITÀ 7

12. App salvavita per studenti (fuori sede e non solo)

a. Leggete il seguente testo tratto da un portale per studenti e abbinate i nomi delle app che trovate qui sotto alle descrizioni.

Ritartreni   CleverBuy   FlatMates   iWash

APP SALVAVITA PER STUDENTI
(FUORI SEDE E NON SOLO)

La vita dello studente può essere una vera e propria sfida. Diventare indipendenti e riuscire ad arrangiarsi con i soldi, la spesa, il bucato e il cibo a volte è davvero stressante! Per fortuna esistono alcune applicazioni per rendervi la vita più facile.

1. _____

Questa applicazione gratuita permette di risolvere ogni dubbio su come si devono lavare i capi di abbigliamento, ti aiuta a decifrare le etichette sui vestiti, ti spiega come eliminare molte macchie difficili e ti dice a che temperatura e con quale tipo di detersivo lavare i tuoi jeans preferiti.

2. _____

Per gli studenti fuori sede una delle parole chiave è *risparmiare*. Per fare una spesa intelligente c'è _____, l'applicazione che ti permette di memorizzare i prezzi dei prodotti che compri quando vai al supermercato e ti dice dove puoi trovare lo stesso prodotto ad un prezzo più basso.

3. _____

Gli studenti pendolari sanno bene che gli orari dei treni sono poco affidabili: ritardi, corse cancellate... Per aiutare i loro colleghi alcuni studenti hanno creato l'app _____, che permette di visualizzare in tempo reale il ritardo dei treni. I dati si basano sulle segnalazioni degli utenti stessi.

4. _____

Creata da due studenti italiani, è un'applicazione molto utile per gli universitari fuori sede. Grazie a cinque fattori quali età, sesso, occupazione o studio, tolleranza al fumo e agli animali è possibile trovare il coinquilino più adatto a voi.
Ogni utente può scrivere una piccola descrizione di sé e allegare alcune foto profilo, indicando che tipo di coinquilino cerca e dove.
Grazie al sistema di double matching, solo gli utenti che si *piacciono* reciprocamente possono iniziare a chattare.

(adattato da: www.studenti.it/foto/universita/app-salvavita-studenti-fuorisede/applicazioni-studenti.php)

UNITÀ 7

b. *Trovate per ogni significato l'espressione corrispondente nei testi, come nell'esempio. Confrontate poi in plenum.*

testo	espressione	significato
1		capire
1	macchia	segno lasciato dallo sporco su un tessuto
1		sostanza che serve a lavare
2		parola importante
3		chi vive lontano dal posto dove studia o lavora
3		sicuro
3		vedere
3		chi usa un servizio
4		pratico, che dà un vantaggio
4		lavoro
4		spedire insieme a, unire a

c. *A gruppi di tre. Secondo voi quali app del punto 12a sono utili? Perché? Quale o quali vorreste avere sul vostro cellulare? Conoscete altre app utili per studenti?*

d. *Cambiate i gruppi. Con i nuovi compagni inventate un'app utile per gli studenti e scrivete una piccola descrizione. Presentatela poi in plenum e votate l'app che vi piace di più.*

13. Occhio alla lingua!

a. *Leggete le seguenti frasi tratte dal testo del punto 12a, riflettete sulle parole evidenziate e completate la regola.*

Per fare una spesa intelligente c'è *CleverBuy*, l'applicazione **che** ti permette di memorizzare i prezzi dei prodotti **che** compri.
Solo gli utenti **che** si ‹piacciono› reciprocamente possono iniziare a chattare.

▶ **Che** è un pronome relativo, si usa come soggetto e complemento oggetto diretto, è ○ variabile.   ○ invariabile.

b. *Combinate le frasi come nell'esempio.*

Esempio: Ho messo la maglietta. La mia amica mi ha regalato la maglietta.
           Ho messo la maglietta che mi ha regalato la mia amica.

1. Ho messo in frigo gli alimenti. Ho comprato gli alimenti al supermercato.

2. Ho installato un'app. L'app è molto utile.

3. Negli annunci ho trovato una camera. La camera non è molto cara.

≡ 18, 19

UNITÀ 7

14. Occhio alla lingua!

a. Leggete le seguenti frasi tratte dal testo del punto 12a, riflettete sulle parole evidenziate e completate la regola.

Questa applicazione (…) ti spiega come eliminare **molte** macchie difficili.
È un'applicazione **molto** utile per gli universitari fuori sede.

- Nella prima frase **molto** è usato come ○ aggettivo. ○ avverbio.
- Nella seconda frase **molto** è usato come ○ aggettivo. ○ avverbio.
- Quando **molto** è usato come avverbio è ○ variabile. ○ invariabile.
- Quando **molto** è usato come aggettivo è ○ variabile. ○ invariabile.

b. Completate il testo con ‹molto›, aggettivo o avverbio. Confrontate poi in plenum.

In Italia _____ giovani vorrebbero lasciare casa per cominciare la vita universitaria, ma questo comporta _____ difficoltà perché la vita da studente fuori sede può costare _____ . Purtroppo in _____ città universitarie non ci sono _____ alloggi universitari (o studentati), per questo _____ studenti sono costretti a cercare un appartamento, _____ spesso solo una stanza, perché gli affitti nelle città con università prestigiose possono essere _____ alti.

c. Osservate le parole evidenziate: che cosa notate? Parlatene con un compagno e poi completate le frasi con ‹bene› o ‹buono›.

Francesco parla **bene** l'inglese, ma il suo spagnolo non è molto **buono**.

1. Conosci _____ Roma?
2. Questa pizza non è _____ .
3. Giorgio sa sciare _____ .
4. Al bar dell'università il caffè è veramente _____ .
5. Questi spaghetti non sono _____ . Chi li ha fatti?
6. Rossella non sa cucinare molto _____ .

≡ 20, 21

15. E tu sei fuori sede?

A gruppi di tre. Siete studenti pendolari, fuori sede o studiate nella città dove siete cresciuti? Com'è la situazione nella città dove studiate? Ci sono alloggi universitari? È facile trovare un appartamento o una stanza? Gli affitti sono alti?

≡ 22, 23, 24

→ Nel nostro appartamento c'è una stanza libera. Abbiamo messo un annuncio in rete e uno studente/una studentessa ha telefonato per poterla vedere. Stasera viene da noi per vedere la camera. Noi vogliamo conoscerlo/la e capire che tipo è. Prepariamo una serie di domande da fargli/le.

Prepariamo un colloquio con un aspirante coinquilino/un'aspirante coinquilina

a. A gruppi di tre. Secondo voi come dovrebbe essere il nuovo coinquilino/la nuova coinquilina? Scrivete una lista delle cose che dovrebbe fare e di quelle che non dovrebbe fare.

Dovrebbe....

COINQUILINO CERCASI

Non dovrebbe....

b. In base ai risultati del punto a scrivete una serie di domande da fare all'aspirante coinquilino/a per capire se è la persona giusta per il vostro appartamento.

c. Confrontate in plenum le domande che avete preparato. Quali sono le domande fondamentali da fare?

d. A gruppi di tre. Uno è un aspirante coinquilino, gli altri due gli fanno le domande preparate ai punti b e c. Alla fine decidete se questa persona è adatta a vivere con voi.

UNITÀ 7 GRAMMATICA

1. I numeri cardinali

0	zero						
1	uno	11	undici	21	ventuno	101	centouno
2	due	12	dodici	23	ventitré	108	centootto
3	tre	13	tredici	28	ventotto	200	duecento
4	quattro	14	quattordici	30	trenta	250	duecentocinquanta
5	cinque	15	quindici	40	quaranta	300	trecento
6	sei	16	sedici	50	cinquanta	1.000	mille
7	sette	17	diciassette	60	sessanta	1.001	milleuno / mille e uno
8	otto	18	diciotto	70	settanta	2.000	duemila
9	nove	19	diciannove	80	ottanta	2.470	duemilaquattrocentosettanta
10	dieci	20	venti	90	novanta	10.000	diecimila
				100	cento	1.000.000	un milione
						1.000.000.000	un miliardo

Questa la regola per i numeri:

I numeri che finiscono in **-tre** sono accentati nell'ultima sillaba: ventitré.
Con **-uno** e **-otto** le decine perdono la vocale finale: ventuno, ventotto.

Mille è invariabile, il plurale è **mila**.
Se un **milione** e un **miliardo** sono seguiti da un sostantivo, si inserisce una preposizione tra i due elementi: un milione **di** persone.

Se un **milione** e un **miliardo** sono uniti ad un altro numero, cade la preposizione **di**.
Milano ha circa un milione e trecentomila abitanti.

2. Forme e usi del condizionale presente

Verbi regolari

	portare	dividere	dormire	preferire
(io)	porterei	dividerei	dormirei	preferirei
(tu)	porteresti	divideresti	dormiresti	preferiresti
(lui/lei/Lei)	porterebbe	dividerebbe	dormirebbe	preferirebbe
(noi)	porteremmo	divideremmo	dormiremmo	preferiremmo
(voi)	portereste	dividereste	dormireste	preferireste
(loro)	porterebbero	dividerebbero	dormirebbero	preferirebbero

Per la formazione del condizionale presente valgono le seguenti regole:

I verbi in **-are** modificano la **-a** della desinenza in **-e**: portare → port**e**rei

Nei verbi in **-care** e **-gare** si deve inserire una **-h-** davanti alla desinenza: cercare → cerc**h**erei;
pagare → pag**h**erei

I verbi in **-ciare** e **-giare** perdono la **-i**: cominciare → cominc**e**rei; mangiare → mang**e**rei

100 cento

GRAMMATICA UNITÀ 7

Verbi irregolari
Forme: vedi la tabella dei verbi irregolari a pag. 194 e seguenti.

Per i verbi irregolari valgono le seguenti regole:
La radice del verbo si modifica mentre la desinenza del condizionale presente rimane invariata.

Osservate i cambiamenti nella radice del verbo:
Alcuni verbi in **-are** mantengono la **-a** della desinenza:
dare → **darei**, fare → **farei**, stare → **starei**; ma: restare → **resterei**
Alcuni verbi in **-ere** perdono la **-e** dell'infinito:
avere → **avrei**, sapere → **saprei**, vivere → **vivrei**; questo vale anche per andare → **andrei**.
Alcuni verbi perdono la **-e** dell'infinito e trasformano l'ultima consonante della radice in **-r**:
rimanere → **rimarrei**, tenere → **terrei**, volere → **vorrei**

Il condizionale presente si usa:

per esprimere una richiesta cortese.	Mi **potresti** dare l'indirizzo esatto?
per esprimere un desiderio.	**Preferirei** venire un po' più tardi.
per dire cortesemente a qualcuno cosa deve fare.	**Dovresti** venire quando ci siamo tutti.
per fare una proposta.	**Andrebbe** bene alle otto?
per formulare un'ipotesi, una supposizione o una possibilità.	● Quindi non **dividerei** la camera con nessuno? ■ No, no, **saresti** sola.
per attenuare un'affermazione o una notizia.	Secondo uno studio sulla mobilità Erasmus, Bologna **sarebbe** la città preferita per passare un semestre all'estero.

3. Il presente progressivo

Sto chiamando per la camera libera nel vostro appartamento.
Mario **sta pulendo** la cucina.
I bambini **stanno dormendo**.

La perifrasi **stare + gerundio** esprime un'azione che accade nel momento in cui si parla.

Il gerundio si forma dall'inifinito nel modo seguente:

-are → -ando	chiamare → chiam**ando**		fare → **facendo**
-ere → -endo	prendere → prend**endo**	**Attenzione!**	bere → **bevendo**
-ire → -endo	dormire → dorm**endo**		dire → **dicendo**

centouno **101**

UNITÀ 7 GRAMMATICA

4. Il pronome relativo *che*

I pronomi relativi sostituiscono un nome e servono a unire due frasi.
I pronomi relativi **che** e **cui** sono invariabili e possono riferirsi sia a persone che a cose.

Per fare una spesa intelligente c'è *CleverBuy*, l'applicazione **che** ti permette di memorizzare
i prezzi dei prodotti **che** compri.

5. Avverbi e aggettivi (II)

Gli avverbi accompagnano un verbo, un aggettivo, un altro avverbio o un'intera frase e servono a definirne meglio il significato. Gli aggettivi accompagnano un sostantivo e ne precisano una qualità.
Gli aggettivi concordano in numero e genere con il sostantivo a cui si riferiscono.
Gli avverbi sono invariabili.

In italiano alcuni avverbi hanno una forma propria derivata dalla forma femminile dell'aggettivo qualificativo + il suffisso **-mente**. -> vedi Unità 5

Altri avverbi hanno una forma propria.

aggettivo		avverbio
buono	→	bene
cattivo	→	male

Al bar dell'università il caffè è veramente **buono**.   Al bar dell'università si mangia **bene**.

In molte / tante / poche / troppe città universitarie
non ci sono alloggi universitari.   (aggettivo)
Bologna è una città molto / tanto / poco / troppo vivace.   (avverbio)
Oggi non vorrei mangiare molto / tanto / poco / troppo.   (avverbio)

Molto, tanto, troppo, poco possono avere sia la funzione di aggettivi (in questo caso concordano con il sostantivo) sia di avverbi (in questo caso sono invariabili e hanno sempre la desinenza -o).

UNITÀ 8

NON C'ERA UNA VOLTA...

In questa unità impariamo a...
... descrivere situazioni e abitudini al passato
... parlare di ricordi dell'infanzia
... parlare del carattere e dell'aspetto di una persona
... parlare della famiglia

➲ In questa unità progettiamo un social network interno per il nostro corso e cerchiamo il nostro partner di studio ideale.

1. Che cos'è?

a. *A coppie. Leggete le seguenti espressioni. Conoscete il loro significato?*

sito   motore di ricerca   cliccare   utente   rete

navigare   posta elettronica   scaricare   salvare

≡ 1 b. *Tutte le espressioni del punto 1a si riferiscono a una cosa. Quale? Parlatene a gruppi e poi in plenum.*

ALMA Edizioni   centotré   **103**

UNITÀ 8

2. La vita prima di Internet

a. Leggete il testo seguente e scrivete accanto a ogni titolo il numero della foto corrispondente di p. 103.

COM'ERA LA VITA PRIMA DI INTERNET?

a. Le lettere e i bigliettini ○
Per mantenere i contatti con gli amici lontani si scrivevano lettere. E a scuola si passavano i bigliettini per ammazzare il tempo durante le noiosissime spiegazioni della prof.

b. La biblioteca ○
Prima dell'avvento dei motori di ricerca per fare ricerche e scrivere tesine si consultava l'enciclopedia, si andava in biblioteca e si cercavano le informazioni desiderate tra le pagine di moltissimi libri. Era un grande investimento di tempo e si poteva consultare solo un numero limitato di fonti.

c. I programmi TV ○
Prima di Internet non essere a casa quando andava in onda alla TV il programma o il film che si desiderava vedere significava perderlo. Si organizzava la giornata (o la serata) in base ai programmi TV e non era sempre facile.

d. Il senso dell'orientamento ○
Prima delle mappe degli smartphones ci si orientava in maniera diversa. Mentre uno studiava attentamente una cartina enorme, l'altro cercava di scoprire dov'era il nord. E qualche volta ci si perdeva e si finiva da un'altra parte.

b. Trovate per ogni significato l'espressione corrispondente nei testi, come nell'esempio. Confrontate poi in plenum.

testo	espressione	significato
a	bigliettini	messaggi scritti su un piccolo pezzo di carta
a		molto poco interessanti
b		arrivo
b		breve testo su un tema di studio
d		pianta di una città

≡ 2

3. E voi?

Per le vostre ricerche andate in biblioteca o vi affidate a Internet? Guardate film, serie e programmi in TV oppure in streaming? Quando visitate una città usate delle cartine o vi orientate con lo smartphone? Parlatene in piccoli gruppi.

104 centoquattro

UNITÀ 8

4. Occhio alla lingua!

a. Nel testo del punto 2a compare un nuovo tempo verbale, l'imperfetto: per esempio *era* nel titolo. Cercate e sottolineate tutti gli altri verbi all'imperfetto e completate la tabella. Confrontate poi in plenum.

Imperfetto indicativo						
	verbi regolari			verbi irregolari		
	cercare	scrivere	finire	essere		
(io)	cercavo	scrivevo	finivo	ero	fare → facevo	
(tu)	cercavi	scrivevi	finivi	eri		
(lui/lei/Lei)	cercava	scriveva			bere → bevevo	
(noi)	cercavamo	scrivevamo	finivamo	eravamo		
(voi)	cercavate	scrivevate	finivate	eravate	dire → dicevo	
(loro)			finivano	erano		

b. Osservate ora le tre coniugazioni in -are, -ere e -ire dei verbi regolari: che cosa notate? Parlatene a gruppi e poi in plenum.

5. Gara di verbi

Giocate in coppia. A turno, uno di voi sceglie un verbo e l'altro dice tutta la coniugazione di quel verbo all'imperfetto. Per ogni coniugazione corretta segnate un punto. Vince chi ha più punti.

6. Occhio alla lingua!

a. Leggete le seguenti frasi tratte dal testo del punto 2a (eventualmente rileggete tutto il testo). Quali verbi raccontano azioni abituali, ripetute regolarmente, e quali descrivono una situazione? Collegate come nell'esempio.

1. Per mantenere i contatti con gli amici lontani **si scrivevano** lettere.
2. Per fare ricerche e scrivere tesine **si consultava** l'enciclopedia, **si andava** in biblioteca e **si cercavano** le informazioni desiderate tra le pagine di moltissimi libri.
3. **Era** un grande investimento di tempo.
4. **Si organizzava** la giornata (o la serata) in base ai programmi TV e non **era** sempre facile.
5. Prima delle mappe degli smartphones **ci si orientava** in maniera diversa.

azioni abituali

situazione

b. Completate adesso la regola e confrontate in plenum.

Imperfetto indicativo: uso
L'imperfetto indicativo si usa per raccontare _____, per descrivere una _____ e per descrivere persone, cose, luoghi e stati d'animo nel passato.

UNITÀ 8

7. La vita prima dei social network

Completate il testo seguente con i verbi all'imperfetto. Chiedete al vostro insegnante le parole che non conoscete. Confrontate poi in plenum.

LA VITA PRIMA DI FACEBOOK, TWITTER & CO.

Vi ricordate com' (essere) _____ la vita prima della diffusione dei social network? Per prima cosa, l'unico modo per discutere con qualcuno (essere) _____ faccia a faccia, al massimo al telefono. Ma in quel caso, (esserci) _____ sempre mamma e papà che ti (sgridare) _____ per la bolletta.
Prima non (esistere) _____ nella lingua italiana verbi come ‹postare›, ‹taggare›, ‹twittare›, ‹loggare› e ‹scrollare›.
Prima dei social, dopo la maturità i compagni di scuola (diventare) _____ un lontano ricordo, oggi ci arrivano richieste d'amicizia anche da persone che un tempo (noi – odiare) _____ .
Oggi per verificare la data di compleanno di amici e parenti guardiamo la home di Facebook, prima (noi – usare) _____ il nostro cervello.
Prima (noi – potere) _____ inventarci un passato glorioso, oggi c'è sempre qualcuno che posta una nostra foto di come (noi – essere) _____ veramente.

≡ 5, 6

8. Io sono su...

A gruppi di tre. E voi, quando avete cominciato a usare i social network? Su quali piattaforme siete? Quali preferite? Perché? Per che cosa le usate? E se non siete sui social, perché no?

9. Occhio alla lingua!

a. Leggete con attenzione la frase seguente tratta dal testo del punto 2a. Completate poi la regola.

Mentre uno **studiava** attentamente una cartina enorme, l'altro **cercava** di scoprire dov'era il nord.

> **Raccontare due o più azioni contemporanee al passato**
> Per raccontare due o più azioni contemporanee al passato si usano la congiunzione _____ e i verbi al tempo _____ .

b. Ieri dopo le lezioni all'università. Guardate le immagini a p. 107 (in alto) e scrivete delle frasi con mentre, come nell'esempio.

Esempio: Mentre beveva un cappuccino, Edoardo leggeva un messaggio.

UNITÀ 8

Edoardo

Enrico e Maria

Lorenzo e Claudia

Paolo, Michele e Luca

≝ 7

10. I dieci tipi di foto profilo più comuni: tu quali usi?

a. Quale o quali foto avete messo o mettereste nei vostri profili? Perché proprio queste foto? Parlatene a piccoli gruppi.

b. Leggete adesso il testo seguente. Vi riconoscete nelle descrizioni?

I DIECI TIPI DI FOTO PROFILO PIÙ COMUNI

Facebook, Instagram o Twitter: non importa. Quando ti iscrivi a un social network una delle prime cose che devi fare è inserire la tua foto profilo. Che immagine hai scelto per i tuoi social network? Scopri i 10 tipi più comuni e qual è il loro significato…

1. IL SELFIE
Un classico. Non hai paura di mostrarti per come sei.
Sei sincero, trasparente e sicuro di te.

2. LA FOTO DI COPPIA
Sei super innamorato!

3. LA FOTO DEL TUO IDOLO
Secondo te non c'è vita senza il tuo idolo.

ALMA Edizioni · centosette · **107**

UNITÀ 8

4. LA FOTO DEL TUO CANE/GATTO
Sei un tenerone!

5. LA FOTO INSIEME AL TUO MIGLIORE AMICO
Siete inseparabili, anche sui social network.

6. LA FOTO A UNA FESTA
Sei estroverso e ti piace divertirti.

7. LA FOTO DI UN VIAGGIO
La noia ti uccide e la routine quotidiana è una condanna per te. Vorresti stare in vacanza 365 giorni all'anno.

8. LA FOTO ARTISTICA
Creativa. Oppure con filtri ed emoji. Insomma, vuoi esprimere la tua personalità!

9. LA FOTO DA PICCOLO
Sei un tipo un po' nostalgico, ma anche molto ironico.

10. LA FOTO DA RIDERE
Sei un simpaticone e chi ti segue lo capisce subito: basta guardare la tua foto profilo!

(adattato da: http://magazine.nicktv.it/2015/08/26/i-10-tipi-foto-profilo-comuni-tu-quali-usi/ per l'utilizzo dei contenuti di cui sopra si ringrazia Viacom International Media Networks Italia S.r.l.)

c. Leggete il testo un'altra volta e cercate il contrario delle seguenti espressioni.

falso ≠ _____   insicuro ≠ _____   introverso ≠ _____
serio ≠ _____   un duro ≠ _____

d. Formate ora altre coppie di contrari con i seguenti aggettivi. Confrontate poi in plenum.

disordinato   simpatico   allegro   aperto   ordinato   timido   triste   antipatico

11. E tu, come sei e com'eri?

A gruppi di tre. Com'eravate da bambini? E come siete adesso? Avete lo stesso carattere di allora?

UNITÀ 8

12. Occhio alla lingua!

Leggete le seguenti frasi tratte dal testo del punto 10b. Le parole evidenziate sono forme toniche dei pronomi personali complemento. A coppie completate la tabella e la regola.

Sei sincero, trasparente e sicuro di **te**.

Secondo **te** non c'è vita senza il tuo idolo.

La noia ti uccide e la routine quotidiana è una condanna per **te**.

▸ Dopo le _____ si usano le forme toniche dei pronomi personali complemento.

Pronomi personali: forme toniche	
soggetto	complemento
io	me
tu	_____
lui/lei/Lei	lui/lei/Lei
noi	noi
voi	voi
loro	loro

13. Dibattito: io e i social

a. Completate i post con le forme toniche dei pronomi personali soggetto o complemento.

b. Partecipate anche voi al dibattito e scrivete su un foglio il vostro intervento. Confrontate poi in plenum.

≅ 11, 12, 13

Manuela: Per _____ i social network sono strumenti molto importanti per mettermi in contatto con il mondo. E _____ ragazzi, che ne pensate?

Antonia: Secondo _____ i giovani passano troppo tempo sui social e perdono il contatto con la vita vera.

Giorgio: _____ li uso con moderazione, non ci perdo le ore.

Olivia: Per _____ sono importanti per comunicare con i miei amici. Quando voglio fare qualcosa con _____ , basta mandare un messaggio e si organizza tutto in poco tempo.

14. Ma le foto non sempre dicono la verità...

a. Sui social il 99% delle volte le foto che postiamo ci rappresentano sorridenti, belli, nel mezzo di un'esperienza fantastica. A coppie descrivete le seguenti persone con l'aiuto delle espressioni a destra.

Marta è alta, magra, ha i...

Enzo...

avere i capelli	essere	avere gli occhi
biondi	alto	chiari
castani	basso	scuri
neri	magro	azzurri
rossi	robusto	verdi
lunghi	grasso	castani/marroni
corti	bello	neri
ricci	brutto	
lisci	calvo	

centonove **109**

UNITÀ 8

b. *Ma la realtà virtuale non sempre corrisponde alla vita vera. Descrivete ora Marta ed Enzo e confrontate poi in plenum.*

In realtà...

≡ 14, 15

15. I pro e i contro

A gruppi di tre. La vita prima e dopo Internet e i social: secondo voi quali erano e quali sono gli aspetti positivi e negativi? Scrivete una lista come nell'esempio e confrontate poi in plenum.

prima	
positivi	negativi
	non si potevano mantenere tanti contatti con gli amici che vivevano lontano

oggi	
positivi	negativi

▶II 1.23 ## 16. Genitori vs figli

a. *Ascoltate l'intervista. Di che cosa si parla?*

b. *Ascoltate un'altra volta. In cosa sono diverse la giovinezza e l'infanzia di Claudia da quelle dei suoi figli?*

c. *Che cosa racconta Claudia? Mettete una crocetta accanto alle informazioni corrette. Controllate poi con un ascolto.*

Claudia da piccola:

1. giocava a palla
2. faceva giri in bicicletta 
3. nuotava 
4. andava a pesca con il padre 
5. leggeva fiabe insieme alla nonna 

110 centodieci

ALMA Edizioni

UNITÀ 8

17. La mia infanzia

Che cosa ricordate della vostra infanzia? Che cosa facevate il pomeriggio dopo la scuola? Com'era il vostro amico del cuore? Parlatene in piccoli gruppi.

18. La famiglia di Claudia

▶ 1.23 **a.** Ascoltate l'intervista un'altra volta e segnate i nomi di parentela che sentite.

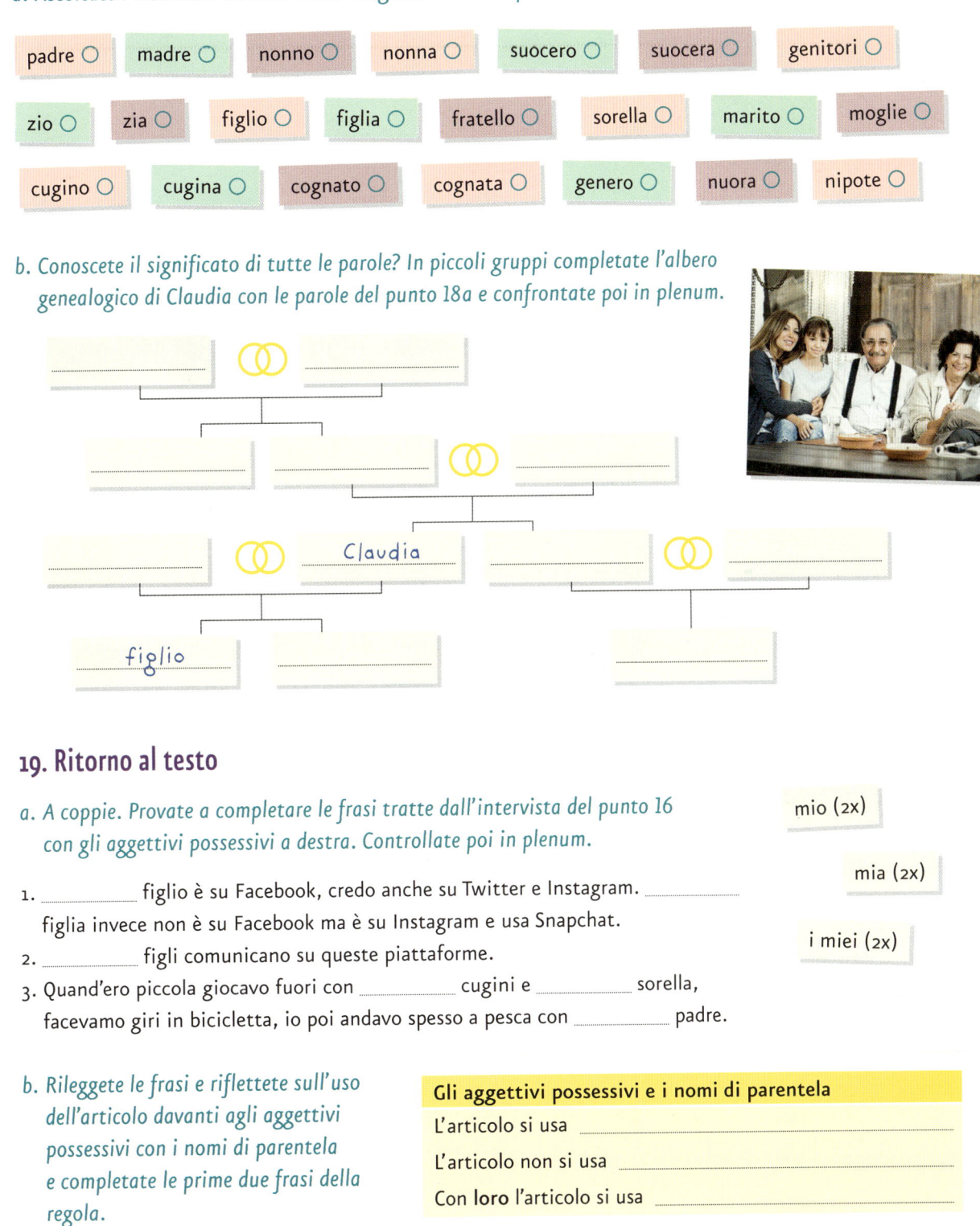

padre ○ — madre ○ — nonno ○ — nonna ○ — suocero ○ — suocera ○ — genitori ○

zio ○ — zia ○ — figlio ○ — figlia ○ — fratello ○ — sorella ○ — marito ○ — moglie ○

cugino ○ — cugina ○ — cognato ○ — cognata ○ — genero ○ — nuora ○ — nipote ○

b. Conoscete il significato di tutte le parole? In piccoli gruppi completate l'albero genealogico di Claudia con le parole del punto 18a e confrontate poi in plenum.

(albero genealogico con "Claudia" e "figlio" compilati)

19. Ritorno al testo

a. A coppie. Provate a completare le frasi tratte dall'intervista del punto 16 con gli aggettivi possessivi a destra. Controllate poi in plenum.

mio (2x)
mia (2x)
i miei (2x)

1. _____ figlio è su Facebook, credo anche su Twitter e Instagram. _____ figlia invece non è su Facebook ma è su Instagram e usa Snapchat.
2. _____ figli comunicano su queste piattaforme.
3. Quand'ero piccola giocavo fuori con _____ cugini e _____ sorella, facevamo giri in bicicletta, io poi andavo spesso a pesca con _____ padre.

b. Rileggete le frasi e riflettete sull'uso dell'articolo davanti agli aggettivi possessivi con i nomi di parentela e completate le prime due frasi della regola.

Gli aggettivi possessivi e i nomi di parentela
L'articolo si usa _____
L'articolo non si usa _____
Con **loro** l'articolo si usa _____

ALMA Edizioni — centoundici **111**

UNITÀ 8

c. Completate la seguente tabella con gli aggettivi possessivi.

io	_____ libro	_____ zio	_____ zii
tu	_____ casa	_____ sorella	_____ sorelle
lui/lei	_____ famiglia	_____ padre	_____ nonni
noi	_____ amico	_____ nonna	_____ nonne
voi	_____ città	_____ madre	_____ genitori
loro	la loro idea	il loro nonno	i loro nonni

d. Che cosa notate con il possessivo loro? Parlatene in plenum e completate la regola al punto 19 b.

20. A chi somiglio?

A coppie. A turno, A descrive la sua famiglia. B prova a indovinare a quale componente della famiglia A somiglia, come nell'esempio.

Esempio:
- Noi siamo in quattro: mia madre, mio padre, io e mio fratello.
- Secondo me, tu somigli a tua madre: anche lei è magra, ha i capelli biondi e gli occhi azzurri.
- No! Mia madre ha i capelli castani e gli occhi scuri, io somiglio a mio padre.

≡ 16, 17, 18, 19

21. Occhio alla lingua!

a. Leggete le seguenti frasi tratte dal testo del punto 2 e dal dialogo del punto 16. Le parole evidenziate sono esempi di superlativo assoluto. Secondo voi, come si forma questo superlativo? E a che cosa serve? Parlatene con un compagno e poi in plenum.

A scuola si passavano i bigliettini, per ammazzare il tempo durante le **noiosissime** spiegazioni della prof.
Per fare ricerche e scrivere tesine si consultava l'enciclopedia, si andava in biblioteca e si cercavano le informazioni desiderate tra le pagine di **moltissimi** libri.
Quand'ero piccola io stavo **moltissimo** all'aria aperta.

b. Il gioco degli -issimi. A gruppi. Uno sceglie un sostantivo della lista qui sotto (o un altro che preferisce) e gli altri devono trovare una serie di aggettivi adeguati al superlativo assoluto. Vince chi ha più forme corrette.

Internet   il gelato   la lingua italiana

l'insegnante d'italiano   _____

Esempio:
- La Ferrari è...
- velocissima
- costosissima, bellissima

≡ 20

112 centododici ALMA Edizioni

Il nostro social network

a. Com'eri da bambino, come sei oggi? Ognuno scrive il proprio profilo e sceglie anche delle foto.

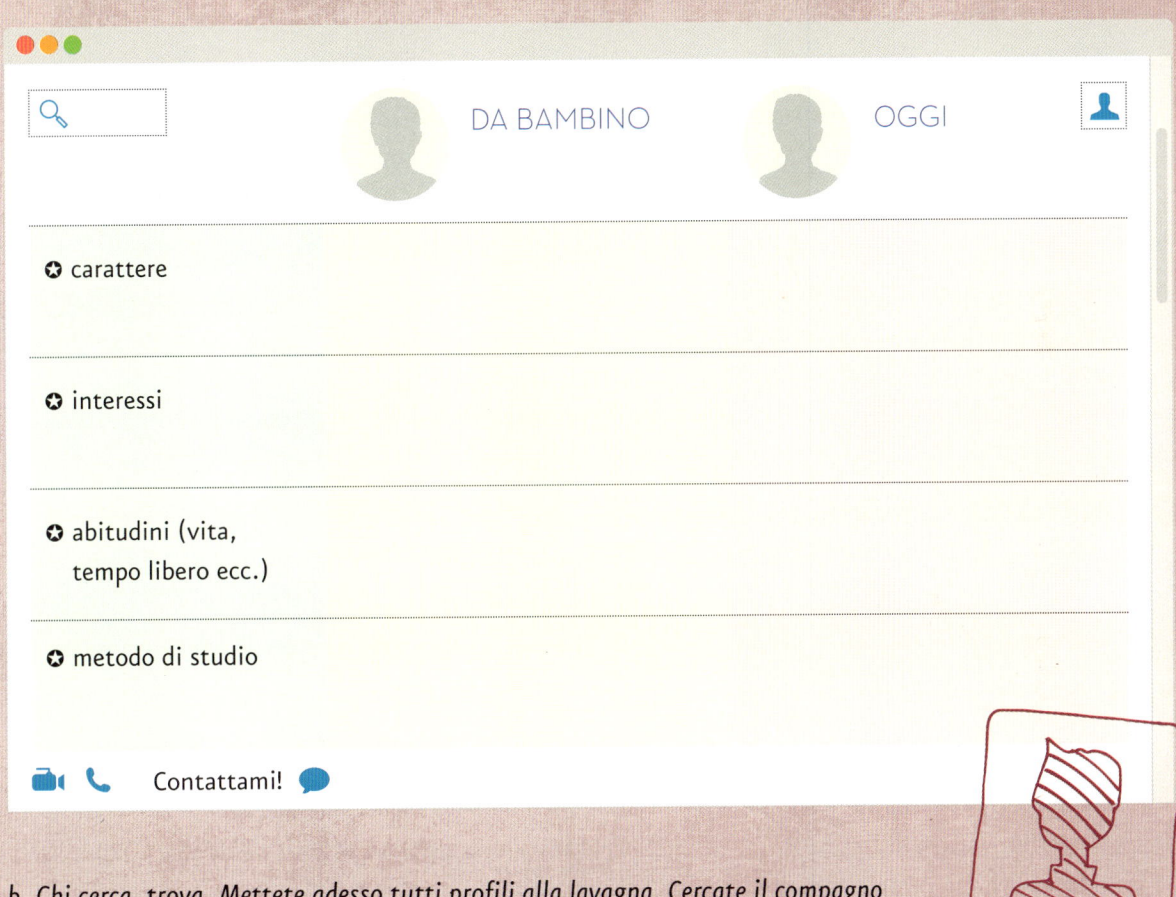

DA BAMBINO   OGGI

- carattere
- interessi
- abitudini (vita, tempo libero ecc.)
- metodo di studio

Contattami!

b. Chi cerca, trova. Mettete adesso tutti profili alla lavagna. Cercate il compagno ideale per studiare l'italiano insieme e "contattatelo".

Ora date un nome al sito del vostro corso e poi in gruppi, se volete, provate a progettare veramente la home. Potreste avere la fortuna che ha avuto «Facebook» nel mondo ;-)

→ Vogliamo creare un servizio di social network della classe: raccogliamo informazioni sulla nostra infanzia, ricordi della scuola ecc. e parliamo del nostro metodo di studio. Poi cerchiamo il nostro partner di studio ideale.

UNITÀ 8 GRAMMATICA

1. L'imperfetto

Le forme dell'imperfetto derivano dalla forme dell'infinito del verbo.

	cercare	scrivere	partire	finire
(io)	cercavo	scrivevo	partivo	finivo
(tu)	cercavi	scrivevi	partivi	finivi
(lui/lei/Lei)	cercava	scriveva	partiva	finiva
(noi)	cercavamo	scrivevamo	partivamo	finivamo
(voi)	cercavate	scrivevate	partivate	finivate
(loro)	cercavano	scrivevano	partivano	finivano

Attenzione!
In alcuni casi la radice dell'imperfetto deriva dalla forma latina dell'infinito,
per esempio bibere (→ bevere), conducere, dicere, facere, ponere, traducere.

bere: bevevo, bevevi, beveva, bevevamo, bevevate, bevevano
condurre: conducevo, conducevi, conduceva, conducevamo, conducevate, conducevano
dire: dicevo, dicevi, diceva, dicevamo, dicevate, dicevano
fare: facevo, facevi, faceva, facevamo, facevate, facevano
porre: ponevo, ponevi, poneva, ponevamo, ponevate, ponevano
tradurre: traducevo, traducevi, traduceva, traducevamo, traducevate, traducevano

Osservate inoltre:
essere: ero, eri, era, eravamo, eravate, erano

L'imperfetto si usa per:

raccontare azioni abituali al passato;	Per mantenere i contatti con gli amici lontani **si scrivevano** lettere.
descrivere qualità di persone o oggetti, paesaggi e stati d'animo;	Francesca **era** alta e magra. Da bambino **ero** timido.
per descrivere situazioni nel passato;	**Era** un grande investimento di tempo.
l'imperfetto si usa inoltre dopo la congiunzione *mentre* per raccontare due o più azioni contemporanee al passato.	*Mentre* uno **studiava** attentamente una cartina enorme, l'altro **cercava** di scoprire dov'era il nord.

GRAMMATICA UNITÀ 8

2. Pronomi tonici

soggetto	oggetto
io	me
tu	te
lui/lei/Lei	lui/lei/Lei
noi	noi
voi	voi
loro	loro

In italiano i pronomi hanno, oltre a una forma atona, anche una forma tonica.

Sei sincero, trasparente e sicuro di **te**.
Secondo **te** non c'è vita senza il tuo idolo.
La noia ti uccide e la routine quotidiana è una condanna per **te**.

La forma tonica dei pronomi si usa per mettere in risalto una persona o una cosa o quando il pronome è accompagnato da una preposizione.

3. Gli aggettivi possessivi con i nomi di parentela

maschile				femminile			
singolare		plurale		singolare		plurale	
mio		i miei		mia		le mie	
tuo		i tuoi		tua		le tue	
suo	padre	i suoi	nonni	sua	sorella	le sue	zie
nostro		i nostri		nostra		le nostre	
vostro		i vostri		vostra		le vostre	
il loro		i loro		la loro		le loro	

Giocavo fuori con **i miei** cugini.
Mio figlio è su Facebook.
Andavo spesso a pesca con **mio** padre.
Davanti agli aggettivi possessivi si usa in genere l'articolo determinativo (→ Unità 3).
Con i nomi di parentela al singolare, l'articolo determinativo non si usa.

Attenzione! Nei casi seguenti l'articolo determinativo al singolare resta:
davanti a **loro**   **il loro** cugino
con le forme alterate   **il suo** fratellino
quando il nome è accompagnato da un aggettivo   **il mio** nonno **paterno**

UNITÀ 8 GRAMMATICA

4. Il superlativo assoluto

A scuola si passavano i bigliettini per ammazzare il tempo durante le **noiosissime** spiegazioni della prof.
Come stai? – **Benissimo**.
Il superlativo assoluto indica che una qualità è posseduta al massimo grado.
Si forma aggiungendo all'aggettivo o all'avverbio il suffisso **-issimo**.

A scuola si passavano i bigliettini per ammazzare il tempo durante le spiegazioni **molto** noiose della prof.
Sto **molto** bene.
Il superlativo assoluto si forma anche mettendo **molto** davanti all'aggettivo o all'avverbio.

Si cercavano le informazioni desiderate tra le pagine di **moltissimi** libri.
L'aggettivo **molto** forma il superlativo assoluto in -issimo/-issima.

UNITÀ 4

5. Il tempo e le stagioni

b. A coppie. B guarda le informazioni sotto, A quelle a p. 49. Chiedete che tempo fa nelle città.

Esempio: ● Che tempo fa a Londra in febbraio?   ■ Piove e fa freddo!

Londra – febbraio    Parigi – ottobre    Roma – aprile    Mosca – gennaio    Barcellona – agosto

UNITÀ 5

Progetto – Fare l'Erasmus in Italia

a. Leggete le seguenti informazioni prese dai siti di tre università italiane. In quale di queste università vi piacerebbe fare un semestre Erasmus?

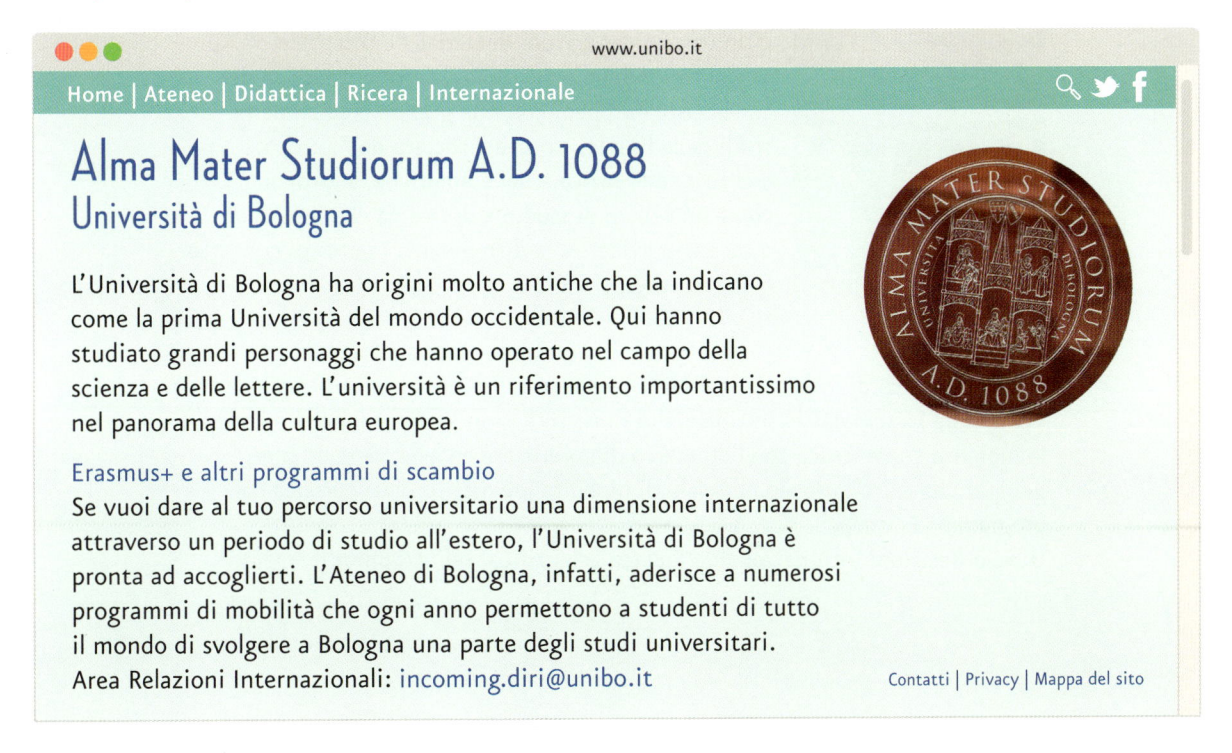

www.unibo.it

Home | Ateneo | Didattica | Ricera | Internazionale

Alma Mater Studiorum A.D. 1088
Università di Bologna

L'Università di Bologna ha origini molto antiche che la indicano come la prima Università del mondo occidentale. Qui hanno studiato grandi personaggi che hanno operato nel campo della scienza e delle lettere. L'università è un riferimento importantissimo nel panorama della cultura europea.

Erasmus+ e altri programmi di scambio
Se vuoi dare al tuo percorso universitario una dimensione internazionale attraverso un periodo di studio all'estero, l'Università di Bologna è pronta ad accoglierti. L'Ateneo di Bologna, infatti, aderisce a numerosi programmi di mobilità che ogni anno permettono a studenti di tutto il mondo di svolgere a Bologna una parte degli studi universitari.
Area Relazioni Internazionali: incoming.diri@unibo.it

Contatti | Privacy | Mappa del sito

www.uniroma1.it

Studenti | Alumni | Docenti | Personale | Scuole

LA SAPIENZA
UNIVERSITÀ DI ROMA

Con oltre 700 anni di storia e 115mila studenti complessivi, la Sapienza è la prima università in Europa. La sua missione è contribuire allo sviluppo della società, della conoscenza attraverso la ricerca, la formazione di eccellenza e di qualità e la cooperazione internazionale.

LA POSIZIONE NEL PANORAMA INTERNAZIONALE

I principali ranking universitari mondiali collocano la Sapienza ai primi posti tra gli atenei italiani per la qualità della ricerca e della didattica e per la dimensione internazionale. Ogni anno la Sapienza accoglie migliaia di studenti stranieri che trascorrono a Roma periodi di studio o ricerca nell'ambito di programmi di mobilità internazionale.
Erasmus incoming per studio: erasmusincoming@uniroma1.it

Contatti | Accessibilità | Mappa del sito | Privacy

---

www.unior.it

STUDENTI • DOCENTI • AMMINISTRATIVI E TECNICI

L'ORIENTALE
L'UNIVERSITÀ DEGLI STUDI DI NAPOLI

L'Università degli Studi di Napoli "L'Orientale", la più antica Scuola di sinologia e orientalistica del continente europeo, con una grande tradizione di studi nelle lingue, culture e società dell'Europa, dell'Asia, dell'Africa e delle Americhe, si propone come un centro di studio e di ricerca che intende mettere in evidenza le differenze e i punti di contatto tra le culture.

MOBILITÀ INTERNAZIONALE

I numerosi accordi internazionali di cooperazione didattica e scientifica che l'Orientale ha stipulato con Università di tutto il mondo prevedono, fra l'altro, la mobilità studentesca con l'obiettivo di potenziare ed estendere ad aree geografiche extra-europee i modelli di mobilità previsti su scala europea dal programma Erasmus.
Ufficio Relazioni Internazionali e Ricerca Scientifica: relint@unior.it

Accessibilità | Privacy | Note legali

TEST

A1 (Unità 1–4)

ASCOLTARE

	😊	😐	☹
Sono in grado di capire delle domande semplici su di me e sulla mia giornata tipo.	○	○	○
Sono in grado di capire informazioni sullo studio o sul lavoro e sul luogo di studio o lavoro.	○	○	○
Sono in grado di capire semplici frasi, per esempio le ordinazioni al bar.	○	○	○
Sono in grado di capire dei dialoghi semplici sulla giornata tipo e sulle attività del tempo libero, se le persone parlano in modo chiaro.	○	○	○
Sono in grado di capire semplici indicazioni stradali.	○	○	○
Sono in grado di capire numeri e orari.	○	○	○

LEGGERE

Sono in grado di capire un modulo (p.es. in internet) e inserire le informazioni più importanti sulla mia persona.	○	○	○
Sono in grado di capire delle semplici indicazioni stradali.	○	○	○
Sono in grado di capire delle semplici informazioni meteo.	○	○	○
Sono in grado di capire testi semplici di amici e conoscenti sulle loro preferenze e la loro giornata tipo.	○	○	○
Sono in grado di capire brevi testi informativi.	○	○	○

PARLARE

Sono in grado di salutare quando arrivo e quando vado.	○	○	○
Sono in grado di fare semplici domande personali e rispondere.	○	○	○
Sono in grado di ordinare al bar.	○	○	○
Sono in grado di dire e capire che ore sono.	○	○	○
Sono in grado di dire ad altri cosa voglio fare e dove voglio andare.	○	○	○
Sono in grado di parlare del tempo.	○	○	○
Sono in grado di fare e rispondere a domande sullo studio, sugli hobby, su attività del tempo libero, su gusti e preferenze.	○	○	○
Sono in grado di descrivere con parole semplici il luogo di studio e quello dove abito.	○	○	○
Sono in grado di dare una semplice indicazione stradale.	○	○	○

SCRIVERE

Sono in grado di compilare un modulo con i miei dati personali.	○	○	○
Sono in grado di scrivere una semplice e-mail.	○	○	○
Sono in grado di scrivere un breve testo su di me.	○	○	○
Sono in grado di scrivere un breve testo sulla mia giornata tipo.	○	○	○
Sono in grado di scrivere un breve testo sulla mia città.	○	○	○

So farlo?

😊 Sì, senza problemi!   😐 Sì, ma non così bene.   ☹ È ancora difficile.

TEST

A2 (Unità 5–8)

	😊	😐	☹️

ASCOLTARE

	😊	😐	☹️
Sono in grado di capire una conversazione su temi quotidiani (per esempio acquisti, famiglia, viaggi...).	○	○	○
Sono in grado di capire semplici conversazioni sui ricordi d'infanzia.			
Sono in grado di capire una semplice telefonata.	○	○	○
Sono in grado di capire informazioni su posizione, dimensioni, arredamento e prezzo di un appartamento.	○	○	○

LEGGERE

	😊	😐	☹️
Sono in grado di capire le informazioni principali di semplici testi sui blog e in internet.	○	○	○
Sono in grado di capire un breve racconto su un tema a me familiare (per esempio viaggi, famiglia, abitare).	○	○	○
Sono in grado di capire le informazioni importanti di un annuncio.	○	○	○
Sono in grado di capire semplici racconti di avvenimenti del passato.	○	○	○
Sono in grado di capire gli annunci immobiliari.	○	○	○

PARLARE

	😊	😐	☹️
Sono in grado di comprare qualcosa e di chiedere il prezzo.	○	○	○
Sono in grado di descrivere la mia famiglia.	○	○	○
Sono in grado di descrivere il mio carattere e quello di altre persone.	○	○	○
Sono in grado di raccontare attività e esperienze del passato.	○	○	○
Sono in grado di fare una breve telefonata.	○	○	○
Sono in grado di descrivere un appartamento, chiedere informazioni su posizione, dimensioni, arredamento e prezzo e di concordare un appuntamento per andarlo a vedere.	○	○	○

SCRIVERE

	😊	😐	☹️
Sono in grado di scrivere una breve e-mail.	○	○	○
Sono in grado di scrivere frasi semplici su avvenimenti del passato.	○	○	○
Sono in grado di scrivere in un blog un breve commento ed esprimere la mia opinione.	○	○	○
Sono in grado di scrivere una lista della spesa.	○	○	○
So scrivere un annuncio immobiliare.	○	○	○
Sono in grado di dare semplici consigli e istruzioni.	○	○	○

So farlo?

😊 Sì, senza problemi!   😐 Sì, ma non così bene.   ☹️ È ancora difficile.

ESERCIZIARIO UNITÀ 1

CIAO, MI CHIAMO...

1. Ascoltate e pronunciate a voce alta.

| CD | H&M | DVD | EU | SMS | WWF | BCE | DNA | BMW | IQ |

Esempio:
H&M → «acca» e «emme»

2. Vi ricordate del dialogo nel manuale (p. 8)?

Completate le frasi.

- ■ Scusa, ma tu sei un'amica di Chiara?
- ■ Beh sì. _____ matematica come lei. E tu, _____ studi?
- ■ E sei _____ Firenze?

- ■ Io _____ di Fabriano, in provincia di Ancona.
- ■ Sì, sì, … _____ un appartamento con un altro ragazzo, uno studente di medicina. Io _____ Claudio. E tu, _____ ti chiami?

- ● Sì. Anche tu?
- ● Economia.

- ● No, non proprio di Firenze, sono di Prato. E tu, _____ sei?
- ● Ah… Ma _____ qua a Firenze?

- ● Stefi.

3. Cosa sta bene insieme?

Abbinate le domande alle risposte.

1. Come ti chiami?
2. Che cosa studi?
3. Di dove sei?
4. Sei un amico di Paola?
5. Abiti a Siena?

a. Di Roma.
b. Sì, studio medicina come lei.
c. Medicina.
d. No, a Firenze.
e. Massimo.

4. Completate le frasi con i verbi.

chiamarsi
studiare
essere
abitare
avere

- ● Come _____ ?
- ● Che cosa _____ ?
- ● _____ tu Simone?
- ● (Tu) _____ a Palermo?
- ● (Tu) _____ un appartamento a Catania?

- ■ Gianluca, e tu?
- ■ Medicina, e tu?
- ■ Sì, _____ io.
- ■ No, _____ a Catania.
- ■ Sì, _____ un appartamento in centro.

- ● _____ Pietro.
- ● _____ Economia.

ALMA Edizioni — centoventuno **121**

UNITÀ 1

5. Completate con le preposizioni.

● Ciao, mi chiamo Marco, sono _____ Napoli, ma abito _____ Torino. E tu?
■ Io mi chiamo Paolo e studio medicina _____ Firenze.
● E abiti _____ Firenze?
■ Sì, abito in un appartamento _____ un ragazzo _____ Bologna.
● Ma sei un amico _____ Chiara?

▲ Ciao, io sono Serena e studio economia _____ Bari. E tu, come ti chiami?
◆ Mi chiamo Lucia, sono _____ Bari, ma studio _____ Napoli.
▲ E abiti _____ Napoli?
◆ Sì, sì, abito _____ una ragazza _____ Lecce, Marina.
▲ E sei un'amica _____ Laura?
◆ Sì, studio economia come lei.

6. Collegate e formulate le domande.

1. Che cosa …?   a. Abiti …?
2. Di dove …?   b. Studi …?
3. Dove …?   c. Ti chiami …?
4. Come …?   d. Sei …?

7. Completate con i pronomi interrogativi.

1. ■ _____ _____ studi?   ● Matematica.
2. ■ Io sono di Milano e tu _____ sei?   ● Di Pescara.
3. ■ _____ ti chiami?   ● Paolo.
4. ■ _____ abiti?   ● A Bologna.
5. ■ _____ abiti?   ● Con Monica, una ragazza di Cremona.

8. Completate con gli articoli indetermiantivi.

_____ amica	_____ corso	_____ festa	_____ studentessa	_____ università
_____ studente	_____ dialogo	_____ zaino	_____ domanda	_____ zoo
_____ esercizio	_____ sport	_____ insegnante	_____ lezione	_____ gnomo
_____ istituto	_____ parola	_____ ragazza	_____ yogurt	_____ film

9. In classe avete ascoltato l'intervista con l'insegnante italiana Giuliana (p. 11, CD 1, traccia 3). Le frasi seguenti contengono alcune informazioni su di lei, ma purtroppo sono in disordine. Mettetele nell'ordine giusto.

1. è / Giuliana / un'insegnante
2. all'università di Roma 3 / lavora / e in un istituto privato
3. italiano come lingua straniera / francese / Giuliana / insegna / e
4. una bella classe / in questo momento / ha / di livello intermedio alto
5. studia / Karolina / giurisprudenza / polacca / è / e
6. vive / qui a Roma / Ulrike / e / lettere antiche / studia

ESERCIZIARIO UNITÀ 1

▶ll 2.1 **10.** Roberta è un'insegnante d'italiano come lingua straniera e presenta il suo nuovo corso.

Ascoltate e completate con le desinenze -o, -a ,-e.

Maria è spagnol____, di Madrid.
Marta è irlandes____, di Dublino.
Nawid è turc____.
Theodora è grec____, di Atene.
Wang è cines____, di Pechino.
Igor è russ____.
Anche Pierre è belg____, di Bruxelles.
Mariana è argentin____.
Dulce è portoghes____.

Bryan è american____.
Laurence è frances____.
Stefanie è svedes____, di Stoccolma.
Fabio è svizzer____, di Zurigo.
Junko è giappones____, di Tokyo.
Brigitte è belg____.
Paula è messican____.
Nicholas è austriac____, di Vienna.
John è australian____, di Melbourne.

11. Classificate tutte le nazionalità che conoscete secondo le categorie riportate qui sotto.

o / a	e	eccezioni

12. Completate la tabella con le informazioni mancanti.

Paese	Nazionalità	Capitale	Lingua
Italia	italiana	Roma	italiano
		Parigi	
Svezia		Stoccolma	
		Londra	
Grecia		Atene	
Messico		Città del Messico	
Irlanda			
Argentina		Buenos Aires	
	turca		
Belgio		Bruxelles	francese e fiammingo
Cina			
Giappone	giapponese		
		Berlino	
Svizzera		Berna	francese, tedesco e

centoventitré **123**

UNITÀ 1

13. Cose e persone famose in tutto il mondo.

Completate le frasi con gli aggettivi di nazionalità.
Non dimenticate: l'aggettivo concorda nel genere con il nome a cui si riferisce.

1. Monica Bellucci è un'attrice _____ .
2. Il Sushi è una specialità _____ .
3. Creta è un'isola _____ .
4. La Coca-Cola è una bevanda _____ .
5. Stoccolma è una città _____ .
6. Il canguro è un animale _____ .
7. Barcellona è una città _____ .
8. Mozart è un compositore _____ .
9. Il tango è un ballo _____ .
10. Il sombrero è un cappello _____ .
11. Il Louvre è un museo _____ .
12. Dostoevskij è uno scrittore _____ .

▶ II 2.2 **14. Quale numero di telefono sentite? Indicate il numero con una X.**

1. 02 40 35 306 ○
2. 0157 76 67 343 ○
3. 340 62 57 901 ○

15. Diamo i numeri. Matematica in italiano.

Leggete a voce alta le seguenti operazioni e scrivete la soluzione giusta.

| 11 + 6 = 17 | 100 − 33 = | 8 x 7 = | 67 + 9 = | 86 : 2 = |
| 20 − 4 = | 13 + 19 = | 100 : 4 = | 79 − 21 = | 6 x 9 = |

Esempio: 11 + 6 = 17
Undici più sei uguale diciassette.

+	più
−	meno
x	per
:	diviso
=	uguale

16. Cruciverba di numeri.

Trovate la soluzione e inseritela nel cruciverba.

ORIZZONTALE

2. L'anno in cui è caduto il muro di Berlino.
4. Il numero prima di 100.
5. 25 + 25 =
7. 10 − 2 =
10. La maggiore età.
13. La giornata ha _____ ore.
14. È un numero e contemporaneamente la 2° persona singolare del verbo *essere*.
15. 50 + 17 =

VERTICALE

1. L'anno in cui finisce la seconda guerra mondiale.
3. In Italia ci sono _____ regioni.
6. 1 − 1 =
8. In Italia questo numero porta sfortuna.
9. Nella Bibbia ci sono _____ comandamenti.
11. Dopo 59.
12. Nell'orologio ci sono _____ ore.
14. Sai quali sono le _____ meraviglie del mondo?

ESERCIZIARIO UNITÀ 1

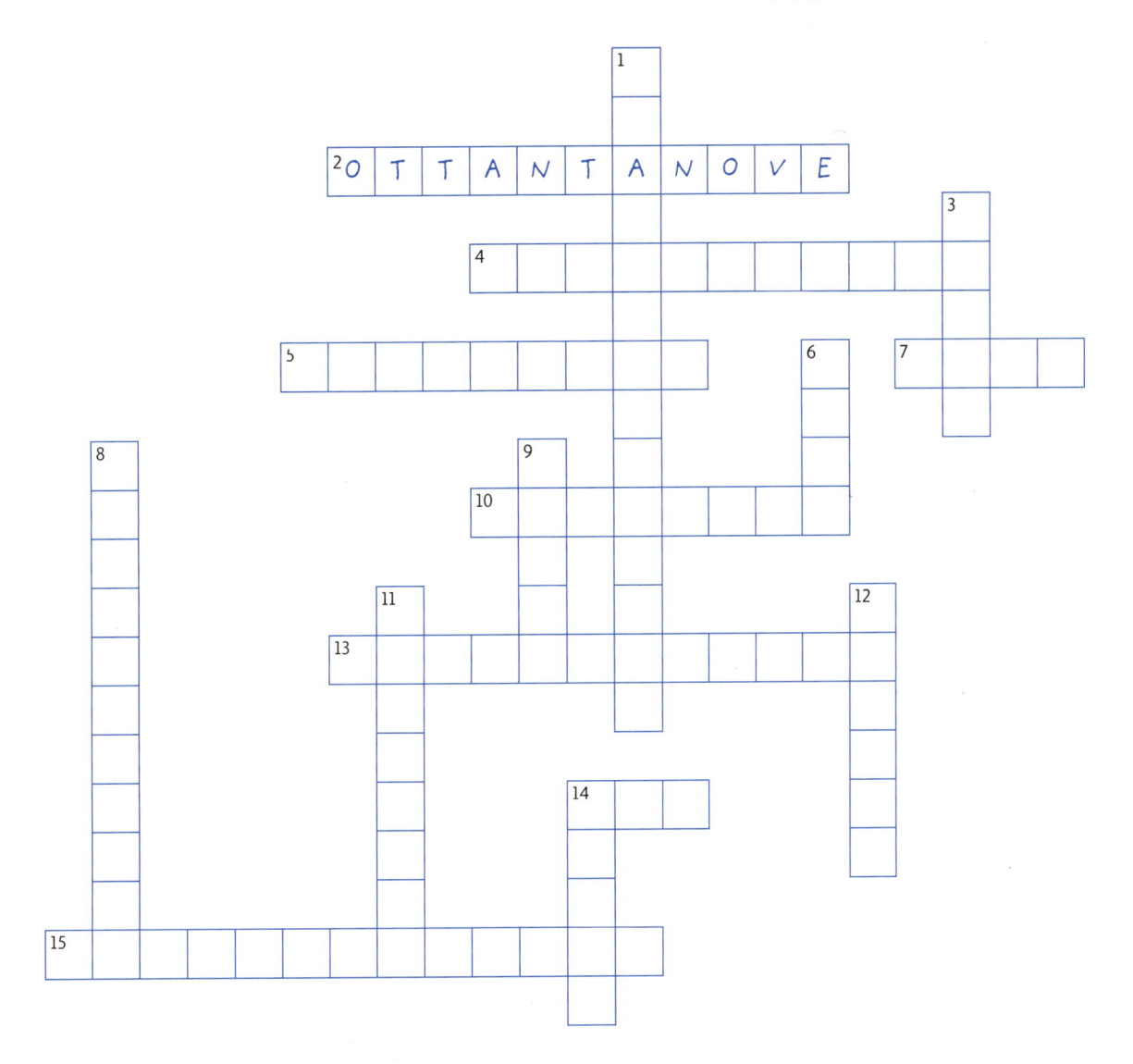

2. OTTANTANOVE

17. Completate le frasi con i verbi *essere* e *avere*.

1. Paolo _____ 22 anni ed _____ di Palermo.
2. Io _____ 25 anni. E tu, quanti anni _____?
3. «Ciao, io _____ Manuela e _____ di Perugia.»
4. Thomas _____ canadese e _____ un appartamento a Roma.
5. Lisa _____ un'amica di Francesca e _____ 24 anni. Lei _____ francese.
6. Monaco _____ in Baviera.
7. Carla _____ un libro d'italiano.
8. Gianluca _____ un amico irlandese, James.
9. Paolo _____ un amico di Gianni.
10. Siena _____ in Toscana.

centoventicinque 125

UNITÀ 1

18. Fare conoscenza.

a. Completate il dialogo con i verbi.

- Ciao, come (tu / chiamarsi) _____ ?
- Céline. E tu?
- Marco. (essere) _____ francese?
- Sì, (io / essere) _____ di Lione, ma (vivere) _____ a Firenze da 2 anni. (io / studiare) _____ all'università.
- Ah! E cosa (tu / studiare) _____ ?
- Storia moderna. E tu?
- Io? (io / studiare) _____ informatica. E dove (tu / abitare) _____ ?
- (io / abitare) _____ vicino all'università. (io / vivere) _____ con un'altra ragazza francese. (lei / chiamarsi) _____ Sophie e (lei / vivere) _____ a Firenze da un anno. (lei / studiare) _____ storia dell'arte.
- Quanti anni (tu / avere) _____ ?
- Ventuno. E tu?
- Ventitré.

b. Scrivete tutto quello che avete scoperto su Marco e Céline. Usate la terza persona singolare del verbo.

19. Formate delle frasi come nell'esempio.

Anne: Germania / Monaco di Baviera / sociologia / Colonia / 22
Anne è tedesca, di Monaco di Baviera, ma studia sociologia a Colonia. Ha 22 anni.

1. Klaus: Austria / Vienna / storia contemporanea / Ratisbona / 27
2. Junko: Giappone / Osaka / architettura / Berlino / 19
3. Sophie: Francia / Parigi / giurisprudenza / Salisburgo / 23
4. Carola: Portogallo / Lisbona / filosofia / Francoforte / 25
5. Chiara: Svizzera / Zurigo / economia e commercio / Londra / 24
6. Thomas: Polonia / Varsavia / ingegneria civile / Amburgo / 26

20. Il secchione!

Completate con l'articolo determinativo.

____ russo

____ inglese

____ giapponese

____ svedese

Io studio ...

____ spagnolo

____ greco

____ arabo

... e naturalmente ____ italiano.

ESERCIZIARIO UNITÀ 1

21. Vi ricordate l'indagine sullo studio della lingua italiana a p. 14?

Completate il testo. La linea indica che manca la desinenza, la casella che manca l'articolo determinativo.

L'ITALIANO NEL MONDO

Con ☐ indagine *Italiano 2010* ☐ Ministero degli Affari Esteri Italiano ha voluto scoprire, attraverso una ricerc___ svolta in tutto ☐ mondo, ☐ interesse che l'italian___ suscita all'estero. Una delle domande più interessanti del questionario riguarda le motivazioni allo studio dell'italiano come lingua stranier___. A conferma dell'immagine della lingua italian___ come lingua di cultura, si legge nelle risposte che ☐ 56% sceglie di studiare ☐ italiano per «Tempo liber___ e interessi vari». Al secondo posto c'è ☐ studio (21%), seguito dalle altre due motivazioni: «Lavoro (13%)» e «Motivi personali e familiari» (10%).

▶ II 2.3 **22. Brevi interviste: Perché impari l'italiano?**

Ascoltate le interviste e completate le frasi.

1. Paul (studiare) _____ l'italiano per _____ .
2. Julia (imparare) _____ l'italiano perché _____ .
3. Stefanie (studiare) _____ l'italiano per _____ .
4. César (studiare) _____ storia dell'arte e (frequentare) _____ un corso d'italiano perché _____ .
5. Jürgen (imparare) _____ l'italiano per _____ .

23. Lavorate con la fantasia.

Completate il dialogo.

● Ciao, _____ ?
● Come _____ «Stein»?
● Grazie. E sei _____ ?
● E _____ ?
● _____ ?
● E _____ ?
● Abiti qua a Bologna?
● _____ ?

● Perché studi l'italiano?

● Per un'indagine sullo studio della lingua italiana nel mondo. Grazie!

■ Ursula Stein.
■ Esse – Ti – E – I – Enne.
■ Sì, sono tedesca.
■ Di Lipsia.
■ È in Sassonia. Vicino a Berlino.
■ Ho 22 anni.
■ _____ .
■ A Lipsia studio giurisprudenza. Qua, a Bologna, frequento un corso d'italiano.
■ _____ . Ma perché tutte queste domande?
■ Prego.

UNITÀ 1

24. Conoscete l'Italia?

Completate con l'articolo determinativo o indeterminativo e poi indicate se l'affermazione è vera o falsa.
Le lettere esatte daranno il nome dell'università più grande di Roma, che è persino la più grande d'Europa.

		☺	☹
1.	L'Italia è un' isola.	S	L
2.	___ Italia ha ___ forma di ___ stivale.	A	B
3.	Torino è ___ capitale d'Italia.	T	S
4.	___ Toscana è ___ regione del Sud.	R	A
5.	___ pizza è ___ specialità di Milano.	E	P
6.	___ università di Bologna è molto antica.	I	N
7.	___ Chianti è ___ vino siciliano.	M	E
8.	«___ dolce vita» è ___ film americano.	S	N
9.	___ Colosseo è a Firenze.	O	Z
10.	«___ Repubblica» è ___ giornale.	A	V

La soluzione è: _____.

25. Completate i testi.

Christiane è ___ studentessa ___. È di Amburgo ma ___ a Firenze ___ un anno. ___ 23 anni. ___ storia dell'arte moderna all'università ___ Firenze. Christiane abita ___ un piccolo appartamento ___ centro, vicino all'università e ___ con un'altra ___ tedesca che ___ Ulrike. Christiane ___ l'italiano ___ lavorare ___ Italia.

Ciao, ___ Juri, sono ___, di San Pietroburgo, ma ___ a Bruxelles ___ 3 anni. ___ economia aziendale all'università di Bruxelles. Vivo ___ uno studente belga ___ un piccolo appartamento. Studio ___ per continuare gli studi in Italia e perché ___ la ragazza italiana. Lei ___ di Milano e ___ Monica. Monica ___ 24 anni e ___ lingue e letterature straniere.

Leggete di nuovo le presentazioni e sottolineate tutti i sostantivi e tutti gli aggettivi che trovate.
Usate due colori diversi.

> **Lo sapevate che...?**
> In italiano Andrea, Gabriele, Simone e Nicola sono nomi maschili. Anche Luca e Mattia sono nomi maschili. Infine, strano ma vero, alcuni italiani si chiamano Walter.

ESERCIZIARIO UNITÀ 2

TU CHE COSA PRENDI?

1. Ginnastica mentale

Scrivete almeno 5 parole corrispondenti alle due immagini.

Ho fame.   Ho sete.

2. David e Sara vanno al bar dell'università.

Completate il dialogo e coniugate i verbi.

avere (x2)   prendere (x3)   essere   stare

- Ciao, Davide!
- Sara, ciao, come va?
- Non c'è male, e tu, come _____?
- Bene. Senti, hai voglia di prendere qualcosa al bar qui vicino? I panini _____ veramente buoni.
- Sì, volentieri. _____ una fame!
- Tu che cosa _____?
- Io _____ un panino prosciutto crudo e formaggio. E tu?
- Io _____ sete. _____ un bicchiere di acqua minerale gasata e da mangiare una pizzetta.

3. Essere o non essere

Felix racconta del suo corso di italiano. Completate con essere e avere.

1. La classe d'italiano _____ molto simpatica. Alvaro e Stella _____ due studenti Erasmus di giurisprudenza. Loro non _____ di Roma, ma a Roma _____ già molti amici. Sophie _____ una studentessa di psicologia e abita con me. Noi _____ un appartamento vicino all'università. Jan _____ uno studente di medicina di Dresda e _____ poco tempo perché studia molto. Dopo il corso d'italiano noi _____ fame e mangiamo al bar dell'università. Il bar dell'università _____ molte cose da mangiare. Per esempio panini, tramezzini e pizzette. I panini non _____ molto buoni, ma i tramezzini _____ un gusto eccezionale.

2. Stella telefona a Alvaro dopo il corso d'italiano: «Alvaro, dove _____?» Alvaro: «Io e Babak _____ al bar perché _____ fame.» Stella: «Bene, allora arrivo. Io non _____ fame, ma _____ molta sete. Prendo una coca.»

3. Daniel domanda: «Tu e Sarah _____ lezione dopo pranzo o _____ liberi?» Sarah: «Io _____ il corso di italiano. E tu Laura? _____ libera dopo la lezione?» Laura: «Sì, _____ libera ma non _____ molto tempo. Io e Karl _____ un appuntamento con David.»

ALMA Edizioni   centoventinove **129**

UNITÀ 2

4. Caffè per tutti i gusti

Il caffè in Italia non è una semplice tazza di caffè. Testate le vostre conoscenze sul caffè italiano. Abbinate i tipi di caffè della prima colonna alle definizioni della seconda colonna.

1. latte macchiato
2. caffè doppio
3. caffè macchiato
4. caffè ristretto
5. caffè corretto
6. caffè americano
7. caffè d'orzo
8. cappuccino
9. caffè lungo
10. deca
11. marocchino

a. due caffè in una tazza
b. caffè con un po' più d'acqua
c. caffè decaffeinato
d. caffè con un po' di schiuma e polvere di cacao
e. caffè con latte e schiuma
f. caffè con un goccio di latte
g. caffè con meno acqua, più forte
h. bicchiere di latte con un po' di caffè
i. caffè fatto di orzo
j. caffè con un goccio di liquore
k. caffè lungo in tazza da cappuccino

5. Formazione del plurale

a. Completate lo schema.

singolare		plurale		singolare		plurale	
......	pizzetta	le	......	il	corso	......	......
......	appartamento	gli	......	lo	studente	......	studenti
......	......	i	nomi	la	lingua	......	......
lo	spuntino	......	......	......	......	gli/le	insegnanti
il	caffè	......	caffè	la	città	le	......
......	bar	i	bar	il	film	......	......
lo	gnomo	......	......	la	classe	......	......
......	sport	gli	......	l'	università	......	......
il	turista	......	turisti	la	turista	......	turiste
il	barista	......	......	la	barista	......	......
......	lezione	le	......	l'	esercizio	......	......
l'	aperitivo	......	......	lo	zaino	......	......

b. Scoprite la lingua.

1. I nomi in *-o* e in *-e* hanno il plurale in ....
2. I nomi in *-a* hanno il plurale in ....
3. Quali nomi rimangono invariati al plurale? ....
   e ....
4. I nomi in *-ista* hanno il plurale in .... al maschile e in .... al femminile. Attenzione quindi al genere!

130 centotrenta

ESERCIZIARIO UNITÀ 2

6. Sostantivi e aggettivi

a. Completate, dove è necessario, con le desinenze.

1. Le citt____ grand____
2. I toast____ cald____
3. L'universit____ piccol____
4. I turist____ giappones____
5. L'aranciat____ amar____
6. Gli spumant____ italian____
7. La class____ internazional____
8. Il tè____ amar____
9. I film____ american____

b. Adesso trasformate le frasi singolari al plurale e le frasi al plurale al singolare.

7. L'autore del testo che segue ha dimenticato tutti gli articoli (al singolare, al plurale, determinativi e indeterminativi). Completate con gli articoli.

IL 1088!

____ università di Bologna è molto antica. Esiste dal lontano 1088! Ora ____ 1088 non è più solo ____ data ma è ____ nome di ____ bar vicino all'università. Qui si incontrano dopo ____ lezioni ____ studenti dell'Alma Mater di Bologna che fanno ____ pausa. Ordinano qualcosa da bere e da mangiare e passano ____ tempo: leggono ____ giornale o ____ libro e fanno ____ esercizi. All'una ____ bar è pienissimo. È difficile trovare ____ posto dove sedersi. Al 1088 c'è ____ banco dove lavora ____ barista e c'è ____ cassa dove bisogna fare ____ scontrino prima di ordinare da mangiare o da bere. ____ tavoli sono piccoli. ____ 1088 non è caro. ____ caffè per esempio costa un euro e ____ panino con mozzarella e pomodoro tre euro. ____ toast sono un po' più cari. ____ panini sono caldi, ____ spremute sono fresche. ____ tramezzini sono con ____ spinaci o con ____ tonno e mozzarella. Ci sono anche ____ spaghetti con ____ pomodoro fresco. A volte ____ turisti passano di qui e prendono da bere. Anche ____ professori mangiano qui. ____ camerieri sono gentili e ____ atmosfera è simpatica e allegra.

UNITÀ 2

▶ II 2.4 **8.** Ascoltate e collegate gli orari ai dialoghi. Attenzione: due orari non vanno bene!

14:30 1   **08:15** 2   **10:25** 3

12:15 4   **13:38** 5   **18:45** 6

9. Nicholas fa uno stage in Italia all'Istituto di Storia dell'Arte.

Nel suo lavoro deve spesso dare informazioni al telefono sugli orari.
Ha dei problemi con le preposizioni. Aiutatelo a trovare le preposizioni giuste.

1. La segreteria è aperta al pubblico il lunedì _____ 10 _____ 16
   e il giovedì _____ 8 _____ 12.
2. La biblioteca dell'Istituto apre tutti i giorni _____ 9.00.
3. L'orario di ricevimento del Prof. Bernardini è il venerdì _____ 14.30
   _____ 15.30.
4. _____ mezzogiorno _____ una tutti hanno la pausa pranzo.

10. Il calendario di Gino

Completate il calendario con i giorni della settimana.
Leggete poi che cosa fa Gino questa settimana e scrivete le frasi come nell'esempio.

Esempio: Martedì Gino ha lezione di statistica dalle 14 alle 16.

	MARTEDÌ	VENERDÌ
8.00 – 10.00	prendere il caffè con Anna	
10.00 – 12.00		lezione di statistica
12.00 – 14.00	corso di spagnolo	pranzo con Antonella e Sara
14.00 – 16.00	lezione di statistica	
18.00 – 20.00	incontrare Alessandro al bar	giocare a calcio

132 centotrentadue

ALMA Edizioni

ESERCIZIARIO UNITÀ 2

11. Completate con *senti/senta* o con *vorrei*.

1. ● Buongiorno professor Gatti, _____ alcune informazioni sull'esame di storia moderna.
   ■ Sì, _____ , Lei quale corso frequenta?
2. ● Ciao Anna, _____ , cosa fai dopo il corso?
   ■ Studio in biblioteca. _____ fare gli esercizi di spagnolo.
3. ● Buongiorno, mi chiamo Bozzi , _____ partecipare al programma Erasmus
   e _____ alcune informazioni.
   ■ Sì, _____ , Lei cosa studia?

12. Al bar 1088 parla tanta gente.

Separate i due dialoghi: in un dialogo le persone si danno del tu e nell'altro del Lei.

| Architettura. |
In Via Papiniano. Abito con un amico.	Professor Mazza, come va?	E dove abiti?	Cosa studi?
Bene, io prendo un cappuccino.	Volentieri, un caffè macchiato.	Sì, sì, sono di Perugia.	Bene e Lei?
Prende qualcosa da bere?	Alessandro, Ale per gli amici.	Eh sì. Insegno alla facoltà di Scienze politiche.
Ah! Ma sei italiano?	Non c'è male. Senta, lavora sempre all'università?	Ciao, come ti chiami?

13. Lorenzo vuole fare colazione ma è stanco e non sa cosa dice.

Correggetelo e scrivete le parole giuste.

a. NAPE _____
b. SCOBITTI _____
c. RECEALI _____
d. TALTE _____
e. TRUFTA CRESFA _____
f. ELMIE _____
g. COROTTNE _____
i. TEFTE TEBITTASCO _____

14. Il mondo della colazione

a. Abbinate gli alimenti alle foto e poi leggete il testo alla pagina successiva.

fagioli   salsicce   uova   funghi   aglio   lenticchie

l' _____   i _____   le _____

le _____   le _____   i _____

UNITÀ 2

IL GIRO DEL MONDO A COLAZIONE.
COME COMINCIA LA GIORNATA SUL NOSTRO PIANETA?

Paese che vai, colazione che trovi. Una vera colazione all'inglese? Fagioli, salsicce, bacon, uova, toast e funghi: se manca anche uno di questi alimenti, non è una vera colazione all'inglese. Un optional, invece, il tè – ma solo a colazione – e il black pudding da mischiare con i cereali. Pane alla catalana con pomodoro è invece la colazione tipica spagnola. Aglio fresco e pomodoro sul pane, olio extra vergine e sale e la colazione è pronta. Formaggio, prosciutto o salsiccia facoltativi. Gli svedesi amano molto i pancake, solitamente alla marmellata. Il massimo invece per gli islandesi è una colazione calda con aringhe affumicate. In Giappone il tofu a colazione non è impossibile da trovare a tavola. Caffè e wurstel? Parliamo sicuramente dei tedeschi, invece pancake, sciroppo ai mirtilli e bacon ci fanno pensare subito agli Stati Uniti. Così come i croissant ci portano direttamente in Francia. Mentre patate, tofu, lenticchie, e puri bhaji, pane fritto servito con patate all'aglio, è il modo per iniziare la giornata in India. Altro che caffè al bar e via!

(ispirato a: www.lacucinaitaliana.it/news/in-primo-piano/il-giro-del-mondo-a-colazione/)

b. *Vero o falso?*

1. A colazione tutti gli inglesi bevono il tè.
2. Nel pane catalano c'è l'aglio.
3. Gli islandesi mangiano il pesce a colazione.
4. I giapponesi fanno colazione con il tofu.
5. In Germania le patate a colazione sono normali.
6. Gli americani mangiano il pancake a colazione.
7. In India la giornata comincia con bacon e sciroppo di mirtilli.

> Molte parole vi sono sicuramente sconosciute. Cercate di scoprire il significato con l'aiuto della vostra lingua. Controllate poi nel dizionario se avete indovinato.

c. *Paesi in italiano:* scrivete tutti i Paesi che trovate nell'articolo del punto a.

d. *Imparare con tutti i sensi!* Fate colazione almeno una volta con qualcosa che non conoscete. Poi raccontate!

Vorrei...

ESERCIZIARIO UNITÀ 2

15. Io coniugo, tu coniughi, lui... Coniugando s'impara!

Ecco alcuni verbi in -are, -ere e -ire. Coniugateli.

	io	tu	lui / lei	noi	voi	loro
mangiare					mangiate	
vivere		vivi				
sentire				sentiamo		
bere			beve			
fare	faccio					

16. Completate ora il dialogo con la forma adatta dei verbi.

1. ● Stefy, Fabry, dove (mangiare) _____ dopo la lezione?
   ■ Noi (mangiare) _____ in mensa. E tu?
   ● Anch'io (mangiare) _____ in mensa.

2. ● Ugo, Pietro, quando (bere) _____ una birra con noi?
   ■ Dopo il corso, ma non (bere) _____ una birra, (prendere) _____ una Coca-Cola.

3. ● Scusi, a che ora (aprire) _____ la mensa dell'università?
   ■ (aprire) _____ alle 11.30 e (chiudere) _____ alle 14.30.

4. ● Ma dove (vivere) _____ Paolo e Raffaele?
   ■ (abitare) _____ a Genova, in Via XX Settembre. (avere) _____ una bella casa grande.

5. ● Filippo, Francesco, cosa (fare) _____ dopo il corso?
   ■ (noi – studiare) _____ in biblioteca.

6. ● Ciao Elisa, (sentire) _____, (noi – prendere) _____ qualcosa al bar?
   ■ Sì, certo.

7. ● Silvia e Antonella (parlare) _____ il tedesco?
   ■ Eh sì. (studiare) _____ tedesco e inglese alla facoltà di lingue e letterature straniere.

17. Quella coniugazione un po' particolare in -ire.

Completate con le forme di preferire, capire e finire.

1. Anna (capire) _____ lo spagnolo e anche il catalano!
2. Valentina e Mario sono di Bolzano e così (capire) _____ benissimo il tedesco, ma (preferire) _____ parlare l'italiano.
3. La lezione (finire) _____ alle 18.30.
4. Alberto fa sempre colazione a casa, Lucia invece (preferire) _____ fare colazione al bar.
5. Io e Paolo oggi (finire) _____ di studiare alle 16.00.
6. Sara (preferire) _____ un tè. Io e Gherardo invece _____ (preferire) un caffè.
7. Tu e Francesca, (capire) _____ il francese?

UNITÀ 2

18. Cercare e pagare

a. Completate con cercare e pagare.

cerca   cerchiamo   paghi   pagate   cerco   cercano   pago
cerchi   pagano   paga   cercate   paghiamo

	io	tu	lui/lei	noi	voi	loro
cercare						
pagare						

b. Scoprite la lingua:

Quale particolarità avete notato nell'ortografia dei verbi in **-care** e **-gare**?

19. Adesso completate le frasi con *cercare* e *pagare*.

1. Anna e io _____ lavoro in Italia.
2. Stefi _____ il conto.
3. Matteo, Sergio, _____ ancora un compagno d'appartamento?
4. No, Ugo, _____ sempre tu! Questa volta _____ io il caffè!

20. Formate le frasi con i verbi indicati.

Paolo / mangiare / in mensa   Paolo mangia in mensa.

1. Andrea / capire / il portoghese
2. I professori / fare / una pausa
3. Gli studenti / prendere / gli appunti
4. Voi / scrivere / un'e-mail
5. Luisa e Claudia / bere / una spremuta
6. Sonia e Silke / preferire / le lezioni di inglese
7. Io / finire / di lavorare alle 16.00
8. Gli studenti / studiare / molto
9. I bar / avere / molti tipi di panini
10. Tu / pagare / l'aperitivo
11. Voi / vivere / in centro
12. I bar in Italia / aprire / alle 7.00

21. Qui finisce l'unità 2.

Pensate alle parole più importanti che avete imparato in questa unità e scrivetela nella colonna giusta.

sostantivi	aggettivi	verbi
università,		

Lo sapevate che...?

Trieste e Napoli sono due città molto importanti per il caffè. Trieste per i suoi antichi caffè letterari, luoghi storici, eleganti e raffinati. Il caffè di Napoli è famoso per il suo sapore forte e intenso.

ESERCIZIARIO **UNITÀ 3**

COM'È LA TUA GIORNATA?

1. Cosa sta bene insieme? Ci sono varie possibilità.

al cinema	colazione	a lezione			una canzone	a una festa
in bagno	la barba	la doccia	fare / farsi / leggere	scrivere / ascoltare / andare	quattro chiacchiere	sport
un libro	un giornale	la fila			a un concerto	una e-mail

2. Ricordate i post di p. 34? Scegliete l'opzione giusta.

1. **Tra** / **In** pochi giorni inizio il primo anno di università.
2. Per andare in bagno devi sempre fare **la fila** / **la barba**.
3. Quando c'è qualcosa **in frigorifero** / **in bagno**, fai velocemente colazione.
4. La sera spesso c'è un amico che resta **a cena** / **a colazione**.
5. La sera **esco** / **vado** e mi incontro con i miei amici.
6. Voglio **dare** / **scrivere** cinque esami nei prossimi mesi.

3. Carla studia a Bologna e scrive una e-mail alla sua amica Patrizia.

Completate con il presente dei verbi qui sotto. Attenzione: i verbi non sono in ordine.

farsi   chiamarsi   fermarsi (x2)   svegliarsi   alzarsi   divertirsi (x2)   vedersi
prepararsi   riposarsi   incontrarsi   trovarsi   annoiarsi

Messaggi

da: carla.f@libero.it   a: pattybruni@libero.it   inviato: 12 settembre 2017   23:55

Cara Patrizia, come stai?
Qui a Bologna tutto bene. Per ora _____ bene e _____ molto. Abito con una ragazza che _____ Chiara e studia storia dell'arte. La mattina tutte e due _____ già alle sette. Chiara _____ subito, io invece faccio tutto con calma: prima faccio colazione, poi _____ la doccia e _____ per uscire. Di solito io e Chiara _____ all'università fino alle quattro o alle cinque ma ci sono studenti che _____ anche fino alle otto di sera. La sera, dopo le lezioni, Chiara _____, io invece vado spesso in un bar dove _____ con gli altri studenti e _____ sempre molto. Devo dire che la vita a Bologna è molto varia. Ci sono molte cose da fare e non _____ mai! Adesso però ti saluto perché è quasi mezzanotte e fra un po' vado a dormire. E tu, come stai? Ti piace Siena? E noi quando _____?
Baci, Carla

UNITÀ 3

4. Trovate la differenza

a. Osservate i seguenti esempi.

Andrea si sveglia. / Andrea sveglia Mirella. / Paolo saluta Marina. / Paolo e Marina si salutano.

b. Adesso completate le frasi con i verbi indicati. Scegliete tra forma attiva o riflessiva.

1. svegliare / svegliarsi
   Martina _____ . / Martina _____ Chiara.
2. lavare / lavarsi
   La mamma _____ il bambino. / La mamma _____ i denti.
3. vedere / vedersi
   Alice _____ Letizia. / Alice e Letizia _____ .
4. preparare / prepararsi
   Maria _____ il caffè. / Maria _____ per uscire con le amiche.

5. Andare, uscire, dare... non c'è due senza tre.

a. I verbi sono in disordine. Scrivete la forma giusta nella tabella.

| dova | scie | av | cusiamo | daonn | enosco | od | avi | àd |
| coes | aid | cese | naidamo | sucite | navon | daimo | tade | danate |

	io	tu	lui/lei/Lei	noi	voi	loro
andare						
uscire						
dare						

b. Completate le frasi con la forma corretta di andare, uscire e dare.

1. Chi _____ domani mattina al seminario del Prof. Berardi e mi _____ gli appunti? Io non ho tempo perché stasera _____ con Anna :-)

138   centotrentotto   ALMA Edizioni

ESERCIZIARIO UNITÀ 3

2. Ragazzi, _____ tutti insieme sabato sera?
   Laura _____ una festa.

3. Adesso _____ al supermercato, ma Marco non ha le chiavi.
   Quando _____ di casa, _____ le chiavi di casa al vicino di casa. Così Marco può entrare.

4. Elio, Marco mi _____ per favore i soldi del cornetto e del caffè?
   Non sono una banca!

5. Laura, stasera anche Giovanni e Cinzia _____ a teatro. _____ di casa alle 19.00. Se siamo veloci, _____ con loro in macchina.

6. Ragazzi, domani _____ l'esame di storia. Dopo chi _____ con me a festeggiare?

7. Ragazzi, mercoledì alle 14.00 c'è una presentazione sul programma Erasmus e alcuni ragazzi _____ informazioni pratiche. _____ insieme?

6. Tutte scuse!!!

Annalisa, Marco, Sergio e Manuela abitano nella stessa casa, ma non riescono mai a fare qualcosa insieme. Completate con le forme di volere, potere e dovere.

- Sergio: Ehi ragazzi, domani c'è la Stramilano! Perché non andiamo anche noi?
- Annalisa: Oddio! Io non _____ proprio. Domani arriva Monica, ma non so a che ora, e _____ restare a casa.
- Manu: No, guarda, sai che non amo fare sport e poi non _____ uscire. _____ studiare per l'esame di francese.
- Sergio: E tu, Marco, _____ fare anche tu qualcosa?
- Marco: Beh, sì. Io e Giuliana _____ andare fuori a cena perché Giuliana _____ festeggiare l'esame.
- Sergio: Che amici che siete! Avete sempre una scusa! Annalisa non _____ perché _____ aspettare la sua amica Monica, Manu non _____ perché non ama fare sport e poi _____ studiare per l'esame e Marco non _____ perché lui e Giuliana _____ festeggiare l'esame! Sapete cosa faccio? Vado da solo!

7. Completate con il verbo corretto.

1. Mi dispiace non posso restare, stasera **posso / devo** tornare a casa presto.
2. **Volete / Dovete** bere una birra o preferite una spremuta d'arancia?
3. Per fare l'esame, **devi / vuoi** studiare di più.
4. Non **devo / posso** andare al concerto perché non ho soldi.
5. Oggi Tatiana **può / deve** andare dal dottore perché non sta bene.

UNITÀ 3

8. Tutto quello che c'è all'università

Completate con c'è o ci sono e l'articolo determinativo giusto. Attenzione: _____ (lo spazio) indica che manca il verbo e ▢ (la casella) che si deve inserire l'articolo.

All'università _____ ▢ aule, _____ ▢ Centro di lingue, _____ ▢ ufficio relazioni internazionali, _____ ▢ mensa, _____ ▢ bar, _____ ▢ uffici dei professori, _____ ▢ segreterie, _____ ▢ bacheche, _____ ▢ aula magna, _____ ▢ biblioteche, _____ ▢ mediateca, _____ ▢ facoltà e istituti, _____ ▢ sala computer e ovviamente _____ ▢ studenti.

9. Alcune città italiane...

Completate i testi con c'è / ci sono o è / sono. Di quali città italiane si tratta? Inserite anche i nomi delle città. _____ (lo spazio) indica che manca il verbo e ▢ (la casella) che manca la città.

1. ▢ _____ la capitale d'Italia. A ▢ _____ molti monumenti da visitare. Il Colosseo per esempio _____ il simbolo di ▢. Vicino al Colosseo _____ i Fori Imperiali. Un altro simbolo della città _____ la Fontana di Trevi. Inoltre, a ▢ _____ il Vaticano, che _____ il simbolo della chiesa cattolica. Nello Stato del Vaticano _____ i Musei Vaticani.

2. ▢ _____ la città del famoso Palio, che _____ una corsa di cavalli. ▢ _____ una città in Toscana. A ▢ _____ molti turisti perché _____ una città molto bella. A ▢ _____ anche un'Università per Stranieri.

3. ▢ _____ la città della moda. A ▢ _____ il Teatro alla Scala, che _____ famoso in tutto il mondo. A ▢ non _____ un fiume ma _____ i Navigli. I Navigli _____ dei canali. Qui _____ molti bar e birrerie. Nei locali sui Navigli _____ sempre molti giovani.

4. ▢ _____ la città dei ponti. Infatti _____ moltissimi ponti. Piazza San Marco _____ una piazza bellissima. Qui non _____ solo molti turisti, ma anche molti piccioni! In Piazza San Marco _____ anche il famoso Caffè Florian, che _____ il primo caffè d'Italia. Esiste dal 1720!

10. Quante volte?

Pensate alla vostra giornata e scrivete sei frasi che la riguardano: dall'attività meno frequente a quella che fate più spesso.

| raramente | spesso | mai | a volte | sempre |

| studiare in biblioteca | navigare in Internet | andare al ristorante | svegliarsi prima delle 7.00 |

| fare sport | leggere il giornale | fare colazione | andare al cinema | guardare un film in italiano |

140 centoquaranta

ESERCIZIARIO UNITÀ 3

11. Il signor No è un tipo molto particolare. Nega tutto!

Negate le frasi con non *o* non ... mai.

1. Mi alzo sempre tardi. _____
2. Mi piacciono le canzoni di Tiziano Ferro. _____
3. Vado sempre al cinema. _____
4. Prendo sempre la macchina. _____
5. Padova è una bella città. Ci sono molte attività per il tempo libero. _____
6. Di sera mi incontro sempre con gli amici. _____

12. La giornata di Fabrizio è in disordine. Rimettetela a posto!

○ Alle otto mi sveglio,
○ Torno a casa normalmente verso le sette e mezza/otto e dopo cena
○ vado in mensa a mangiare perché ho una fame da lupi.
○ Verso le nove e mezza arrivo all'università.
○ Di pomeriggio di solito ho ancora lezione.
○ dopo mi faccio la doccia, mi preparo, faccio colazione ed esco.
○ Dalle 10.00 alle 14.00 ho sempre lezione, ma dopo
○ esco con gli amici e torno a casa verso mezzanotte.

13. Dove vai?

a. *Formate delle frasi con le parole qui sotto e con il verbo* andare. *Usate la preposizione adatte e aggiungete, dove necessario, l'articolo determinativo.*

Grecia	Berlino	Liguria	cinema	discoteca	biblioteca	fare la spesa
parco	pizzeria	centro	gelateria	Siena	lago	mare	lezione
segreteria	mangiare	casa	mensa	palestra	montagna	una festa	bar

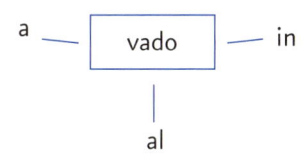

a — vado — in
        |
        al

b. *Scoprite la lingua. Sapete trovare delle regolarità?*

Quale preposizione usate con

1. *andare* + un verbo all'infinito? _____
2. *andare* + città? _____
3. *andare* + paesi e regioni? _____
4. *andare* + sostantivi in *-eria*? _____

UNITÀ 3

14. Completate con la preposizione giusta (a, al, in).

Di mattina Roberto va _____ lezione. Dopo la lezione va _____ parco _____ riposare. Poi va _____ mensa _____ mangiare e nel pomeriggio va _____ studiare _____ biblioteca. La sera va _____ pizzeria o _____ cinema oppure _____ una festa. Una volta al mese va _____ casa, _____ Trento.

▶II 2.5 15. Incontri

Appuntamenti: ascoltate le due conversazioni e completate la tabella con le attività menzionate.

	lunedì	martedì	mercoledì	giovedì	venerdì	sabato	domenica
Fabio							
Enrico							
Anna							
Marta							

16. Vengo anch'io. Puntualizziamo.

a. Fate una lista di tutti i verbi irregolari che avete imparato finora.

_____

_____

_____

_____

b. In un bar di Milano, Lorenzo, vulcanologo, risponde alle domande di un giornalista che fa dei documentari su luoghi di lavoro insoliti. Completate l'intervista coniugando i verbi tra parentesi.

● Lorenzo, (noi / bere) _____ un caffè e (noi / fare) _____ quattro chiacchiere?
■ Volentieri!
● Senti, tu e il tuo amico Adriano, vivete a Stromboli e (fare) _____ i vulcanologi. Come organizzate la giornata?
■ Sì, viviamo a Stromboli da 10 anni. Allora, quando (esserci) _____ i turisti io e Adriano (andare) _____ sullo Stromboli in escursione, a volte (andare) _____ solo Adriano e io (rimanere) _____ a casa a fare altro. Quando non (esserci) _____ i turisti (io / venire) _____ a Milano, invece Adriano a volte (rimanere) _____ a Stromboli.
● Allora, (voi / venire) _____ spesso a Milano?
■ (Io / venire) _____ regolarmente, Adriano (venire) _____ un po' più raramente. Quando sono a Milano io e i miei vecchi amici (uscire) _____ spesso.
● Ma di sera, a Stromboli, cosa (voi / fare) _____ ? (voi / uscire) _____ ?

142 centoquarantadue ALMA Edizioni

■ (io / uscire) _____ raramente, invece Adriano (uscire) _____ spesso e (andare) _____ all'unico bar dell'isola dove a volte si incontrano gli altri abitanti dell'isola e (loro / rimanere) _____ una o due ore a chiacchierare e (loro / bere) _____ un buon bicchiere di Malvasia, il vino di Stromboli.

● Senti, ma tu e Adriano (voi / volere) _____ rimanere a Stromboli per sempre?

■ Per adesso sì. Certo! Perché no? Quando (tu / rimanere) _____ a contatto diretto con la natura per tanto tempo, poi non (tu / volere) _____ più tornare indietro. E noi (stare) _____ bene qui. E lo Stromboli (dare) _____ delle emozioni uniche!

17. Mi, ti, gli, le... piace / piacciono.

Formate delle frasi come nell'esempio. Attenzione al pronome e alla forma di piacere.

Marco / piacere / dormire → Gli piace dormire.

1. Anna / piacere / gli spaghetti al pesto
2. Io e Monica / piacere / fare sport
3. Linda e Silva / non piacere / le città piccole
4. Alberto e Maria / piacere / uscire con gli amici
5. Tu e Roberta / non piacere / navigare in Internet?
6. Paolo / non piacere / la musica rap
7. Tu / piacere / i film italiani?

18. Completate con il verbo *piacere* e con il pronome adatto, come nell'esempio.

A Martino piace moltissimo lo sport e infatti _gli piacciono_ le Olimpiadi.

1. A Filippo e Matteo piace molto il calcio e così _____ andare allo stadio.
2. A Cinzia piace l'arte moderna e infatti _____ la Galleria Nazionale d'Arte Moderna di Roma.
3. ● Julian, David, _____ vivere in Italia?
   ■ Eh, sì, _____ moltissimo.
4. A Roberto piace molto andare al cinema e infatti _____ i festival del cinema.
5. Miriam studia Veterinaria perché _____ gli animali.
6. Carla e Lucia studiano russo perché _____ i libri di Dostoevskij.
7. ● Sara, _____ Roma?
   ■ Moltissimo. _____ soprattutto i palazzi antichi.

UNITÀ 3

19. Questione di gusti!

Abbinate gli elementi delle tre colonne e formate delle frasi come nell'esempio.

Esempio: Mi piace molto l'arte moderna.
Non mi piacciono per niente le canzoni di Eros Ramazzotti.

Mi piace		la moda italiana
Mi piacciono	moltissimo	la cucina giapponese
Non mi piace	molto	i libri di Umberto Eco
Non mi piacciono	abbastanza	l'arte moderna
	per niente	il corso d'italiano
		parlare di sport
		gli esercizi di grammatica
		la musica classica
		le canzoni di Eros Ramazzotti
		i concerti di musica rock

20. Francesca pensa spesso a Siena, la sua città. A volte diventa malinconica e racconta che cosa le manca.

Completa con gli aggettivi possessivi.

_____ città   _____ cinema   _____ quartiere
_____ amiche   _____ bar   _____ famiglia
_____ Vespa   _____ ragazzo

Mi manca..., mi mancano...

21. Formate delle frasi come nell'esempio.

Lara / libri / essere nella borsa → I suoi libri sono nella borsa.

1. Franca / macchina / non funzionare _____
2. Anna e Pietro / le amiche / giocare a tennis _____
3. Lorenzo e Alessia / la camera / costare un sacco di soldi _____
4. voi / corso di aerobica / iniziare alle 18.00 _____
5. noi / Vespa / essere nuova _____

> **Lo sapevate che...?**
> Secondo l'indagine *Eurostudent V 2012 – 2015 – Social and economic conditions of student life in Europe* molti studenti italiani vivono con la famiglia. Meno del 30% sono gli studenti «fuori sede», studenti che non sono originari della città dove studiano. L'attività di studio degli studenti italiani è di 44 ore alla settimana. Per gli studenti che lavorano il numero di ore complessivo è di 48.
> In totale significa il 38% in più rispetto a 20 anni fa. Gli studenti italiani che lavorano sono il 26%.
> (ispirato a: www.eurostudent.eu/download_files/documents/ES7_rapporto_finale.pdf)

ESERCIZIARIO **UNITÀ 4**

CHE BELLA CITTÀ!

1. Nel mio quartiere...

a. Tutto quello che c'è nel mio quartiere. Completate con c'è – ci sono o è – sono.

Nel quartiere dove abito _____ un parco, _____ tre supermercati, _____ molti ristoranti e bar, _____ anche un cinema, ma non _____ un teatro. Il parco _____ vicino a casa e così spesso vado a fare una passeggiata. Invece non vado spesso nei ristoranti e nei bar del mio quartiere perché _____ troppo cari e nei bar _____ troppi turisti. Vado al cinema sempre il mercoledì perché _____ il giorno del cinema, i biglietti costano poco e spesso _____ film interessanti. A me piace molto il mio quartiere perché _____ sempre qualcosa da fare.

b. Cosa c'è nel vostro quartiere? E cosa manca? Ecco una lista che vi può aiutare.

ristorante	cinema	bar	scuola	negozio	ospedale	supermercato	biblioteca
parco	teatro	metropolitana	fabbrica	posta	gelateria	casa moderna	palestra
centro commerciale	ponte	fontana	portico	museo

c'è	ci sono	non c'è	non ci sono

2. Cruciverba: vivere in città. Dove vado quando...

Dove vado quando...

VERTICALE
3 ... voglio ballare con gli amici?
4 ... devo prendere il treno?

ORIZZONTALE
1 ... voglio vedere molte opere d'arte o oggetti storici importanti?
2 ... sono molto malato/a?
5 ... voglio stare nella natura?
6 ... cerco un libro?

UNITÀ 4

3. Com'è la tua città?

▶II 2.6 a. *Ascoltate i dialoghi e scrivete gli aggettivi che descrivono queste città.*

Pavia: ....
Genova: ....
Bologna: ....

b. *Pensate a tre città che conoscete e descrivetele con gli aggettivi che conoscete. Non devono essere necessariamente città in Italia.*

> In italiano si parla di città sempre al femminile, anche quando la città in realtà è maschile: Bologna è bella. / Milano è bella.

4. Il contrario

Trovate il contrario degli aggettivi. Attenzione: ci sono più parole che spazi.

| pulito | brutto | freddo | tranquillo | moderno | grande | buono |
| giovane | piccolo | turistico | vivace | caotico |

1. Se le piazze non sono belle, sono ....
2. Se l'università non è antica, è ....
3. Se il clima non è caldo, è ....
4. Se la città non è tranquilla, è ....
5. Se le strade non sono sporche, sono ....
6. Se il centro storico non è grande, è ....

5. Che tempo fa?

Descrivete le condizioni atmosferiche.

ESERCIZIARIO UNITÀ 4

▶II 2.7   6. Ascoltate e segnate l'immagine di cui si parla.

a

b

c

d

7. In che mese o in quale stagione?

Scrivete la stagione o il mese giusto accanto alla frase. Ci sono più soluzioni per ogni frase.

1. La scuola chiude e i bambini vanno in vacanza.
2. Molti vanno in montagna a sciare.
3. Il primo giorno di questo mese è festa.
4. In questo mese normalmente c'è il carnevale.
5. In questo mese comincia l'estate.
6. In questo mese finisce per gli studenti universitari in Germania il semestre estivo.

8. Il terzo grado!

L'interrogatorio. Rispondete alle domande con ci.

1. Quando vai in vacanza?
2. Come vai all'università?
3. Vai al cinema stasera?
4. Quando vai a lezione?
5. Quando vai in mensa?
6. Vai spesso al cinema?
7. A che ora vai a letto oggi?

UNITÀ 4

9. Meglio il negozio che il supermercato!

Dove si compra? Scrivete il negozio giusto per ogni prodotto.

| in macelleria | in edicola | al panificio | dal fiorista | in salumeria |
| in pasticceria | dal fruttivendolo | in pescheria | in rosticceria |

Dove compro…?
1. il pane
2. i fiori
3. la frutta
4. una torta
5. il giornale
6. la carne
7. la mortadella
8. il pesce
9. cibo già cucinato

10. Scrivete le risposte usando la forma impersonale.

1. Cosa si fa quando si visita una città nuova?
   a. camminare molto
   b. visitare i musei
   c. guardare gli edifici
   d. divertirsi
   e. andare in un bar e prendere qualcosa da bere
   f. osservare la gente che passa
   g. respirare l'atmosfera della città

2. Cosa si fa a lezione d'italiano?
   a. ascoltare i dialoghi
   b. concentrarsi sulle informazioni
   c. parlare con i compagni
   d. leggere i testi e fare gli esercizi
   e. imparare molte cose sull'Italia e sugli italiani

11. Luoghi di interesse letterario a Roma

Completate il seguente itinerario con i verbi alla forma impersonale.

| iniziare | vedere | raggiungere | ricordare | proseguire | potere | arrivare | potere |

_____ in Piazza di Spagna, dove al numero 26 _____ la casa di John Keats, poeta inglese dell'Ottocento. Da Piazza di Spagna _____ facilmente l'Antico Caffè Greco in Via Condotti 86, luogo famoso (e importante) per artisti e letterati italiani e stranieri presenti a Roma nel XIX secolo. Tra i più famosi frequentatori del caffè _____ Liszt, Heine, Wagner e Schopenhauer. _____ per Via Condotti che finisce in Largo Goldoni, che prende il nome dal famoso scrittore Carlo Goldoni (Venezia 1707 – Parigi 1793). La sua casa _____ vedere tra Via del Corso e Via Condotti. Poi _____ al Museo Goethe, sempre in Via del Corso, precisamente al numero 20, vicino a Piazza del Popolo. Il museo è nei locali di una piccola pensione, Casa Moscatelli, casa del poeta durante i soggiorni a Roma. All'interno _____ vedere alcuni scritti originali del poeta.

ESERCIZIARIO UNITÀ 4

12. Un amico italiano vuole visitare la vostra città. Scrivete una e-mail in cui descrivete cosa si può fare e visitare.

13. Come si dice...?

Scrivete le espressioni giuste sotto le immagini.

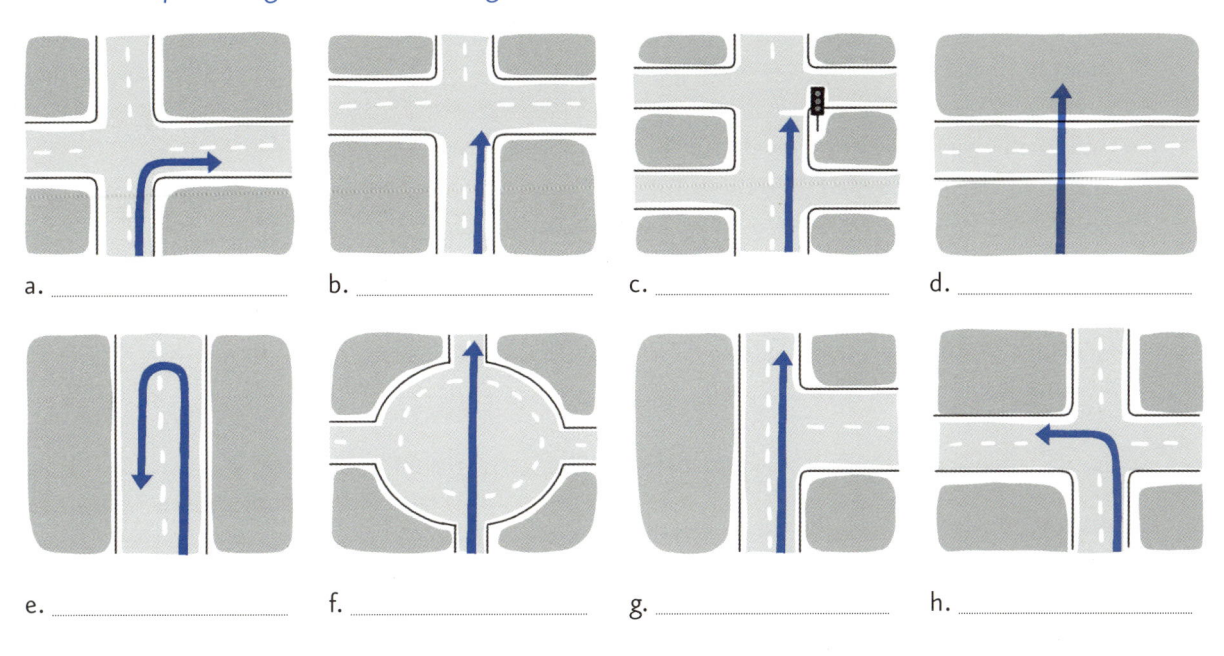

a. _____ b. _____ c. _____ d. _____

e. _____ f. _____ g. _____ h. _____

14. Completate i dialoghi con i verbi adatti.

1. ● Scusi, mi può dire dov'è la fermata dell'autobus 49?
   ■ Certo. È facile. Se _____ indietro di circa 50 metri e _____ a destra, _____ subito la fermata.
   ● Grazie.

2. ● Scusa, cerco la Biblioteca Ambrosiana. Sai dov'è?
   ■ Sì, non è lontana. Allora, _____ dritto fino al semaforo, poi _____ la strada e _____ subito a sinistra. _____ dritto fino all'incrocio e _____ alla prima strada a sinistra e lì _____ la Biblioteca Ambrosiana.

15. Completate con i numeri ordinali mancanti.

1. Questa è la _____ lezione del libro! La prossima è la _____ .
2. La domenica è il _____ giorno della settimana, il sabato invece è il _____ .
3. L'università di Napoli si chiama Federico _____ , in onore a Federico _____ di Svevia.
4. Gli studenti del _____ anno si chiamano anche «matricole», perché sono nuovi nel mondo universitario.
5. Marzo è il _____ mese dell'anno e ottobre è il _____ .
6. Tutti conoscono la _____ sinfonia di Beethoven, con l'Inno alla gioia, oggi anche Inno dell'Unione europea.

UNITÀ 4

16. Siete a Bologna a Piazza Maggiore e volete andare alla Torre degli Asinelli. Non sapete come arrivarci e chiedete.

Ti rivolgi a un passante.
Il passante risponde.
Chiedi dov'è la *Torre degli Asinelli*.
Il passante spiega che dalla *Piazza Maggiore* dovresti andare a sinistra in *via Rizzoli* quindi devi girare a destra e poi dritto fino alla fine di *via Rizzoli* e lì è la *Torre degli Asinelli*.
Chiedi se è lontano.
Il passante dice che sono 10 minuti a piedi e che è una bella passeggiata sotto i portici.
Ringrazi il passante.
Il passante risponde.

17. Una classe prepara un'escursione a Bologna. L'insegnante si accerta che tutto sia a posto.

Completate con i pronomi diretti.

1. Allora, chi fa i panini? — Marco: _____ faccio io!
2. Chi porta la guida turistica? — Paolo: _____ porto io!
3. Chi compra i biglietti del treno? — Sara: _____ posso comprare io!
4. Chi fa le fotografie? — Steffi: _____ faccio io!
5. Non mi ricordo più. A che ora prendiamo il treno? — Matteo: _____ prendiamo alle 7.30!
6. Chi porta una piantina di Bologna? — Simona: _____ porto io!
7. E il cellulare, in caso di urgenza? — Tutti: Ma prof!! _____ portiamo tutti!!
8. Gaia: Chi _____ viene a prendere? — David: _____ passo a prendere io!
9. Gaia e Leo: E chi _____ riaccompagna la sera a casa? — Prof: _____ accompagno io.

18. Geoquiz

Completate le frasi con i pronomi diretti e trovate la risposta esatta. Le caselle daranno il nome della prima capitale italiana nell'anno 1861.

1. È un vulcano in Sicilia ancora attivo e tutti _____ conoscono perché le sue eruzioni sono molto spettacolari. ▢ _____

2. In questa città si trova il balcone di Giulietta e Romeo. Molti _____ conoscono anche per l'Arena, dove tutti gli anni ci sono delle opere famose. _____ ▢

3. È l'altra grande isola italiana. Molti _____ adorano perché l'acqua è molto pulita e le coste sono molto varie. Molti vip italiani hanno in quest'isola la loro villa. _____ ▢ _____

4. Sono originari di Bologna, ma si mangiano in tutta Italia e anche all'estero. Sono piccoli e rotondi e _____ puoi mangiare in brodo o con un sugo. ▢

150 centocinquanta

ESERCIZIARIO UNITÀ 4

5. Sono le imbarcazioni tipiche di Venezia e molti turisti _____ usano per fare un giro della città.

6. È un mare conosciuto da moltissimi turisti per i suoi chilometri di spiagge ma non tutti _____ amano perché l'acqua non è proprio pulita.

La soluzione è: ☐ ☐ ☐ ☐ ☐ ☐

19. Facciamo il punto: pronomi diretti e indiretti

GLI   LE   LO   LA
GLI   LI   LE   GLI

a. Completate la tabella con i pronomi.

pronomi personali (soggetto)	pronomi diretti (chi / che cosa)	pronomi indiretti (a chi)
io	mi	mi
tu	ti	ti
lui	......	......
lei	......	......
noi	ci	ci
voi	vi	vi
loro (Lorenzo e Adriano)	......	......
loro (Elena e Giulia)	......	......

b. Completate con i pronomi giusti (diretti o indiretti).

1. ● Caterina, conosci il nuovo professore di italiano?
   ■ No, non _____ conosco. Perché?
   ● Perché _____ devo scrivere che domani non posso andare a lezione.

2. ▲ Sofia, domani c'è la festa di Anna. Cosa _____ regaliamo?
   ◆ Non _____ so. Io non _____ conosco molto bene.

3. ● Susi, sai se Nadia invita anche Caterina e Luana a cena?
   ■ Sì sì, _____ invita di sicuro. Ci sono sempre alle cene di Nadia.

4. Di solito la mattina incontro sul tram Alberto, ma oggi non _____ vedo. Adesso _____ scrivo un messaggio: «Alberto, dove sei? Non _____ vedo sul tram.» – «Sì, oggi sono in bici. Sai che _____ piace andare in bici quando c'è il sole.»

5. ▲ Daniela, vieni al cinema stasera? C'è un film di Roberto Benigni.
   ◆ Sì, volentieri. Devo ancora fare gli esercizi di francese, ma _____ faccio domani. Ma perché non vai con Tommaso?
   ▲ No, non _____ piacciono i film di Benigni.

6. ● Davide, Carlo, quando andate in una città nuova visitate i musei?
   ■ No, per carità, non _____ visitiamo mai. Non _____ piacciono. Andiamo solo allo stadio.

7. Ragazzi, andiamo. Luca _____ aspetta all'Osteria del Sole.

8. ● Ragazzi, cosa _____ piace fare a lezione?
   ■ _____ piace lavorare in gruppo, ma non _____ piacciono le regole di grammatica. Non _____ impariamo mai!

9. ▲ Leonardo, _____ piace la pizza?
   ◆ No, non _____ piace. Non mangio mai.

UNITÀ 4

20. Completate con le preposizioni articolate.

1. Abito vicino all'ufficio, _____ bar, _____ stadio, _____ Musei Vaticani.
2. Oh! C'è una mosca nel caffè, _____ aranciata, _____ spumante, _____ spremute!
3. Vado al cinema, _____ università, _____ zoo, _____ festa, _____ giardini pubblici.
4. Vado dalla professoressa Cattaneo, _____ medico, _____ signora Marra, _____ dentista, _____ amici di Fabrizio.
5. Hai il numero di telefono della segreteria, _____ ufficio Erasmus, _____ Prof. Pozzi, _____ biblioteca?
6. Abito lontano dal centro, _____ supermercato, _____ bar, _____ stadio.
7. Vado in palestra due volte alla settimana, _____ mese, _____ anno.
8. Ecco i risultati di un'indagine sullo studio della lingua italiana, _____ vita degli studenti, _____ bar e altri locali italiani, _____ italiani e i loro passatempi.

21. Susi descrive quello che vede dalla sua finestra. Ha dimenticato però tutti gli articoli e le preposizioni.

a. Completate il testo.

_____ finestra _____ mia camera ho una vista che mi piace molto. Vedo Piazza Garibaldi, una piazza vivace, con molti negozi. Ci sono sempre molte persone che vanno e vengono perché c'è un bar famoso per i suoi cornetti. _____ centro della piazza c'è la statua di Garibaldi, ecco perché si chiama Piazza Garibaldi. Vicino _____ bar, _____ sinistra, c'è un piccolo parco giochi per bambini con alcune panchine. Di fronte _____ parco giochi, _____ altra parte _____ piazza, c'è un'osteria dove, _____ pausa pranzo, vanno molte persone che lavorano _____ zona. Non ci sono macchine e così la piazza è molto tranquilla.

b. E voi cosa vedete quando guardate dalla finestra? Descrivete il vostro panorama in poche righe. Se volete potete fare una foto con il cellulare, portarla a lezione e parlarne.

Lo sapevate che...?
Secondo un'indagine fatta da tre ricercatori dell'*Università Milano Bicocca*, Pisa, Trieste e Bologna sono le migliori città italiane per gli studenti universitari. I fattori analizzati sono per esempio il costo delle case, il clima, i servizi e il tasso di criminalità. Male per le due metropoli Roma e Milano che si trovano al 60esimo e 65esimo posto.
(ispirato a: www.studenti.it/universita/orientamento/le-migliori-citta-italiane-in-cui-andare-a-studiare.php)

ESERCIZIARIO **UNITÀ 5**

GENERAZIONE ERASMUS

1. Sinonimi o contrari?

La maggior parte delle parole sottostanti sono estratte dai post di pagina 62. Fate una crocetta su S (sinonimo) se le parole hanno lo stesso significato e C se si tratta del contrario.

		S	C				S	C
1.	stessi – diversi	○	○		6.	l'alloggio – la casa	○	○
2.	un sacco – molto	○	○		7.	la fine – l'inizio	○	○
3.	vere – false	○	○		8.	la stanza – la camera	○	○
4.	poi – dopo	○	○		9.	interessanti – noiosi	○	○
5.	difficile – complicato	○	○					

2. Nell post di Laura sono andati perduti i verbi al passato.

Completate con i verbi della lista.

| sono stata | ho cercato (x2) | ho dovuto | ho pensato | sono passati | ho fatto | è stata |

Messaggi

LAURA – *studentessa di Lingue e letterature straniere*   10 AGOSTO | 15:12

Con l'Erasmus _____ a Friburgo, in Germania, e la prima cosa che _____ quella di eliminare ogni contatto con la lingua italiana. Così _____ un appartamento con una ragazza tedesca: _____ parlare tedesco per tutto il tempo! Poi _____ di inserirmi in diversi corsi, da quello teatrale al coro dell'università a quello di balli latino-americani. Sei mesi _____ molto velocemente, adesso parlo abbastanza bene il tedesco e in più _____ anche alcuni esami. L'Erasmus è una bellissima opportunità, lo consiglio a tutti!

3. Essere o avere? Questo è il problema!

Completate con l'ausiliare giusto.

1. Susi stanotte _____ tornata a casa alle 5.00!
2. ● Silvia, dove _____ andata ieri?
   ■ _____ restata a casa tutto il giorno.
3. Carlo _____ fatto un anno di servizio volontario a Lisbona.
4. Ieri Patrizia _____ avuto molto da fare e non _____ uscita tutto il giorno.
5. Anna e Sofia _____ partite per un fine settimana al mare.
6. ● Sergio, Gianluca, quanto tempo _____ abitato a Parigi?
   ■ Circa tre mesi, _____ frequentato un corso all'università e così _____ imparato il francese.

ALMA Edizioni   centocinquantatré **153**

UNITÀ 5

7. ● Quando _____ tornati Alberto, Maria e Valeria?
   ■ Ieri sera! Ma _____ arrivati tardi.

8. Mara _____ preferito restare a casa e rispondere all'e-mail di Gianni.

9. Babak _____ abitato a Roma per un anno, ma non _____ andato spesso all'università.

4. Alvaro, uno studente spagnolo, ha trascorso un anno di Erasmus a Roma. Ha qualche problema con i verbi.

Aiutatelo a completare la sua testimonianza con il passato prossimo. I verbi sono nell'ordine giusto.

arrivare	capire	essere	cercare	avere	abitare	organizzare	uscire
frequentare	avere	preferire	conoscere	imparare	fare	restare
conoscere	trovare	dare	diventare	capire	imparare	conoscere	passare

_____ a Roma all'inizio di settembre con l'agitazione tipica delle esperienze nuove. Una città nuova, una lingua nuova, amici nuovi, ma _____ subito che con la calma si supera tutto. E infatti _____ così. Per prima cosa due amici romani, Luigi e Cristiano, _____ casa per me e così _____ una difficoltà in meno. _____ con due ragazzi italiani e una ragazza francese, Sophie, e _____ molte feste e la sera _____ spesso tutti insieme. Sophie _____ regolarmente i corsi all'università e non _____ difficoltà a imparare l'italiano. Io _____ uscire e scoprire Roma. Grazie ai miei amici romani _____ la Roma dei romani, _____ l'italiano e _____ un'esperienza di vita davvero unica che nessuna lezione all'università ti dà. Sono ancora in contatto con i miei amici del periodo Erasmus. Sophie _____ a Roma perché _____ un ragazzo romano e Luigi e Cristiano _____ lavoro a Milano. Cosa mi _____ l'Erasmus? _____ più indipendente, _____ l'importanza di vivere a contatto con altre culture, _____ a osservare me stesso con occhi diversi e soprattutto _____ molte persone e insieme _____ un periodo indimenticabile.

▶ II 2.8 **5. Alcuni compagni d'università s'incontrano lunedì mattina e parlano del fine settimana appena trascorso.**

Ascoltate i dialoghi e rispondete alle domande.

Dialogo 1:
1. Cosa ha fatto Anna? _____
2. Cosa hanno fatto Elisa e Linda? _____

Dialogo 2:
1. Dove è andato Carlo? _____
2. Che film ha guardato Gigi? _____

Dialogo 3:
1. Dove è andata Sonia il fine settimana? _____
2. Quando è partita? _____
3. Con chi è andata? _____

ESERCIZIARIO UNITÀ 5

6. Nascondino

Nella griglia si nascondono i participi irregolari dei verbi qui sotto. Trovateli (in orizzontale e in verticale).

A	N	T	N	A	T	O	V	O	F	V	R
M	V	E	O	C	C	H	I	U	S	O	I
P	L	V	I	P	S	U	T	O	N	C	S
R	E	E	T	S	B	I	O	T	C	D	P
E	T	S	C	R	I	T	T	O	U	E	O
S	T	V	E	F	A	T	T	O	T	S
O	O	V	I	S	T	O	O	M	U	T	T
S	S	C	O	P	E	R	T	O	T	O	O

leggere nascere dire fare
prendere rispondere scoprire
scrivere vedere chiudere

7. Completate con i verbi tra parentesi al passato prossimo.

1. Stefania _____ un'e-mail all'università di Padova per avere informazioni ma l'università non _____ ancora _____ . (scrivere – rispondere)
2. Ieri sera Elio _____ a trovarmi a casa e _____ fino alle 2 di notte. (venire – rimanere)
3. Lisa _____ che il professore di Chimica industriale abita vicino a casa sua. (scoprire)
4. Monica _____ nel 1985. (nascere)
5. Carlo mi _____ che _____ l'ultimo film di Wim Wenders. (dire – vedere)
6. Stamattina _____ sul giornale che vogliono aumentare le tasse universitarie. (io / leggere)
7. Cinzia _____ le nuvole nere e _____ gli stivali di gomma. (vedere – mettere)
8. _____ all'insegnante se mi porta le fotocopie della scorsa volta. (io / chiedere)
9. All'esame di letteratura inglese Mirella _____ proprio un bel voto. (prendere)

8. Il signor e la signora Metodico, tutti e due impiegati statali, hanno una giornata molto regolare. Ecco la loro giornata tipica.

Alle 6.30 si svegliano, ma il Signor Metodico non si alza subito, ascolta un po' la radio a letto. La signora invece si alza, si lava, si fa un caffè e si veste. Dopo fanno colazione insieme e verso le 7.20 si preparano per uscire. Lui esce di casa verso le 7.30, lei esce verso le 7.45. Il Signor Metodico prende l'autobus delle 7.40 e così arriva in ufficio alle 8.00 in punto. Entra in ufficio, legge la posta elettronica e anche qualche notizia sul giornale online. Dopo pranzo, verso le 15.00, lui e i suoi colleghi si incontrano per un caffè. Torna a casa verso le 17.00 dove si rilassa fino alle 18.00. La Signora Metodico si ferma in ufficio fino alle 18.00 e torna a casa verso le 18.30. Verso le 22.00 vanno a dormire e lei si addormenta quasi subito, mentre lui legge ancora 10 minuti il giornale.

Poiché sono molto metodici, la loro giornata di oggi è stata come quella di ieri.
Scrivete che cosa hanno fatto ieri.

Ieri alle 6.30 ...

UNITÀ 5

9. Una relazione franco-tedesca a Roma

Completate la storia di Frédéric e Anne con i verbi al passato prossimo o al presente.

Anne e Frédéric (conoscersi) _____ durante l'anno Erasmus a Roma.
(loro / incontrarsi) _____ la prima volta a una festa organizzata dall'università
e Frédéric (innamorarsi) _____ subito di Anne.
Dopo qualche giorno (rivedersi) _____ per caso in mensa e Frédéric (chiedere)
_____ ad Anne di uscire con lui. (loro / darsi) _____
appuntamento alla pizzeria Formula 1 di San Lorenzo.
Anne (prepararsi) _____ per uscire e poi (uscire) _____ puntuale.
Frédéric invece (addormentarsi) _____ davanti alla TV. Fortunatamente
(svegliarsi) _____ in tempo e così anche lui (arrivare) _____
in tempo. Nella fretta però (dimenticarsi) _____ il portafoglio.
Invece di andare in pizzeria (loro / farsi) _____ un bel giro a San Lorenzo.
Dopo sei mesi Frédéric (ritornare) _____ a Parigi, invece Anne (andare) _____
a vivere a Berlino.
Ora (loro / sentirsi) _____ spesso al telefono e (vedersi)
_____ quasi una volta al mese perché ci sono molti voli economici.

▶II 2.9 ### 10. Il semestre ricomincia.

*Gli studenti parlano di cosa hanno fatto durante le vacanze.
Ascoltate i dialoghi e completate lo schema.*

	posto	quanto tempo	attività
Marco e Alberto			
Elisa			
Massimo			
Fabrizio e Stefania			

11. Che cosa avete già fatto e che cosa ancora no?

Scrivete alcune frasi come nell'esempio.

Esempio: Sono già andato in Italia due volte. / Non sono ancora andato in Italia.

andare in Italia   fare il bagno nel mare di notte   perdere l'aereo   essere per più di tre mesi all'estero
prendere l'autobus senza biglietto   prendere il sole nudo[15]   partecipare al matrimonio[16] di un amico

12. Ginnastica mentale

Vi ricordate che cosa avete fatto nei seguenti momenti? Completate le frasi.

1. Lunedì scorso _____
2. Stamattina _____
3. Un'ora fa _____

ESERCIZIARIO UNITÀ 5

4. Il fine settimana scorso _____
5. L'anno scorso in luglio _____
6. Ieri sera alle 20.00 _____
7. Il giorno del mio ultimo compleanno _____
8. Prima di fare l'esercizio _____

13. Una storia

Inventatevi e scrivete una storia guardando le immagini qui sotto.
Per farlo, usate il passato prossimo e alcuni avverbi di tempo del punto 13a (p. 66).
Le immagini non sono nell'ordine giusto.

14. Dal presente al passato. Completate le frasi con la forma giusta del passato prossimo.

1. Di mattina bevo sempre il caffè, ma stamattina _____ un cappuccino.
2. Normalmente leggo sempre il *Corriere della Sera*, ma l'altro ieri _____ la *Repubblica*.
3. Prendo sempre la metropolitana per andare all'università, ma la settimana scorsa _____ la bici.
4. Il sabato Laura va sempre al *Milonga* a ballare il tango, ma sabato scorso _____ a ballare lo swing.
5. Il supermercato vicino a casa chiude di solito alle 21.00, ma sabato scorso _____ a mezzanotte.

UNITÀ 5

15. Vi è piaciuto?

Michael racconta: «Dopo la maturità ho fatto un lungo viaggio in Italia. Sono stato via sei mesi e ho visto moltissime cose.»
Chiedetegli cosa gli è piaciuto. Completate le domande con il verbo piacere al passato prossimo.

Ti _____ gli Uffizi di Firenze?   Ti _____ le Dolomiti?
Ti _____ le specialità bolognesi?   Ti _____ il Colosseo?
Ti _____ la Costiera Amalfitana?   Ti _____ il clima?
Ti _____ i dolci siciliani?   Ti _____ la gente?

16. Completate con i verbi al passato prossimo e, dove necessario, con i pronomi. Attenzione alla forma di piacere.

1. ● Ciao Valentina, (andare) _____ alla festa di Fabrizio ieri sera?
   ■ Sì, ma non (piacere) _____ per niente.
2. Mercoledì sera (io / andare) _____ al cinema e (vedere) _____ il film «La grande bellezza». (piacere) _____ tantissimo. (piacere) _____ soprattutto gli attori e anche la musica (piacere) _____ moltissimo.
3. Luca e Andrea (passare) _____ le vacanze in Umbria. Perugia e Assisi (piacere) _____ un sacco.
4. Il dottor Narducci (partecipare) _____ a un congresso internazionale di didattica delle lingue moderne.
   ● Dott. Narducci, (piacere) _____ il congresso?
   ■ Mah! La relazione del Prof. Simoni non (piacere) _____ molto.
5. ● Ragazzi, (piacere) _____ le canzoni italiane che (noi / ascoltare) _____ a lezione?
   ■ Sì, moltissimo, soprattutto la canzone di Jovanotti (piacere) _____ un sacco.
6. ● Ciao Roberta, ciao Patrizia, allora, (uscire) _____ ieri sera? (piacere) _____ il nuovo locale di Carlo?
   ■ Non molto, la gente non (piacere) _____ molto e neppure i cocktail (piacere) _____ .
7. Katharina e Stephanie (frequentare) _____ un corso di italiano a Firenze. Il corso (piacere) _____ molto. Per esempio gli insegnanti (piacere) _____ molto e anche le attività culturali nel pomeriggio (piacere) _____ un sacco. Loro (fare) _____ anche una gita a Lucca e la piazza dell'anfiteatro (piacere) _____ in modo particolare.

ESERCIZIARIO UNITÀ 5

17. Uno schema

Completate lo schema con gli aggettivi e gli avverbi appropriati.

_____	lentamente	veloce	_____
_____	tranquillamente	_____	vivacemente
sicuro	_____	difficile	
perfetto	_____	particolare	_____

18. Aggettivo o avverbio?

Completate con la forma appropriata di aggettivo o avverbio.

1. perfetto — Anna parla _____ il francese.
   Bravo, Davide! Il tuo esercizio è senza errori. È _____!
2. tranquillo — La mia nuova casa è in una zona molto _____.
   Sara studia _____ nella sua camera.
3. veloce — Devo scrivere _____ al professor Gugolini per avere le informazioni sul corso d'italiano.
   La nuova moto di Filippo è molto _____.
4. sicuro — Se Paolo va a Parigi vado _____ da lui per qualche giorno.
   Paolo va a Parigi, non a Marsiglia? Ma sei _____?
5. lento — Scusi, può parlare più _____? Non capisco.
   Alcuni treni sono proprio _____!
6. difficile — Per me questo esercizio è un po' _____.
   _____ vado in vacanza due volte all'anno.
7. particolare — Genova è una città molto _____.
   Le lezioni del professor Santoro sono _____ interessanti.
8. vivace — Elena e Monica discutono _____ di politica.
   Al ristorante *La Cuccuma* c'è una bell'atmosfera _____.

19. Due università particolari

a. A Siena e Perugia ci sono due università particolari.

Come si chiamano queste università?   Cosa organizzano per gli studenti stranieri?

Potete trovare informazioni utili su questi siti: www.unistrasi.it   www.unistrapg.it

b. Faccio un corso in Italia, all'università! Vorreste frequentare un corso in Italia all'Università per Stranieri. Cercate le informazioni che vi servono sui siti sopra indicati delle Università di Siena e Perugia. Le domande seguenti vi possono aiutare.

Quali corsi offrono le università?   Quanto costano i corsi?

c. Avete scelto il corso che volete frequentare? Rispondete alle domande.

Quale università ti interessa di più?   Qual è il corso più adatto a te? Perché?

UNITÀ 5

20. Leggete la seguente e-mail e rispondete alle domande.

> Gentili Signori,
> mi chiamo Elisa Kuhn e da cinque mesi studio italiano all'università di Berlino. Per migliorare le mie conoscenze vorrei venire in Italia fra tre mesi e frequentare un corso intensivo di quattro settimane presso la Vostra università. Nel Vostro sito non ho trovato le seguenti informazioni. C'è un test d'ingresso all'inizio dei corsi? Come sono organizzate le lezioni? Ci sono lezioni solo di mattina o anche di pomeriggio? L'università organizza anche delle escursioni nei fine settimana?
> Vi ringrazio anticipatamente per la Vostra cortese risposta.
> Cordiali saluti
> Elisa Kuhn

1. Perché Elisa vuole andare in Italia?
2. Quanto dura il corso che vuole frequentare Elisa?
3. Perché Elisa scrive alla segreteria della scuola?
4. Cosa vuol dire secondo te l'ultima frase nella tua lingua?

21. Fra o fa?

Completate con fra o fa. Attenzione alla loro posizione!

1. _____ un mese _____ finisce il semestre.
2. Ho visto Cinzia _____ sei mesi _____ .
3. Mi voglio laureare _____ tre anni _____ .
4. Ho conosciuto Elio _____ sei anni _____ .

22. Completate con i verbi cominciare e finire al passato prossimo.

1. Il film _____ alle 19.30 ed _____ alle 21.15.
2. Michele ha trovato un lavoro a Bologna. _____ di studiare Lettere moderne l'anno scorso e _____ a lavorare sei mesi fa.
3. Marco sbrigati! Il concerto _____ già _____ !!!
4. Le iscrizioni al corso d'italiano _____ due giorni fa.
5. Meno male che _____ anche questo semestre!!! Fra una settimana vado in vacanza.
6. Qualche giorno fa _____ la primavera ed _____ l'estate.

23. Caro diario...

Scrivete brevemente tutte le sere per almeno una settimana cosa avete fatto durante il giorno – in italiano naturalmente! Non preoccupatevi degli errori. L'importante è scrivere qualcosa tutti i giorni. Questo diario sarà un bel ricordo dei tempi in cui avete studiato l'italiano e dei progressi che avete fatto.

> **Lo sapevate che... ?**
> Le università per Stranieri di Siena e di Perugia sono due importanti università specializzate nei corsi di lingua italiana per studenti stranieri. Rilasciano dei certificati di conoscenza della lingua italiana riconosciuti dallo Stato italiano in base a una convenzione con il Ministero degli Affari Esteri. Il certificato dell'università di Siena si chiama CILS (Certificazione di Italiano come Lingua Straniera) e ha sei livelli, quello dell'università di Perugia si chiama CELI (Certificato di Lingua Italiana) e ha cinque livelli.
> Un altro importante certificato di conoscenza della lingua italiana è il PLIDA (Progetto Lingua Italiana Dante Alighieri) rilasciato dalla Società Dante Alighieri, il più prestigioso ente per la diffusione della lingua italiana nel mondo.

ESERCIZIARIO **UNITÀ 6**

ACQUISTI PER OGNI OCCASIONE

1. Cosa si fa a...?

Che cosa si fa in Italia durante queste festività?

Capodanno	Carnevale	Pasqua	Natale

2. Trovate i prodotti alimentari delle foto nella griglia di parole (in orizzontale e in verticale).

L	I	O	M	E	L	A	N	Z	A	N	E
E	P	R	O	S	C	I	U	T	T	O	T
N	B	N	L	D	A	L	O	H	I	P	O
T	P	O	M	O	D	O	R	I	N	A	U
I	S	D	A	E	F	G	C	C	S	T	N
C	O	L	S	L	H	N	T	E	A	A	G
C	L	S	A	R	I	S	O	U	L	T	A
H	I	D	F	G	T	L	N	M	A	E	G
I	V	B	D	A	E	M	L	L	T	I	L
E	E	I	G	I	F	R	U	I	A	G	I
A	F	O	R	M	A	G	G	I	O	L	O

3. Completate con l'articolo partitivo.

Nel frigorifero di uno studente c'è / ci sono...

_____ mele _____ formaggio _____ burro _____ latte _____ aglio
_____ insalata _____ pomodori _____ birre _____ yogurt _____ prosciutto

4. Completate con l'articolo partitivo.

1. Stasera esco con _____ studenti Erasmus di Parigi.
2. Al *Cinema Astor* danno sempre _____ film molto interessanti.
3. In vacanza Carla ha fatto _____ foto molto belle.
4. Nell'ultimo test ho fatto _____ errori stupidi.
5. Ho comprato _____ pomodori e _____ olive per fare la pizza domani sera.
6. Al bar *Magenta* ci sono _____ specialità molto buone.

ALMA Edizioni   centosessantuno **161**

UNITÀ 6

5. Tempo di feste! Alcuni studenti provenienti da Paesi diversi organizzano una festa. In questo dialogo parlano di ciò che vogliono portare.

Completate con l'articolo partitivo, con i pronomi diretti lo, la, li, le e con la particella ne.

Shimon: Io porto _____ sushi.
Anna: Bene. _____ fai tu?
Shimon: Sì, _____ preparo io.
Sophie: Io porto _____ formaggio.
Anna: Brava. Quanto _____ porti?
Sophie: _____ porto quattro o cinque tipi diversi.
Christina: Io porto _____ insalata di riso. _____ faccio un chilo.
Mariana: Io porto _____ spumante e _____ vino.
Anna: Perfetto! Quante bottiglie di spumante porti?
Mariana: _____ porto sette o otto.
Anna: Chi fa il chili con carne?

Carlos: _____ faccio io! Mi piace un sacco e _____ cucino anche bene!
Kerem: Io porto _____ specialità turche.
Valentina: Io porto _____ dolci. Faccio due torte. Una al cioccolato e una di mele.
Anna: Brava! _____ fai tutte e due tu o ti aiuto io?
Valentina: _____ faccio io. Non ti preoccupare!
Pascal: Io porto _____ antipasti. Porto _____ salame e _____ prosciutto.
Anna: Perfetto! Allora abbiamo tutto. No! Manca il pane. Chi _____ porta?
Marc: _____ porto io. _____ compro un chilo e mezzo.

6. Cosa va bene insieme?

*Abbinate le frasi e mettete i verbi al passato prossimo.
Fate attenzione al pronome e alle desinenze del participio.*

1. Anna, ti piacciono i miei pantaloni nuovi?
2. Stefano, sai per caso dove Marco ha comprato i primi CD di Fabrizio De Andrè?
3. Non trovo più le chiavi.
4. Giulia ha comprato una bella giacca di Dolce e Gabbana.
5. Incredibile! Lorenzo ha trovato due biglietti per uno spettacolo alla Scala di Milano.
6. Voglio andare a vedere la mostra di Picasso. Mi hanno detto che è bellissima. Vieni?
7. Danila, vuoi un caffè?

a. (prendere) _____ di seconda mano su e-bay.
b. Ma dove cavolo (mettere) _____ ?
c. No, mi dispiace, ma (vedere) _____ domenica scorsa.
d. Bellissimi. Dove (comprare) _____ ?
e. No grazie! (bere) _____ stamattina.
f. Sì, lui va sempre nel negozio di musica in centro. (trovare) _____ lì.
g. (pagare) _____ moltissimo, ma è contento.

ESERCIZIARIO UNITÀ 6

7. Linda non va volentieri al supermercato; per fare la spesa preferisce sostenere i piccoli negozi specializzati.

Completate il testo con le forme appropriate del passato prossimo (_____), con i pronomi diretti o il ne (........) e con il nome dei negozi (_____).

Ieri _____ (io / andare) a fare la spesa per la cena che io e Ugo _____ (organizzare) con i nostri amici. _____ (prendere) il prosciutto in _____. .... _____ (comprare) 4 etti perché voglio fare la mousse di prosciutto per la cena. Poi _____ (comprare) un chilo di banane dal _____. Lì (acquistare) _____ anche l'insalata. .... _____ (prendere) molta perché so che alle mie amiche Laura e Antonella piace molto. Poi _____ (ricordarsi) del pane. _____ (andare) al _____ e .... _____ (prendere) un chilo. Infine _____ (andare) in _____ a comprare le lasagne già pronte. .... _____ (comprare) un chilo perché cucinare proprio non mi piace. Ma mi piace stare in compagnia.

8. Sapere o potere?

Completate con sapere o potere.

1. Laura, _____ ballare il tango?
2. Oggi Robert non _____ andare a lezione perché ha un appuntamento dal dentista.
3. Gli spaghetti proprio non li _____ mangiare. Quando li mangio mi sporco tutto.
4. ● Vuoi la macedonia di fragole?
   ■ No, grazie. Non _____ mangiare le fragole. Sono allergica.
5. Gianluca, Gherardo, _____ che domani non c'è lezione? Il prof non _____ venire perché è a una conferenza.
6. Mamma, se telefona Elio gli _____ dire di chiamarmi sul cellulare?
7. I giocatori oggi non _____ giocare perché sul campo ci sono 20 cm di neve.
8. Ma guarda quell'imbranato di Botti! Non _____ proprio giocare a calcio!
9. ● Ma perché non fai il bagno? Non _____ nuotare?
   ■ Ma sì che _____ nuotare, ma adesso non _____ perché ho appena mangiato.

9. Come si dice? - Scrivete la definizione giusta sotto ogni immagine.

a. _____   b. _____   c. _____   d. _____

e. _____   f. _____   g. _____   h. _____

UNITÀ 6

10. Morena ha fatto shopping!

Inserite il nome del capo di vestiario, il pronome e la desinenza corretta del participio passato.

Morena ha comprato una _____ nuova. _____ ha comprat____ da Sisley, poi ha preso un paio di _____. _____ ha pres____ da Bata, il negozio in Corso Vittorio Emanuele. Dopo è andata nel negozio di Carla, la sua amica, e lì ha trovato un _____ carino e, ovviamente, _____ ha pres____ perché _____ ha avut____ con uno sconto. Morena in realtà cercava dei _____, ma non _____ ha trovat____.

11. Il Paese dei colori sbagliati

Completate con le desinenze.

In questo paese tutti i colori sono sbagliati. Qui tutti i colori sono divers___. Pensate che in questo paese il sole è ner___ e anche le stelle sono ner___, il tramonto non è ross___, ma grigi___ e la notte è bianc___ così i bambini non capiscono più quando devono andare a dormire. In questo stran___ paese il cielo è verd___ e i prati sono bl___, gli alberi marron___, il mare è ros___ e i fiumi giall___.

Le fragole e le mele non sono ross___, ma azzurr___ e l'insalata è arancion___, le carote, invece, sono verd___. Anche gli animali sono diversi. I cani sono viol___ e gli elefanti ros___, le zebre giall___ e bl___. Ma un giorno è arrivato il mago pittore e ha rimesso a posto ogni colore.

(ispirato al testo *Il gioco dei colori* di Ferdinando Monti, Paoline Audiovisivi 1995, © FSP-Paoline-ROMA)

12. Consigli per imparare l'italiano

Il vostro insegnante / la vostra insegnante vi dà alcuni consigli in rima per imparare meglio l'italiano. Completate il testo con i verbi all'imperativo (tu).

_____ i vocaboli la mattina e — studiare
_____ anche qualche frase carina. — scrivere
Il pomeriggio _____ i CD, anzi _____ tutto il dì[1], — ascoltare / ascoltarli
_____ dei libri il fine settimana, ti sembra davvero una cosa strana? — leggere
Ah, e non _____ la grammatica... in fondo non è così antipatica. — dimenticare
_____ di conoscere qualche italiano genovese, fiorentino o siciliano — cercare
e _____ con lui di giorno e di sera in estate, in inverno e anche in primavera. — uscire

---

1 il dì   il giorno

ESERCIZIARIO UNITÀ 6

13. Il primo appuntamento

*Date dei consigli ad un'amica usando l'imperativo. Aggiungete alla fine due dritte in più.
I verbi non sono in ordine.*

| uscire | vestirsi | essere | curare | mangiare | parlare |

1. _____ come fai di solito. Ti devi sentire a tuo agio.
2. _____ i dettagli (le scarpe, la borsa, gli orecchini).
3. _____ di casa con qualche minuto di ritardo, ma non troppo.
4. _____ autentica. Non fare finta di essere qualcun altro.
5. Non _____ del tuo ex.
6. Non _____ aglio. Non si sa mai!
7. _____
8. _____

14. Un amico piuttosto petulante

*Vuole sempre che facciate quello che fa lui. Riformulate le frasi come nell'esempio.
Usate l'imperativo (tu) e il pronome appropriato.*

Io mangio spesso la frutta.   *Mangiala anche tu!*
Non mangio mai i dolci.   *Non mangiarli neanche tu!*
Leggo tutti i giorni il giornale.   _____
Bevo sempre il caffè.   _____
Non mangio mai la carne.   _____
Aiuto sempre i miei compagni di corso. _____
Non vado mai a letto prima di mezzanotte. _____
Non guardo mai la TV.   _____
Ascolto sempre i miei insegnanti.   _____

15. Angela abita in un appartamento condiviso con sua sorella e Cinzia. Oggi non si sente bene e chiede un piacere a sua sorella.

Completate con le forme verbali date.

| falli | dallo | vacci | fallo | dille | dalli | falle | dillo | fammi |

Senti, io oggi non mi sento molto bene. Non ho voglia di andare al supermercato. _____ tu, per favore. E poi non ho neppure voglia di fare da mangiare. _____ tu, che sei anche così brava. Fa' per favore gli spaghetti al pesto che mi piacciono tanto, ma _____ con tanto pesto! Poi puoi cucinare le patate al forno? Ma _____ belle croccanti. Poi oggi volevo fare un po' di ordine in camera mia. Mi puoi aiutare, per favore? I DVD sul tavolo _____ a Gianluca, che sono suoi. E poi c'è un libro. _____ a Sofia che lo vuole leggere. E poi quando telefona Riccardo, _____ subito a Cinzia che aspetta una sua telefonata. E _____ anche che ha telefonato Roberto. E adesso _____ per favore una camomilla che proprio non mi sento bene.

UNITÀ 6

16. Shopping coscienzioso

Completate le frasi con i verbi all'imperativo (voi).

| seguire (x2) | buttare | rimandare | bere | andare | regalare | decidere | comprare |
| fare (x2) | chiedere | prendere |

1. Prima di andare a fare shopping, _____ spazio nell'armadio, sulla sedia, sul letto o dove tenete i vestiti.
2. _____ via (o _____) quello che non mettete da più di un anno.
3. Non _____ a fare shopping se non avete bisogno di niente.
4. Non _____ cose che in realtà non sono nel vostro stile.
5. Se è una ‹giornata no›, _____ lo shopping. Altrimenti rischiate di comprare solo per frustrazione.
6. Non _____ shopping compulsivo. _____ prima di che cosa avete bisogno e quanto volete spendere.
7. Non _____ le mode del momento. _____ il vostro stile personale.
8. Se non c'è la vostra taglia, non _____ una taglia più piccola perché poi tanto non dimagrite.
9. _____ a un'amica o a un amico di accompagnarvi e alla fine _____ un bell'aperitivo insieme.

17. Acquisti

Sara vuole comprarsi una gonna che ha visto in vetrina. Assumete il ruolo della commessa. La commessa dà a Sara del tu.

	● Buongiorno, senti vorrei vedere quella gonna di jeans che è in vetrina.
Chiedete se Sara vuole vedere quella lunga o quella corta.	▪ _____
	● Quella lunga.
Chiedete la taglia.	▪ _____
	● Ma, normalmente la 42!
Portate a Sara una gonna taglia 42.	▪ _____
	● Questa è un po' grande. Non hai una taglia più piccola?
Dite di sì e portate una taglia più piccola.	▪ _____
	● Questa va bene. La prendo.
Dite dove si trova la cassa e salutate.	▪ _____

ESERCIZIARIO UNITÀ 6

▶ll 2.10   **18.** Elena conosce tutti i mercati della sua città. Compra sempre lì i suoi vestiti e qualche volta trova vere occasioni. Dopo il solito giretto del sabato incontra la sua amica Monica e le fa vedere tutti i vestiti che ha trovato.

Ascoltate il dialogo e completate lo schema.

articolo	colore	prezzo	taglia/numero	altre caratteristiche e commenti

19. Davanti alla vetrina

Completate con quel, quello, quella, quelli, quelle, quegli, quell', quei.

- Guarda che carino _____ negozio e quante cose carine ci sono in vetrina! Bella _____ felpa grigia!
- Sì, e anche _____ scialle nero!
- Ti piace _____ camicia bianca?
- Insomma… Preferisco _____ nera.
- Guarda che brutti _____ stivali!
- Quali? _____ bordeaux?
- _____ pullover mi sembra un po' caro, non trovi?
- Quale? _____ verde?

- Non è male _____ abito a destra, vero?
- Sì, carino, ma sinceramente preferisco _____ accanto che costa 170 €.
- Quasi quasi entro e mi provo _____ pantaloni blu!
- No, dai! Prova _____ beige. _____ blu sono fuori moda.
- E come ti sembrano _____ scarpe a punta là nell'angolo?
- Quali? _____ con il tacco un po' grosso?

20. Monica non ce la fa più. I suoi coinquilini sono molto disordinati.

Completate con le forme di questo/quello.

- Ragazzi, non è ora di fare un po' di ordine in _____ casa?? Di chi sono _____ scarpe?
- _____ marroni? Sono mie, le metto via dopo, ora devo andare alla lezione di storia.
- E di chi sono _____ magliette sul mio letto?
- _____ rossa è mia, _____ verde di Carlo.
- _____ stivali in cucina di chi sono?
- _____ neri sono miei, _____ verdi di Bianca.
- E perché _____ giornali vecchi sono in camera mia?
- _____ della settimana scorsa? Sono miei, devo fare una ricerca.
- E cosa ci fa _____ specchio in corridoio?
- _____ antico? È di Serena. Domani viene in macchina e lo porta via.
- Monica, basta con _____ storia delle pulizie. Abbiamo da fare!

ALMA Edizioni   centosessantasette **167**

UNITÀ 6

21. Pensare positivo. Olivia abita da sei mesi a Mantova e lì trova proprio tutto bello. Ecco cosa scrive in un'e-mail alla sua amica Valeria.

Completate con le forme di bello.

Mantova è proprio una _____ città. Ci sono molte _____ case d'epoca, e tanti _____ negozi e poi molti _____ palazzi! Come il Palazzo Te! Proprio _____! E poi la sera ci sono un sacco di _____ spettacoli da vedere o di _____ locali dove passare una _____ serata! Spesso la sera vado con qualche amico da Pippo, una _____ osteria dove c'è sempre una _____ atmosfera! Io abito in un _____ appartamento in una _____ via del centro storico. In facoltà ci sono molti _____ ragazzi, Davide e Carlo per esempio sono davvero _____, ma anche le loro ragazze sono molto _____. Non esco tutte le sere. A volte sto a casa con un _____ libro o mi guardo un _____ film in TV, anche se raramente c'è qualcosa di _____ alla TV. E poi Mantova è una città culturalmente molto attiva. In settembre c'è sempre il Festival della letteratura e in giro per la città ci sono tante _____ manifestazioni e incontri con autori. Quest'anno ci sono andata ed è stata proprio una _____ esperienza!

22. Funzioni comunicative. Cosa si dice per...?

Scrivete l'espressione giusta nelle colonne della tabella. Ci sono più soluzioni possibili.

Ne vorrei 3 pacchi.   Vorrei vedere quei pantaloni.   Vorrei un chilo di zucchine.
Quanto costano?   Quanto viene?   Ne vorrei due etti.   Che taglia porta?
Vorrei del pane.   Di che colore è la gonna?

chiedere qualcosa in un negozio	esprimere una quantità	chiedere una taglia	chiedere il colore	chiedere il prezzo

Lo sapevate che...?

Contrariamente a quello che molte persone pensano, i blue jeans non sono un'invenzione americana, ma vengono dall'Italia e più precisamente da Genova. Secondo l'*Oxford English Dictionary*, con il nome «blu de Genes» (da qui blue jeans) si indicava un particolare tessuto molto robusto e resistente utilizzato prima per le vele e per coprire le merci e poi per fabbricare i vestiti dei marinai del porto di Genova. Ma è Levi Strauss, nato in Germania ed emigrato giovanissimo negli Stati Uniti, che nel 1856 inizia a San Francisco la produzione industriale dei blue jeans.

ESERCIZIARIO **UNITÀ 7**

COINQUILINO CERCASI

1. Una casa può essere...

Formate delle coppie di contrari con le espressioni date. Ci sono più combinazioni possibili.

| d'epoca | fredda | scomoda | piccola | nuova | centrale | ordinata | caotica | periferica |
| vuota | moderna | accogliente | spaziosa | isolata | comoda | tranquilla | arredata | vecchia |

2. La casa di Pasquale

Completate la descrizione con il contrario degli aggettivi.

La casa di Pasquale non è molto bella, anzi è proprio _____. Non è in un quartiere centrale, anzi è in un quartiere _____. Non è una casa d'epoca, ma un condominio _____. La sua camera non è accogliente, anzi è _____, e la cucina non è per niente spaziosa, anzi è _____. Il bagno non è nuovo, anzi è _____. L'unica cosa bella è la terrazza, che non è per niente piccola, anzi è molto _____.

3. Le parole della casa

Cercate per ogni descrizione l'espressione giusta. Se le risposte sono corrette, comparirà nello spazio un sinonimo di affitto.

1. È l'elettrodomestico che serve per lavare i vestiti.
   _____

2. Quando la cucina è grande, c'è spazio per un tavolo e si può mangiare si chiama cucina
   _____

3. È la stanza dove si sta a chiacchierare quando per esempio ci sono degli ospiti.
   _____

4. Per spendere poco uno studente può dividere l'appartamento con un altro studente. In questo caso cerca un _____

5. In inverno serve a scaldare le stanze.
   _____

La risposta è:

4. Che cosa è?

Scrivete le descrizioni di queste parole senza guardare nel manuale.

1. una stanza singola _____
2. l'ascensore _____
3. l'angolo cottura _____
4. l'affitto _____
5. la lavatrice _____

UNITÀ 7

▶ll 2.11 **5. L'Italia in numeri**

Abbinate i numeri alle frasi. Poi ascoltate e controllate le soluzioni.

- gli italiani che vivono in Germania
- i visitatori degli scavi di Pompei nel 2015
- i turisti che visitano l'Italia ogni anno
- persone di origine italiana nel mondo
- popolazione residente nel 2015
- gli ettolitri di vino prodotti dall'Italia
- data di nascita e di morte di Dante Alighieri

60.795.612 | 1265 – 1321
circa 51.000.000 | 2.934.010
circa 700.000
48.800.000
circa 130.000.000

▶ll 2.12 **6. Ascoltate e indicate i numeri che sentite.**

○ 864.323 ○ 846.232 ○ 6.368.458 ○ 6.268.456 ○ 17.568 ○ 16.578 ○ 967.000 ○ 19.670
○ 2345 ○ 2354 ○ 13.768 ○ 14.678

7. Il condizionale

a. Scegliete l'opzione giusta.

1. Scusa, **chiuderesti** / **chiuderemmo** la finestra, per favore?
2. Secondo il *Corriere della Sera* il Papa **starei** / **starebbe** male.
3. Secondo me voi **dovresti** / **dovreste** fare più esercizi scritti.
4. Sabato noi **potremmo** / **potrebbero** andare alla mostra di Arnaldo Pomodoro.
5. Secondo il prof. Gatti i giovani italiani **vivrebbe** / **vivrebbero** a lungo a casa con i genitori per comodità.
6. Dopo la lezione in classe gli studenti **dovreste** / **dovrebbero** sapere quando si usa il condizionale.
7. Mi **piacerei** / **piacerebbe** girare il mondo.
8. Quando finisco gli studi, **potrei** / **potreste** andare a Roma.

b. Quando si usa il condizionale? Fate degli esempi in base al punto 7a.

a.
b.
c.
d.
e.
f.

8. Che cosa direste nelle seguenti situazioni? Rispondete con una proposta, una richiesta cortese o un'esortazione.

1. Una tua amica ti dice che fra una settimana ha un esame importante.
2. Vicino a te una persona fuma. Ma a te il fumo dà molto fastidio.
3. Il tuo ragazzo vuole andare al cinema.
4. Sei al ristorante e vuoi pagare.
5. Il tuo coinquilino non lava mai i piatti!
6. Un'amica chiede un consiglio su come vestirsi per andare a una festa.

ESERCIZIARIO UNITÀ 7

9. Farei...

Completate con il condizionale.

In vacanza (io / dormire) _____ tutto il giorno e (leggere) _____ molto. Tu invece (prendere) _____ il sole oppure (andare) _____ a nuotare. Laura (fare) _____ sempre attività sportive e non (riposarsi) _____ mai. Serena e Annalisa (visitare) _____ tutti i musei e (conoscere) _____ tutte le chiese delle città. Fabrizio e Stefania (andare) _____ a mangiare fuori e la sera (uscire) _____ sempre. Io e Nicola (scoprire) _____ gli angoli sconosciuti delle città, (fare) _____ un sacco di foto e (mangiare) _____ le specialità tipiche. Tu e Alessandro (vedere) _____ tutte le mostre di arte moderna e (cercare) _____ di spendere pochi soldi. Insomma tutti (fare) _____ cose diverse, ma sicuramente in vacanza tutti (essere) _____ contenti e (divertirsi) _____ !

10. Uno zio ricco

▶II 2.13 **a.** *Lorenzo si è laureato con la lode. Per questo un suo ricco zio gli ha regalato 50.000 €. Alcuni compagni d'università parlano di come spenderebbero quei soldi. Ascoltate il dialogo e scrivete che cosa farebbero le tre persone con quei soldi.*

Massimo: _____
Maurizio: _____
Paola: _____

b. *E voi? Cosa fareste con 50.000 €? Scrivete tre frasi.*

11. Le cose della casa

Alcune frasi sono sbagliate. Trovatele e correggetele.

1. La lavatrice serve per lavare i piatti.
   → Giusto è: _____
2. L'armadio serve per studiare.
   → Giusto è: _____
3. La lavastoviglie serve per lavare i vestiti.
   → Giusto è: _____
4. Il divano serve per sedersi.
   → Giusto è: _____
5. La scrivania è il tavolo dove si mangia.
   → Giusto è: _____
6. La lampada serve per fare luce.
   → Giusto è: _____
7. La libreria è la stanza dove si studia.
   → Giusto è: _____
8. Il letto serve per dormire.
   → Giusto è: _____

UNITÀ 7

12. Arredate il vostro appartamento!

a. Quali mobili e oggetti vanno nelle stanze della lista (sono possibili più soluzioni)?

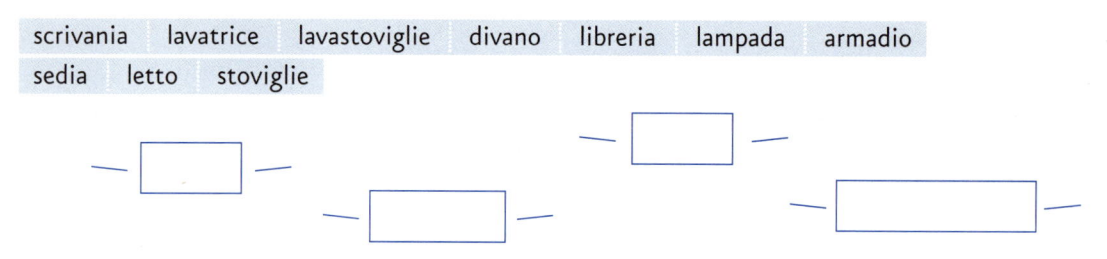

scrivania   lavatrice   lavastoviglie   divano   libreria   lampada   armadio
sedia   letto   stoviglie

b. Conoscete altri mobili o oggetti che vanno in queste stanze? Aggiungeteli.

13. Il mio coinquilino ideale...

Condividete un appartamento con altri studenti? Scrivete alcune frasi con il condizionale (anche alla forma negativa) che in questo caso valgono o varrebbero per voi.

Esempio: Il mio coinquilino ideale terrebbe in ordine la sua camera e anche la mia.

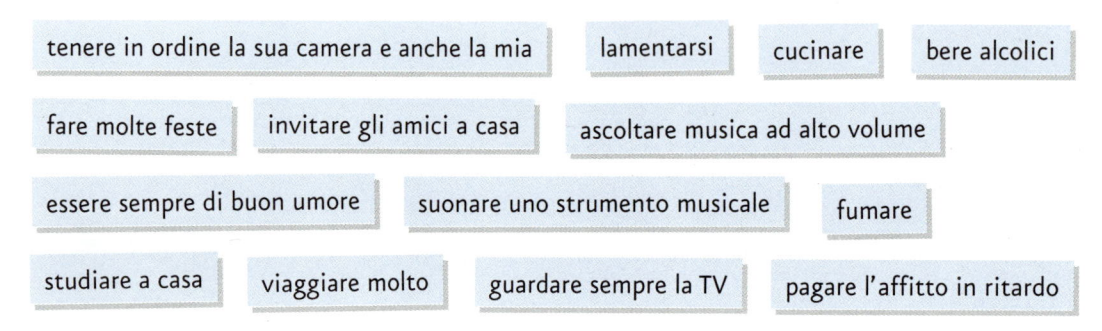

tenere in ordine la sua camera e anche la mia   lamentarsi   cucinare   bere alcolici

fare molte feste   invitare gli amici a casa   ascoltare musica ad alto volume

essere sempre di buon umore   suonare uno strumento musicale   fumare

studiare a casa   viaggiare molto   guardare sempre la TV   pagare l'affitto in ritardo

14. Cercare casa... con autori italiani.

Povero Walter! Deve cambiare casa e cerca un appartamento. Leggete questa conversazione. Com'è l'appartamento? Descrivetelo.

«Pronto, telefono per quell'annuncio comparso quest'oggi sul giornale...».
«Sì...». Era una donna.
«Ecco, il prezzo dell'affitto è buono ma manca qualsiasi descrizione del monolocale».
«Che cosa vuole sapere?».
«A che piano si trova?».
«Ottavo. È un mansardato».
«C'è l'ascensore?».
«No, niente ascensore».
«L'angolo cottura?».
«No, niente angolo cottura».
«Riscaldamento?».
«Niente riscaldamento».
«E i servizi?».
«Nel corridoio c'è un lavandino».
«Come nel corridoio?».
«Nel corridoio, in comune con le altre mansarde».
«Ci vorrebbe almeno un gabinetto, non crede?».
«Il gabinetto è sotto, in giardino».
«In che senso?».
«Il palazzo dove si trova il monolocale dà sui giardini pubblici. Nei giardini ci sono un paio di vespasiani. Il comune li tiene puliti, e...».
Riattaccai.

(da *Paso Doble* di Giuseppe Culicchia, Milano 1995)

172   centosettantadue   ALMA Edizioni

ESERCIZIARIO UNITÀ 7

15. Sophie vuole andare in Italia.

Completate il dialogo tra Sophie ed Anna con i verbi al condizionale. I verbi a destra non sono in ordine.

volere (x2)   cercare   essere
imparare   comprare   consigliare
dovere   aiutare   potere

- Anna, senti io fra un po' vado in Italia per un anno Erasmus, a Roma, e so che tu ci sei già stata. _____ chiederti delle informazioni, soprattutto sulla casa perché ho sentito che non è facile trovare una stanza.
- Certo, volentieri, cosa _____ sapere?
- Mah, un sacco di cose. Per esempio tu come hai fatto a trovare casa?
- Beh, grazie a Internet. Ci sono molti siti che ti _____ aiutare. Io ho trovato una stanza singola con altre studentesse in poco tempo.
- Secondo te è meglio abitare da soli o con altri studenti?
- Per te _____ meglio abitare con degli italiani. Così _____ bene l'italiano e gli altri italiani sicuramente ti _____ in caso di difficoltà.
- E come quartiere? Cosa mi _____ ?
- Io _____ una stanza nella zona vicino all'università. Per esempio San Lorenzo, che è un bel quartiere con tanti locali e tanti studenti.
- Secondo te c'è qualcosa a cui devo stare particolarmente attenta quando cerco casa?
- _____ cercare un appartamento non lontano dai mezzi di trasporto. In alternativa io _____ una bicicletta!

16. Durante la pausa. Cosa stanno facendo gli studenti?

Completate con stare + gerundio.

- Livia e Danila (mangiare) _____ in mensa. Tatiana (chattare) _____ con Marco. Gabriella (chiacchierare) _____ con Davide. Io e Paola (bere) _____ un caffè. Carla (telefonare) _____ a Karl. Gherardo (leggere) _____ il giornale. Nicholas e Simon (finire) _____ di fare gli esercizi. E tu? Cosa (fare) _____ ?
- Io? Io (osservare) _____ cosa (fare) _____ gli altri e (bere) _____ un caffè con Susi.

17. Completate la e-mail con stare + gerundio.

Ciao Valentina, lo so che ti (disturbare) _____ sicuramente perché (tu / lavorare) _____ , ma ho urgente bisogno di un consiglio. Io, Robert e Lorenzo (decidere) _____ cosa fare a Pasqua e (pensare) _____ di venire a Milano, ma i miei (ristrutturare) _____ la casa e quindi da loro non possiamo dormire. Tu sai se Fabrizio affitta ancora il suo appartamento? Per noi sarebbe comodissimo perché è centrale e vicino a tutti i posti che vorremmo vedere. Se lo vedi o senti, gli dici che noi (cercare) _____ una sistemazione? E Raffy come sta? (lei / ambientarsi) _____ a Londra? E Annalisa? La (sentire) _____ in questo periodo?
Un bacio, Elena

UNITÀ 7

18. Per fortuna esiste il *che*.

Riscrivete il testo usando, dove possibile, il che.

Dove Conviene è un'applicazione. Questa applicazione ti mostra le offerte di alcuni negozi. Questi negozi sono vicini a dove ti trovi. Questa app ti geolocalizza e ti mostra i volantini di supermercati, discount, negozi di elettronica, arredamento e bricolage. Questi supermercati, discount, negozi di elettronica, arredamento e bricolage si trovano nei paraggi. Così puoi sempre sfruttare l'offerta. Quest'offerta ti interessa.

19. Rifolrmulate le frasi unendole con il *che*.

1. La ragazza si chiama Cinzia. Ho visto la ragazza ieri.
2. Il pianoforte è uno strumento musicale. Il pianoforte mi piace molto.
3. La matematica è una materia difficile. A scuola ho sempre odiato la matematica.
4. Ho letto *Il grande futuro*. *Il grande futuro* è l'ultimo libro di Giuseppe Cattozzella.

20. Ancora molti aggettivi e avverbi!

a. Completate con molto *come avverbio o aggettivo.*

1. Napoli è una città _____ affascinante con _____ aspetti diversi.
2. A lezione gli studenti parlano _____, imparano _____ parole nuove e a casa fanno _____ esercizi.
3. Mi piace _____ la cucina italiana ma non conosco ancora _____ specialità.
4. Dopo il corso di tennis ho sempre _____ fame e così mangio sempre _____ pasta.
5. Simona frequenta _____ lezioni all'università e così non ha _____ tempo libero.
6. Katrin non è in Italia da _____ tempo, però ha già _____ amiche.

b. Completate con bene / buono, male / cattivo, troppo *e* poco.

1. Giulia parla _____ l'inglese e il tedesco, ma _____ il francese e lo spagnolo.
2. Alle feste Pietro è sempre ubriaco. Per me beve _____!
3. Di solito preferisco andare a mangiare al bar *Litta*. Lì i panini sono _____ e non costano _____. I panini della mensa invece sono proprio _____!
4. Stefano per me esagera: non esce mai e sta sempre in casa a studiare! Studia _____!
5. ● Mamma, ma questi tortellini sono _____! Ho una fame incredibile!
   ■ Sì, ma guarda che dopo c'è il dolce.
6. Sabato sera vado a mangiare da Linda. Linda cucina veramente _____. Le sue lasagne sono sempre così _____! Mmmmhh! Ho già fame!
7. ● Senti Cinzia, dove vai quest'anno in vacanza? Perché non andiamo in Portogallo?
   ■ Non posso. Quest'anno ho _____ soldi, sto a casa.
8. Non è bello parlare _____ delle persone assenti.
9. Questo esercizio è _____ difficile!
10. Bevo sempre il caffè al bar *Gracchi*: è davvero _____! Al bar *Mokito* invece è proprio _____!

ESERCIZIARIO UNITÀ 7

21. Alla scoperta delle preposizioni

Completate con le preposizioni.

1. Affitto una stanza singola _____ ragazzo o ragazza _____ mese di marzo _____ due anni. L'appartamento è composto _____ due camere _____ letto, bagno e angolo cottura. L'affitto _____ la stanza singola è di 300 euro _____ mese. L'appartamento è _____ secondo piano ed è vicino _____ metropolitana. L'università non è lontana _____ fermata _____ metropolitana.

2. La vita _____ studente a volte è difficile: riuscire _____ arrangiarsi con i soldi, la spesa e tutto il resto a volte è stressante. Per fortuna esistono alcune app che aiutano _____ rendere la vita più facile. Per esempio la app *Ritartreni* permette _____ visualizzare i ritardi in tempo reale.

22. Appartamento vs studentato. Cosa cambia?

Leggete l'intervista e decidete se le affermazioni alla pagina seguente sono giuste o sbagliate.

La tana dello studente fuori sede può essere in appartamento o in studentato. Che differenze ci sono tra i due modi di vivere l'esperienza fuorisede? Ecco una breve intervista a Federica che ha vissuto entrambe le esperienze. A Pisa ha vissuto in appartamento, per poi cambiare e immergersi nell'esperienza dello studentato…

Cosa ti manca del vivere in appartamento?
Mi manca tantissimo… la lavatrice!! In studentato è un delirio trovare un momento buono per farla, e dopo una lotta con i compagni per usarla… o è rotta o ti mangia il gettone!

Puoi raccontarmi una nuova situazione che vivi da quando sei in studentato e che ti ha particolarmente colpita?
Le novità in realtà sono tantissime, ma la cosa probabilmente più strana (e bella) è… avere il riscaldamento al massimo e non dovere mettere tre maglioni in casa in inverno!

Come cambia la situazione economica del fuorisede nel passaggio appartamento – studentato?
Cambia in meglio, ovviamente, si risparmia un sacco: non ci sono più bollette, niente più tassa sui rifiuti, non paghi l'affitto, non ci sono spese (non c'è neanche un proprietario!), meglio di così!

…e le relazioni sociali?
Beh all'inizio magari è un po' difficile, non conosci nessuno e ti senti spaesata, ma poi decidi di fare una festa e… boom, tutti ti conoscono, cominciano a salutarti e ti aiutano se hai bisogno. In studentato siamo tutti uguali, in appartamento non è proprio così.

Tre aggettivi per descrivere la tua nuova vita da fuori sede in studentato.
"Libertà" perché non devi rendere conto alle possibili coinquiline rompiballe, "possibilità" di ampliare la tua cerchia di amicizie, ed "economia", cioè sentirsi meno in colpa ad andare a spendere i risparmi da H&M o di comprare qualche prodotto di marca al supermercato al posto che le marche da discount.

Sei complessivamente soddisfatta del cambiamento?
In poche parole sono passata dalle stalle alle stelle.

(adattato da: Francesca Alberti, www.studentifuori.it/2015/03/appartamento-vs-studentato-cosa-cambia-intervista/)

UNITÀ 7

	☺	☹
1. Federica ha abitato prima in un appartamento in condivisione, poi in uno studentato.	○	○
2. La lavatrice nello studentato ha sempre problemi.	○	○
3. Nello studentato ha sempre freddo.	○	○
4. Nello studentato spende di più.	○	○
5. Nell'appartamento le relazioni sociali sono più facili.	○	○
6. Nello studentato Federica si sente più libera.	○	○
7. Federica è contenta di vivere in uno studentato.	○	○

23. Io e i miei alloggi

Avete già fatto esperienze in un appartamento condiviso o in uno studentato?
Scrivete un breve testo in cui raccontate le vostre esperienze.

24. Dalla A di appartamento alla Z di zona. Volete trovare un appartamento in Italia.

a. *Preparate il vostro glossario personale dell'appartamento con parole e espressioni che sono particolarmente importanti per voi e che volete memorizzare bene.*

b. *A lezione confrontate il vostro glossario con quello dei compagni e aggiungete, se volete, parole ed espressioni nuove.*

Lo sapevate che...?

Gli italiani e le case

In Italia circa il 71 % per cento della popolazione è proprietario di casa. Circa il 20 % delle abitazioni ha una superficie di almeno 120 metri quadrati, mentre è molto inferiore la percentuale degli alloggi al di sotto dei 40 metri quadrati. Gli spazi abitativi maggiori sono quelli del Veneto, che con 110,6 metri quadrati guida la classifica delle Regioni. La regione in cui gli spazi pro capite sono più limitati è la Campania. La stanza più amata è la cucina, dove gli italiani passano in media circa tre ore al giorno.
(ulteriori informazioni vedi: http://dati-censimentopopolazione.istat.it/Index.aspx)

ESERCIZIARIO **UNITÀ 8**

NON C'ERA UNA VOLTA

1. Parole a pezzi

Queste parole hanno perso la loro 'dolce' metà. Abbinate la radice alla desinenza.

| re | care | to | te | gare | navi | sal | si | vare | scari |

2. Cose della vita

Completate le frasi con le espressioni giuste e coniugate il verbo, laddove necessario.

| fonte | cartina | ammazzare il tempo | consultare | andare in onda |

1. A volte, per _____ , si sta davanti al computer per ore senza fare niente di utile.
2. Per trovare le informazioni necessarie sul corso d'italiano a Roma, Tatiana _____ i siti di moltissime scuole di lingua di Roma.
3. Su Rai 3 stasera _____ un documentario su Leonardo.
4. Sto scrivendo una tesina sul plurilinguismo in Europa. La mia _____ principale è il sito dell'Unione Europea.
5. Prima di andare a Palermo devo comprare una _____ della città così non mi perdo.

3. CruciVERBa. Siate... imperfetti.

ORIZZONTALE

3. noi – studiare
5. voi – essere
6. tu – dire
7. loro – essere
9. loro – bere

VERTICALE

1. loro – divertirsi
2. loro – fare
3. lui/lei/Lei – scrivere
4. loro – preferire
8. lui/lei/Lei – avere

UNITÀ 8

4. Senti, nonna...

Valeria parla con sua nonna. Completate con i verbi all'imperfetto.

- Nonna, quando (avere) _____ la mia età (giocare) _____ anche tu con il tablet?
- Il tablet? Ma Valeria, quando io (essere) _____ piccola, non (esserci) _____ i tablet e non (esistere) _____ neanche i computer.
- Ma veramente? E allora cosa (fare) _____ ? (Guardare) _____ la TV?
- E no! Non tutti (avere) _____ la TV. Quando (essere) _____ piccola, io e gli altri bambini (giocare) _____ molto all'aria aperta. Sai, noi (vivere) _____ in campagna e quindi noi bambini (correre) _____ nei prati, (andare) _____ in giro in bici oppure (cercare) _____ qualche posto segreto.
- E a scuola ci (andare) _____ ?
- Certo, ma non mi (piacere) _____ molto, anche perché la scuola (trovarsi) _____ nel paese vicino, (noi / avere) _____ bisogno di molto tempo per arrivare e così (alzarsi) _____ prestissimo. Il viaggio (durare) _____ un'ora.
- Ma non ti (accompagnare) _____ tua mamma in macchina?
- La macchina? No, (esserci) _____ solo una macchina in famiglia e la (usare) _____ mio papà.
- E gli amici? Come (incontrarsi) _____ ? Li (chiamare) _____ con il cellulare?
- Mamma mia Valeria! Non hai proprio idea di come (noi / vivere) _____ prima.
- Nonna, ma quando (essere) _____ piccola tu, (esserci) _____ i dinosauri?
- I dinosauri? Ma Valeria, cosa dici?
- Eh, non so io. Non c'era niente quando (essere) _____ piccola tu, vuol dire che (essere) _____ piccola tanto, ma tanto tempo fa!

5. Foto mitiche

a. *Alcuni amici ricordano la loro vacanza più bella nell'estate dopo la maturità. Abbinate i testi seguenti e aiutateli a completare i loro racconti. Usate l'imperfetto.*

Fabrizio e Massimo: Ma vi ricordate le vacanze in Inghilterra, a Londra...
Carlo: E il mio viaggio da Milano a Palermo in Vespa...
Morena e Paola: Che belle quelle vacanze a Lampedusa, nella riserva dei delfini...

1. (Dormire) _____ in un campeggio vicino alla spiaggia. (Essere) _____ un bel campeggio, pulito ed accogliente. Durante il giorno (lavorare) _____ in spiaggia, (dare) _____ da mangiare ai delfini e (osservare) _____ il loro comportamento. La sera noi (cucinare) _____ un pentolone di spaghetti e (mangiare) _____ tutti insieme. Poi (uscire) _____ per andare in paese. (Andare) _____ tutti d'accordo e (esserci) _____ una meravigliosa atmosfera di gruppo.

2. (Alzarsi) _____ presto, (fare) _____ colazione in qualche bar, (controllare) _____ la moto, (fare) _____ il pieno e (partire) _____ . (Arrivare) _____ in qualche città sconosciuta, (fermarsi) _____ , la (visitare) _____ , (fare) _____ delle foto, (mangiare) _____ uno spuntino e (cercare) _____ un posto dove dormire a poco prezzo.

ESERCIZIARIO UNITÀ 8

La gente (essere) _____ sempre gentile. (Fare) _____ circa 200 chilometri al giorno, ma non in autostrada, così (vedere) _____ il paesaggio cambiare.
3. (Abitare) _____ in una tipica casa inglese, la padrona di casa (preparare) _____ sempre la tradizionale colazione inglese, (andare) _____ a scuola ma in classe (imparare) _____ poco perché non (ascoltare) _____ l'insegnante che (spiegare) _____ e noi (divertirsi) _____ a fare altre cose. John, l'insegnante d'inglese, (essere) _____ un tipo simpatico, sempre allegro. Il pomeriggio spesso noi (giocare) _____ a calcio con dei ragazzi inglesi. La sera (uscire) _____ sempre e (bere) _____ birra nei pub fino alla chiusura. Che bella vacanza!!

b. Adesso indicate, in seguito a quello che avete visto nel punto 5a, quando si usa l'imperfetto. Scegliete un esempio appropriato dal testo.

1. _____
2. _____
3. _____
4. _____

▶ II 2.14 **c.** Alberto, Maria e Giorgio parlano delle vacanze del 2008. Ascoltate il dialogo e rispondete alle domande.

1. Chi c'era in Sardegna nel 2008?
2. Come era il campeggio?
3. Cosa mangiavano a colazione?
4. Cosa facevano durante il giorno?
5. Chi cucinava la sera?
6. Quale piatto preparava sempre? Perché?
7. Dove andavano la sera?
8. Cosa faceva Stefano?

6. L'università prima di Internet

Completate con l'imperfetto.

Le università non (avere) _____ i siti online: per vedere le date degli esami gli studenti (dovere) _____ andare di persona alla facoltà e per i fuori sede (significare) _____ fare un viaggio in più. Se uno studente non (potere) _____ andare a una lezione (chiedere) _____ gli appunti a un compagno. Non (esistere) _____ la possibilità di comunicare con i professori via mail e se gli studenti (volere) _____ parlare con i professori, (andare) _____ al loro orario di ricevimento. Per cercare casa si (leggere) _____ gli annunci nelle bacheche delle università e si (telefonare) _____ agli inquilini della casa per fissare un appuntamento. Infine se uno (partecipare) _____ al programma Erasmus, che (esistere) _____ già prima dell'avvento di Internet, (partire) _____ quasi all'avventura perché provate ad immaginare come (essere) _____ l'organizzazione di un soggiorno lungo all'estero senza Internet e smartphone...

UNITÀ 8

7. Mentre...

Scrivete per ogni immagine una frase giusta.

Esempio: Mentre Laura ballava il tango, Caterina e Elena la guardavano.

1 Caterina, Elena, Laura
2 Anita, Gianluca
3
4 Marco
5 Tommaso, Tatiana
6

8. La coda di aggettivi

Cercate nei due 'serpenti' di parole il contrario degli aggettivi a destra.

LEZIONECARTOLINASITOINTROVERSOBEREINSICURODARE
PROGRAMMALINGUASINCEROIRONICOPAESEDISORDINATOLIBROTRISTE

estroverso	falso
serio	allegro
ordinato	sicuro

9. Com'è?

Completate con l'aggettivo appropriato.

1. La mia migliore amica si chiama Roberta: è davvero _____, fa sempre ridere tutti ed è molto _____, dice sempre quello che pensa.
2. Una compagna di corso che proprio non mi piace è Cristina. Secondo me è _____, non dice mai la verità, ed è troppo _____, non ride mai.
3. Natale e suo fratello Pasquale sono proprio il contrario: Natale è un tipo _____ di sé, dice che le cose che fa lui sono sempre giuste ed è molto _____, gli piace stare con gli altri e divertirsi. Pasquale invece non sa mai quello che deve fare, è molto _____, e non esce mai, è molto _____ e preferisce stare da solo.

10. Caratteri

Pensate alle seguenti persone e cercate di descrivere il loro carattere con tre aggettivi.

Esempio:
Bettina, la mia vicina di casa, è una persona molto fredda, falsa e a volte introversa.

| un caro amico / una cara amica |
| un amico d'infanzia | una persona antipatica |
| un professore all'università |
| un compagno all'università | un vicino di casa |

ESERCIZIARIO UNITÀ 8

11. Inserite i pronomi.

1. ● Susi, vieni al cinema con _____ stasera?
   ■ Mi dispiace, ma non posso. Devo andare da mia mamma. Non vado da _____ da due settimane! Però domani vado a teatro con Sofia, vieni anche _____ con _____?

2. ● Roberta, Patrizia, quando andiamo in vacanza quest'anno?
   ■ Per _____ è uguale. Direi in luglio o in settembre. In agosto meglio di no.
   ▲ _____ preferirei in settembre.

3. ● Cosa regaliamo a Carlo e Pamela per la laurea?
   ■ A _____ un biglietto per lo stadio. Lo sai che è tifoso della Juve. A _____ un biglietto per la Scala. Adora l'opera lirica!

4. ● Alvaro e Cecilia vengono sabato alla nostra festa?
   ■ Sì, gli ho scritto di venire da _____ alle 21.00 però _____ deve tornare presto perché domani gioca a calcio, invece _____ resta.

12. Pronomi per tutti

a. Completate con i pronomi diretti o indiretti.

1. ● Quello smarthphone è troppo tecnologico per Maria!
   ■ Perché? Non _____ piacciono gli oggetti tecnologici?

2. ● Telefoni tu a Massimo e a Paola?
   ■ Sì, _____ chiamo dopo.

3. Io e Roberta siamo andate in giro a cercare il regalo per Morena. _____ abbiamo comprato l'ultimo CD di Biagio Antonacci. _____ abbiamo pagato 21 euro.

4. A Nando e Ale non piace molto la mia nuova stanza. _____ sembra troppo piccola.

5. ● Laura, che dici, come _____ sta questa gonna?
   ■ Sì, _____ sta proprio bene! _____ piace.

6. ● Se vedi Davide, _____ puoi dire del nostro concerto di sabato sera?
   ■ Sì, _____ chiamo stasera.

7. ● Mamma, cosa hai comprato a me e Alberto per il nostro compleanno?
   ■ Che curiosi che siete! _____ ho comprato una bella cosa, ma non _____ dico che cosa è!

b. Completate le frasi con i pronomi tonici e atoni.

1. ● Quando vai da Mara?
   ■ Ho promesso di andare da _____ domani sera.

2. ● Inviti anche Anna alla festa?
   ■ Sì, _____ ho chiamata ieri e _____ ho detto di venire da _____ verso le 19.00.

3. ● Perché non compri questa gonna?
   ■ No, grazie, le gonne non fanno per _____.

4. ● Cosa fai stasera?
   ■ Esco con Roberto. È da un sacco di tempo che non _____ vedo. E tu? Esci con Giacomo e Ugo?
   ● No, con _____ sono uscito già ieri. Telefono a Massimo e _____ chiedo se viene al cinema con _____.

UNITÀ 8

13. C'era una volta e c'è ancora: Giorgio Armani.

In questo testo mancano tutti i pronomi. Inseriteli.
Aggiungete, dove necessario, anche la desinenza del participio.

Giorgio Armani ha compiuto gli anni e ha festeggiato il suo compleanno con qualcuno di molto speciale. Con le sue creazioni naturalmente! Infatti _____ ha mess____ in mostra in una retrospettiva. Ma scopriamo qualche informazione su di _____ .
Armani è diventato un aggettivo, un simbolo e molti dicono che a _____ va il merito di aver posto le basi della moda contemporanea. Da ragazzo comincia a studiare medicina, ma l'idea di diventare medico proprio non _____ piace. Inizia l'università, ma non fa per _____ e così dopo due anni _____ lascia e comincia a lavorare come *buyer*, poco più di un commesso, ai grandi magazzini *la Rinascente*. Il suo lavoro _____ piace e, anche senza scuole di moda, – non _____ ha mai frequentat____ – lavora per Nino Cerruti, un altro importante stilista, e crea per _____ una linea di abiti da uomo. L'esperienza _____ affascina molto e capisce che disegnare abiti è un po' come disegnare il mondo. E lui _____ vuole disegnare a modo suo e così decide di creare una casa di moda tutta sua. _____ crea, insieme al socio Sergio Galeotti, il 24 luglio 1975. Nel 1982 il giornale americano *Time* _____ dedica la prima pagina. Da quel momento la lista dei premi e dei riconoscimenti ricevuti diventa lunghissima.

▶ II 2.15   **14. Nuovi amici**

Ascoltate il dialogo e scoprite di chi si sta parlando.

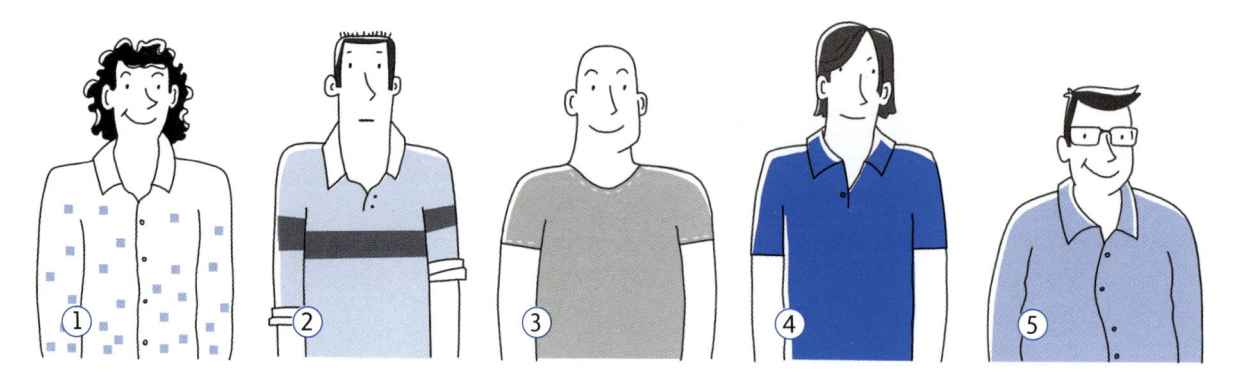

① ② ③ ④ ⑤

15. Parole, parole, parole

a. Ordinate le parole nelle categorie giuste (sono possibili più soluzioni).

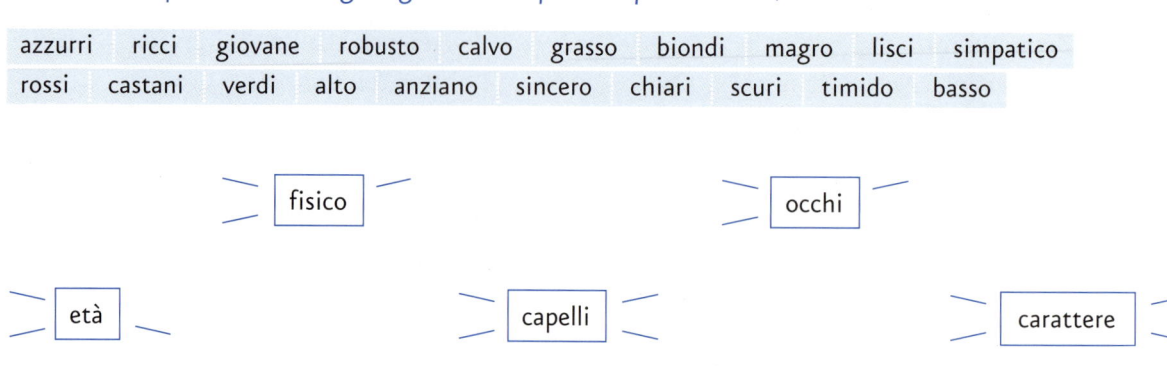

| azzurri | ricci | giovane | robusto | calvo | grasso | biondi | magro | lisci | simpatico |
| rossi | castani | verdi | alto | anziano | sincero | chiari | scuri | timido | basso |

fisico

occhi

età

capelli

carattere

182   centottantadue

ALMA Edizioni

ESERCIZIARIO UNITÀ 8

b. Scegliete un amico / un'amica da un social network e descrivetelo/a in 5-6 frasi. Se l'amico / l'amica è d'accordo potete farne vedere a lezione la foto.

16. La mia infanzia

Siete una persona famosa e scrivete la prima pagina della vostra autobiografia dal titolo "La mia infanzia". Descrivete come eravate da bambini, cosa vi piaceva e cosa non vi piaceva, cosa facevate dopo la scuola. Com'erano i vostri compagni?

17. Margherita racconta

Completate con i possessivi e fate attenzione all'uso dell'articolo.

_____ famiglia viene da una piccola città della Puglia, San Severo, vicino a Foggia. _____ nonni sono arrivati a Milano negli anni 60 e lì sono nati _____ figli, Carlo che è _____ padre e _____ zie, Roberta e Patrizia. _____ padre Carlo ha conosciuto _____ moglie Pamela, che è _____ madre, alla fine degli anni 90 e si sono sposati nel 2000. Io, _____ figlia, sono nata nel 2001. E nel 2003 è nato _____ fratello Filippo. Anche _____ zia Patrizia è sposata. _____ marito si chiama Matteo. Lei vive con _____ suoceri, i genitori di Matteo, ma solo temporaneamente. Infatti stanno cercando una casa vicino a noi. Anche loro hanno tre bambini, _____ cugini. Roberta invece, che è _____ zia preferita, non è sposata. Ma lei adora _____ nipoti, che siamo io, Filippo, Gianpiero e Davide.

18. Foto di famiglia

Durante il trasloco, Fulvio ha trovato alcune vecchie foto. Descrive le foto a Giulia, sua moglie. Completate il testo con i possessivi.

FULVIO RACCONTA:

Quello vicino a me è _____ fratello Franco da giovane con _____ prima Vespa, quella a destra invece è _____ cugina Francesca con _____ amica Stella. In questa foto invece siamo al matrimonio di _____ cugina Federica. Quello vicino a lei è Martino, _____ marito. Vicino a Martino ci sono _____ genitori. _____ madre è uguale a lui, vedi? Ecco un'altra foto vecchissima. Questo è _____ nonno con _____ prima fidanzata, Bianca. La nonna non voleva mai vedere questa foto! Diventava gelosissima. Qua invece sono io a nove anni con _____ amico del cuore, Bruno. Guarda questa foto: questi sono _____ nonni materni e si vede anche _____ casa in montagna, vicino a Bormio. In questa foto invece vedi _____ zia Antonietta con Claudio, _____ secondo marito. _____ zia era una donna molto moderna. E quelli accanto a loro sono _____ figli, Paolo e Stefano.

UNITÀ 8

19. Ancora possessivi!

Completate con i possessivi, come nell'esempio. Attenzione all'uso dell'articolo.

Esempio:
Tu: Tua sorella studia medicina per diventare medico come tua madre. I tuoi fratelli studiano invece economia. Anche il tuo ragazzo studia economia.

1. Io e Monica siamo sorelle: _____ festa di laurea è stata molto bella. Abbiamo invitato _____ amici, _____ compagne d'università, ma anche _____ parenti. Solo _____ cugino Massimo e _____ zia Teresina mancavano.
2. Valeria e Alessandro sono fratelli e compiono gli anni tutti e due il 7 ottobre: _____ nonni hanno comprato un regalo per _____ compleanno. Alla festa vengono anche _____ cugini Martina e Andrea e _____ vicina Sandra.
3. Raffaella è una ragazza molto in gamba. _____ interessi sono la fotografia e la letteratura, infatti ha già scritto un paio di libri. _____ foto sono molto belle e _____ libri sono molto famosi. _____ ragazzo si chiama Fabrizio ed era un amico di _____ sorella Annalisa.

20. Superstudente

Completate il testo con il superlativo assoluto dei seguenti aggettivi e avverbi.
Gli aggettivi e gli avverbi sono in ordine.

| organizzato | bene | attento | preciso | bravo | famoso | interessante | simpatico |
| divertente | ordinato | alto | contento | bello | geloso | fortunato | |

All'università c'è un superstudente. Lui è un tipo _____ che fa sempre tutti i compiti _____ . Alle lezioni è sempre _____ e prende degli appunti _____ . Questo studente _____ è anche _____ in tutta la facoltà. Le sue relazioni sono sempre _____ . Però lui è anche _____ perché racconta delle storie _____ e presta sempre i suoi appunti _____ . Agli esami ovviamente prende dei voti _____ e i suoi genitori sono _____ . Magari non ci credete, ma è anche _____ … e la sua ragazza è _____ oltre che _____ .

Lo sapevate che...?

Secondo l'ultimo rapporto del Censis sullo stato sociale del Paese, gli italiani diventano sempre più digitali: quasi il 71% usa Internet. Grande aumento anche per quanto riguarda i social network.
Il 50,3% della popolazione usa Facebook (il 77,4 % degli under 30) e il 10,1% degli italiani usa Twitter.
Oggi il web è addirittura la fonte primaria di informazione. Qui dominano i nativi digitali: il 91,9% si informa soprattutto online, mentre solo il 27,8% degli anziani usa Internet per guadagnare informazioni nuove. Stessa differenza generazionale anche per l'uso dei social network.
Il 77% degli iscritti si trova nel gruppo degli under 30, mentre gli over 65 sono solo il 14%.

(ispirato a:
http://www.repubblica.it/tecnologia/2015/12/04/news/censis_italiani_sempre_piu_social_e_le_notizie_si_cercano_on_line-128768398/)

NUMERI CARDINALI

I numeri cardinali

0	zero						
1	uno	11	undici				
2	due	12	dodici	20	venti	21	ventuno
3	tre	13	tredici	30	trenta	32	trentadue
4	quattro	14	quattordici	40	quaranta	43	quarantatré
5	cinque	15	quindici	50	cinquanta	54	cinquantaquattro
6	sei	16	sedici	60	sessanta	65	sessantacinque
7	sette	17	diciassette	70	settanta	76	settantasei
8	otto	18	diciotto	80	ottanta	87	ottantasette
9	nove	19	diciannove	90	novanta	98	novantotto
10	dieci			100	cento	101	centouno
						102	centodue
						108	centootto
						109	centonove

200	duecento	1.000.000	un milione
250	duecentocinquanta	3.000.000	tre milioni
300	trecento	1.000.000.000	un miliardo
380	trecentottanta	5.000.000.000	cinque miliardi
1.000	mille		
1.001	milleuno / mille e uno		
1.009	millenove		
2.000	duemila		
2.470	duemilaquattrocentosettanta		
10.000	diecimila		
60.000	sessantamila		

FONETICA

1. /k/ o /tʃ/?

▶ll 2.16 **a.** *Ascoltate di nuovo il dialogo dell'unità 1, punto 2. Fate attenzione alla pronuncia delle parole evidenziate.*

- Scusa, ma tu sei un'amica di Chiara?
- Sì. Anche tu?
- Beh, sì. Studio matematica come lei. E tu, che cosa studi?
- Economia.
- E sei di Firenze?
- No, non proprio di Firenze, sono di Prato. E tu, di dove sei?
- Io sono di Fabriano, in provincia di Ancona.
- Ah... Ma abiti qua a Firenze?
- Sì, sì, ... ho un appartamento con un altro ragazzo, uno studente di medicina. Io mi chiamo Claudio. E tu, ... come ti chiami?
- Stefi.

b. *Riflettiamo!*

ci
    si pronunciano _____
ce

chi
    si pronunciano _____
che

ca
co   si pronunciano _____
cu

▶ll 2.17 **c.** *Questa regola vale anche quando la «c» è doppia. Ascoltate e poi ripetete.*

prosecco   accento   accanto   occhio   polacca

d. *Come si pronuncia? Ordinate le parole secondo la pronuncia.*

casa, Chianti, società, perché, ecco, chiedere, città, curriculum, continuare, partecipare, percentuale, cultura, categoria, certo

/k/	/tʃ/

2. Il suono /kw/

▶ll 2.18 **a.** *Ascoltate le seguenti parole.*

qua   questo   quando   questionario   frequentare   quello   qui   quota

b. *Sapete pronunciare il suono /kw/? Ripetete le parole!*

FONETICA

▶ll 2.19 **3. /g/ o /dʒ/?**

Vi ricordate le regole di pronuncia di /k/ e di /tʃ/? Le stesse regole valgono per la pronuncia di /g/ e /dʒ/.
Ascoltate le parole seguenti e completate la regola.

Germania	portoghese	categoria	indagine
Inghilterra	origine	prego	ingegneria
luoghi	gelato	obbligatorio	gusto

ga
go si pronunciano _____   ghi si pronunciano _____   gi si pronunciano _____
gu   ghe   ge

4. Il suono /gw/

▶ll 2.20 *a.* Ascoltate.

guardare, Guido, guadagnare, seguire, guidare

b. Sapete pronunciare il suono /gw/? Ripetete le parole!

▶ll 2.21 **5. /tʃ/ o /dʒ/?**

Ascoltate le parole seguenti e segnate la pronuncia corretta come nell'esempio.

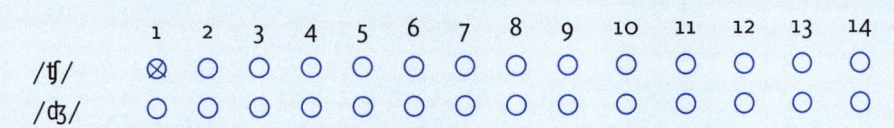

	1	2	3	4	5	6	7	8	9	10	11	12	13	14
/tʃ/	⊗	○	○	○	○	○	○	○	○	○	○	○	○	○
/dʒ/	○	○	○	○	○	○	○	○	○	○	○	○	○	○

6. ‹gi+vocale› e ‹ci+vocale›

▶ll 2.22 *a.* Ascoltate e sottolineate le parole dove si pronuncia la ‹i›.

buongiorno, mangiare, biologia, faccio, facciamo, farmacia, Gianni, giurisprudenza, Lucia

b. Adesso ripetete le parole!

▶ll 2.23 **7. L'accentazione delle parole – accento tonico e grafico**

a. Ascoltate queste parole e sottolineate la vocale accentata (vocale tonica).

università	ordinano	lavoretto	praticano	telefono	libreria
mattina	austriaco	però	telefonano	lunedì	sabato

b. Avete notato che la vocale tonica non ha una posizione fissa?
Ascoltate di nuovo e ripetete.

c. Osservate di nuovo gli esempi: secondo voi, quando si scrive l'accento?

d. In quali casi sappiamo con certezza come si accenta una parola?

FONETICA

8. L'accentazione dei verbi al presente

a. Leggete i seguenti verbi e sottolineate la sillaba che, secondo voi, è accentata.

abitare: abito, abiti, abita, abitiamo, abitate, abitano
prendere   prendo, prendi, prende, prendiamo, prendete, prendono
dormire: dormo, dormi, dorme, dormiamo, dormite, dormono

▶ 2.24   *b. Adesso ascoltate, controllate e poi formulate le regole.*

▶ 2.24   *c. Ascoltate e poi ripetete.*

9. Intonazione

▶ 2.25   *a. Osservate queste coppie di frasi: come vedete, la struttura è uguale.
Ora ascoltatele e fate attenzione all'intonazione.*

I panini sono caldi? – I panini sono caldi.   Non hanno le pizzette? – Non hanno le pizzette.
Tutto bene? – Tutto bene.   Faccio io lo scontrino? – Faccio io lo scontrino.

▶ 2.25   *b. In quali frasi la voce sale verso la fine (↗) e in quali frasi scende (↘)?
Ascoltate di nuovo e segnate con una freccetta. Poi ripetete le frasi.*

▶ 2.26   *c. Ascoltate le seguenti coppie di frasi e mettete il punto di domanda (?) o il punto fermo (.).*

1. Lei è tedesca
2. Lei è tedesca
3. Mario non è italiano
4. Mario non è italiano
5. Patrizia si alza presto
6. Patrizia si alza presto
7. Alberto è a Napoli
8. Alberto è a Napoli
9. Lei parla lo spagnolo
10. Lei parla lo spagnolo
11. Fabio studia a Perugia
12. Fabio studia a Perugia
13. Paolo non ha tempo
14. Paolo non ha tempo
15. Claudia lavora
16. Claudia lavora
17. Marina non va mai in discoteca
18. Marina non va mai in discoteca

d. Adesso ripetete le frasi con l'intonazione giusta.

10. La pronuncia di /l/ e /ʎ/

▶ 2.27   *a. /ʎ/ o /gl/? Ascoltate le seguenti parole, formulate le regole e poi ripetete.*

| famiglia | inglese | glucosio | pagliuzza | accogliente | glicine |
| Cagliari | glassa | glissare | Camogli | globo | luglio |

gli
glia   gla
glie   si pronunciano _____   gle   si pronunciano _____   gli + consonante si pronuncia _____
glio   glo
gliu   glu

FONETICA

▶︎ll **2.28** *b. /l/ o /ʎ/? Ascoltate le parole e segnate la pronuncia.*

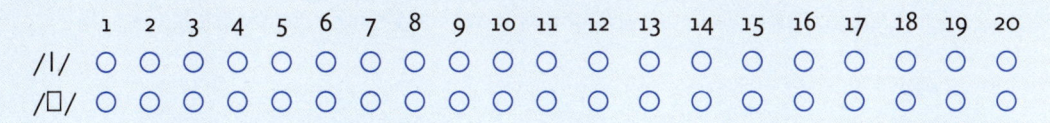

	1	2	3	4	5	6	7	8	9	10	11	12	13	14	15	16	17	18	19	20
/l/	○	○	○	○	○	○	○	○	○	○	○	○	○	○	○	○	○	○	○	○
/ʎ/	○	○	○	○	○	○	○	○	○	○	○	○	○	○	○	○	○	○	○	○

11. La pronuncia di /n/ e /ɲ/

▶︎ll **2.29** *a. Ascoltate.*

ogni	significato	Bologna	insegnante	agnello
bagno	spagnolo	compagno	gnu	ognuno

Sapete pronunciare il suono /ɲ/ ? Ripetete le parole!

▶︎ll **2.30** *b. /n/ o /ɲ/ ? Ascoltate e poi ripetete.*

Campania – campagna   nomi – gnomi   stanno – stagno   pinna – pigna

12. Sciogli la lingua!

Chi riesce a leggere uno scioglilingua senza errori?

Sul tagliere l'aglio taglia, non tagliare la tovaglia; la tovaglia non è aglio: se la tagli, fai uno sbaglio.
Gli gnomi mangiano gli gnocchi, fanno il bagno in ogni stagno e sognano un assegno.

13. /sk/ o /ʃ/ ?

▶︎ll **2.31** *a. Ascoltate cosa dice Stefi e fate attenzione alla pronuncia delle parole evidenziate.*

● A quale università ti sei iscritta?   ■ Ho scelto la facoltà di Scienze Politiche.

▶︎ll **2.32** *b. Adesso ascoltate le seguenti parole.*

| conoscere | scala | sci | scuola | scolaro | piscina |
| maschile | scivolare | ascolto | maschera | scendere | nascere |

1. Quando **sc** si pronuncia /sk/? _____
2. Quando **sc** si pronuncia /ʃ/? _____

14. Si sente la ‹i› ?

▶︎ll **2.33** *a. Ascoltate.*

| sciopero | scienza | sciare | coscia | sciarpa |
| sciupare | scio | sciamano | conosciuto |

b. In quali di queste parole sentite la ‹i›? Sapete perché?

ALMA Edizioni   centottantanove **189**

FONETICA

15. Consonanti doppie

▶II 2.34 a. Avete già sicuramente notato che nella lingua italiana esistono parole con consonanti doppie:

città   anno   appunto   carro   passato

b. Come potete notare, una consonante doppia si sente anche nella pronuncia.
Provate a ripetere le parole che avete ascoltato.

▶II 2.35 c. Adesso ascoltate le seguenti parole e segnate quali secondo voi contengono consonanti doppie.

	sì	no		sì	no
a.	○	○	f.	○	○
b.	○	○	g.	○	○
c.	○	○	h.	○	○
d.	○	○	i.	○	○
e.	○	○	l.	○	○

▶II 2.36 ### 16. Intonazione

*Ascoltate le seguenti frasi e fate attenzione all'intonazione.
Le frasi hanno uno o più accenti? Dove?*

a. Ho un appartamento con un altro ragazzo, uno studente di medicina.
b. La biblioteca è chiusa dall'una alle due.
c. Al cinema ci andiamo un'altra volta.
d. Non gli ho detto niente.
e. Non andiamo mai in discoteca.
f. Non mi piace molto la pizza, e a te?
g. Non è la facoltà giusta per me.
h. Non ho tempo di venire oggi.

▶II 2.36 ### 17. Entriamo nei dettagli

Adesso riascoltate le frasi del punto 16 e a coppie cercate di rispondere alle seguenti domande.

- Concatenazione: quante pause ci sono nelle frasi e dove?
- Apostrofo: (frasi b., c.) cosa notate nella pronuncia di due parole unite da un apostrofo?
- Pronomi: (frasi c., d., f., g.) i pronomi sono accentati? Se sì, quando?
- La negazione: (frasi d. – h.) ‹non› è accentato?
Cosa notate nella pronuncia di ‹non è› e ‹non ho›: si sente che sono due parole? Quale delle due porta l'accento?

18. Adesso provate voi!

Ripetete le frasi del punto 16: fate attenzione alla concatenazione, all'accento principale delle frasi e alle pause, quando ci sono.

FONETICA

19. Consonanti a confronto

▶II 2.37 *a. Ascoltate questo brano del dialogo 16 dell'unità 8 e fate attenzione alla pronuncia delle lettere evidenziate. Notate la differenza fra i due suoni?*

Quando io avevo la loro età, e abitavo in un piccolo paese, ci incontravamo fuori, in piazza, che era il punto di incontro. E poi decidevamo che cosa fare. Quindi eravamo sempre fuori.

b. Avete notato la differenza fra /f/ e /v/? Secondo voi, quale dei due suoni è sordo e quale è sonoro? Per scoprirlo, appoggiate una mano sulla gola e pronunciate prima una lunga «f» e poi una lunga «v». In quale caso sentite con la mano una vibrazione delle corde vocali?

Con _____ le corde vocali non vibrano → il suono è sordo.
Con _____ le corde vocali vibrano → il suono è sonoro.

▶II 2.38 *c. Ascoltate le seguenti parole e ripetetele.*

| volta | fatica | invece | sfilza | vivace | favore |
| verifica | davvero | goffo | motivo | fisico | farfalla |

▶II 2.39 *d. /f/ o /v/? Ascoltate le parole e segnate la pronuncia come nell'esempio.*

	1	2	3	4	5	6	7	8	9	10	11	12	13	14	15	16
/f/	⊗	○	○	○	○	○	○	○	○	○	○	○	○	○	○	○
/v/	○	○	○	○	○	○	○	○	○	○	○	○	○	○	○	○

20. Coppie di suoni

La stessa differenza che c'è tra /f/ e /v/ c'è anche tra /p/ e /b/, /t/ e /d/, /k/ e /g/.

a. Mettete una mano sulla gola e pronunciate le tre coppie di suoni indicate qui sopra. Quali sono sordi e quali sonori?

suoni sordi: /____/, /____/, /____/
suoni sonori: /____/, /____/, /____/

▶II 2.40 *b. Ascoltate le parole e scrivete la lettera che manca.*

1. ___elle   3. ___ara   5. ___opo   7. cu___o   9. po___ere   11. di___a
2. ___elle   4. ___ara   6. ___opo   8. cu___o   10. po___ere 12. di___a

▶II 2.40 *c. Ascoltate di nuovo, controllate e poi ripetete.*

FONETICA

21. La ‹s›

La ‹s› in italiano si può pronunciare in due modi:

▸ sorda, /s/, cioè senza vibrazione delle corde vocali, e
▸ sonora, /z/, cioè con la vibrazione delle corde vocali.

▸II 2.41 **a.** Ascoltate le seguenti parole e fate attenzione alla pronuncia della ‹s›.

cassa	diverso	brasiliano	conseguenza	rosso	sole
chiuso	essere	quasi	svegliarsi	sabato	sbagliato
subito	sconto	rosa	falso	spagnolo	stato

▸II 2.42 **b.** Raggruppate le parole del punto 21a secondo le indicazioni e confrontate con un compagno. Poi ascoltate e segnate con una crocetta la pronuncia esatta.

s all'inizio di parola			/s/	/z/
s + vocale :	_____	si pronuncia	○	○
	_____		○	○
	_____		○	○
s + consonante sorda	_____	si pronuncia	○	○
	_____		○	○
	_____		○	○
s + consonante sonora	_____	si pronuncia	○	○
	_____		○	○

s all'interno di parola			/s/	/z/
doppia s	_____	si pronuncia	○	○
	_____		○	○
	_____		○	○
consonante + s	_____	si pronuncia	○	○
	_____		○	○
	_____		○	○
vocale + s + vocale	_____	si pronuncia	○	○
	_____		○	○
	_____		○	○
	_____		○	○

s + consonante sorda e **s** + consonante sonora all'interno di parola si pronunciano come quando sono all'inizio di parola.
Ci sono solo due casi in cui la **s** si pronuncia sonora. Quali? _____

192 centonovantadue

ALMA Edizioni

FONETICA

▶ll 2.43 **22. Rrrrrr...**

Ascoltate questo brano e fate attenzione alla pronuncia della lettera ‹r›.

- Pronto, mi chiamo Valeria Rubini e sto chiamando per
  la camera libera nel vostro appartamento... ho letto l'annuncio,
  vorrei sapere se è ancora disponibile.
- Sì, sì, è ancora libera.
- Perfetto, io sarei molto interessata e vorrei avere qualche informazione.

▶ll 2.44 **23. ‹R› come Roma**

Ascoltate le seguenti parole: secondo voi, come si pronuncia la ‹r›?

radio   regalo   ristorante   rosa   ruolo   raramente   rumoroso   restare

La lingua si appoggia   ○ sul palato.   ○ sugli alveoli.
Le corde vocali   ○ vibrano.   ○ non vibrano.

▶ll 2.45 **24. ‹R› per sempre**

Attenzione: in italiano la ‹r› si pronuncia sempre! Ascoltate e ripetete.

Riccardo	carne	per	porta	perché
purtroppo	persona	scrivania	arredamento	bar
guardaroba	destra	armadio	frigorifero	pronto

25. ‹R› unica o gemella?

▶ll 2.46 *a. Ascoltate e ripetete.*

caro – carro   Arabia – arrabbia   bara – barra

▶ll 2.47 *b. Ascoltate le parole e segnate la pronuncia come nell'esempio.*

	1	2	3	4	5	6	7	8	9	10
r	⊗	○	○	○	○	○	○	○	○	○
rr	○	○	○	○	○	○	○	○	○	○

VERBI IRREGOLARI

VERBO	presente	imperfetto	passato prossimo	condizionale	imperativo
andare	vado, vai, va andiamo, andate, vanno	andavo	sono andato/-a	andrei	va'/vai andate
aprire	apro, apri, apre, apriamo, aprite, aprono	aprivo	ho aperto	aprirei	apri aprite
avere	ho, hai, ha, abbiamo, avete, hanno	avevo	ho avuto	avrei	abbi abbiate
bere	bevo, bevi, beve, beviamo, bevete, bevono	bevevo	ho bevuto	berrei	bevi bevete
capire	capisco, capisci, capisce, capiamo, capite, capiscono	capivo	ho capito	capirei	capisci capite
cercare	cerco, cerchi, cerca, cerchiamo, cercate, cercano	cercavo	ho cercato	cercherei	cerca cercate
chiedere	chiedo, chiedi, chiede, chiediamo, chiedete, chiedono	chiedevo	ho chiesto	chiederei	chiedi chiedete
chiudere	chiudo, chiudi, chiude, chiudiamo, chiudete, chiudono	chiudevo	ho chiuso	chiuderei	chiudi chiudete

VERBI IRREGOLARI

VERBO	presente	imperfetto	passato prossimo	condizionale	imperativo
conoscere	conosco, conosci, conosce, conosciamo, conoscete, conoscono	conoscevo	ho conosciuto	conoscerei	conosci conoscete
dare	do, dai, dà, diamo, date, danno	davo	ho dato	darei	da'/dai date
decidere	decido, decidi, decide, decidiamo, decidete, decidono	decidevo	ho deciso	deciderei	decidi decidete
dire	dico, dici, dice, diciamo, dite, dicono	dicevo	ho detto	direi	di' dite
dovere	devo, devi, deve, dobbiamo, dovete, devono	dovevo	ho dovuto	dovrei	
essere	sono, sei, è, siamo, siete, sono	ero	sono stato/-a	sarei	sii siate
fare	faccio, fai, fa, facciamo, fate, fanno	facevo	ho fatto	farei	fa'/fai fate
leggere	leggo, leggi, legge, leggiamo, leggete, leggono	leggevo	ho letto	leggerei	leggi leggete

ALMA Edizioni — centonovantacinque 195

VERBI IRREGOLARI

VERBO	presente	imperfetto	passato prossimo	condizionale	imperativo
mettere	metto, metti, mette, mettiamo, mettete, mettono	mettevo	ho messo	metterei	metti mettete
piacere	piace, piacciono	piaceva	è piaciuto/-a, sono piaciuti/-e	piacerebbe	
potere	posso, puoi, può, possiamo, potete, possono	potevo	ho potuto	potrei	
prendere	prendo, prendi, prende, prendiamo, prendete, prendono	prendevo	ho preso	prenderei	prendi prendete
rimanere	rimango, rimani, rimane, rimaniamo, rimanete, rimangono	rimanevo	sono rimasto/-a	rimarrei	rimani rimanete
riuscire	riesco, riesci, riesce, riusciamo, riuscite, riescono	riuscivo	sono riuscito/-a	riuscirei	
sapere	so, sai, sa, sappiamo, sapete, sanno	sapevo	ho saputo (= ich habe erfahren!)	saprei	sappi sappiate
scegliere	scelgo, scegli, sceglie, scegliamo, scegliete, scelgono	sceglievo	ho scelto	sceglierei	scegli scegliete
scoprire	scopro, scopri, scopre, scopriamo, scoprite, scoprono	scoprivo	ho scoperto	scoprirei	scopri scoprite

VERBI IRREGOLARI

VERBO	presente	imperfetto	passato prossimo	condizionale	imperativo
sedere	siedo, siedi, siede, sediamo, sedete, siedono	sedevo	sono seduto/-a	siederei	siedi sedete
stare	sto, stai, sta, stiamo, state, stanno	stavo	sono stato/-a	starei	sta'/stai state
succedere	succede, succedono	succedeva	è successo/-a	succederebbe	
tenere	tengo, tieni, tiene, teniamo, tenete, tengono	tenevo	ho tenuto	terrei	tieni tenete
uscire	esco, esci, esce, usciamo, uscite, escono	uscivo	sono uscito/-a	uscirei	esci uscite
vedere	vedo, vedi, vede, vediamo, vedete, vedono	vedevo	ho visto	vedrei	vedi vedete
venire	vengo, vieni, viene, veniamo, venite, vengono	venivo	sono venuto/-a	verrei	vieni venite
vivere	vivo, vivi, vive, viviamo, vivete, vivono	vivevo	sono vissuto/-a,	vivrei	vivi vivete
volere	voglio, vuoi, vuole, vogliamo, volete, vogliono	volevo	ho voluto	vorrei	

ALMA Edizioni

LE PREPOSIZIONI

Le preposizioni uniscono i diversi elementi della frase. In italiano ci sono le seguenti preposizioni: **di, a, da, in, con, su, per, tra/fra**. Le preposizioni **di, a, da, in, su** unite all'articolo determinativo si dicono preposizioni articolate.

+	il	lo	l'	la	i	gli	le
di	del	dello	dell'	della	dei	degli	delle
a	al	allo	all'	alla	ai	agli	alle
da	dal	dallo	dall'	dalla	dai	dagli	dalle
in	nel	nello	nell'	nella	nei	negli	nelle
su	sul	sullo	sull'	sulla	sui	sugli	sulle

Ogni preposizione può assumere funzioni diverse a seconda del contesto.
Per questo motivo è consigliabile cercare di imparare le preposizioni contestualizzandole. Qui di seguito trovate una sintesi delle preposizioni che compaiono in **UniversItalia 2.0 A1/A2** e delle loro funzioni.

La preposizione *di*

▸ indicazione di provenienza
  Di dove sei?
  – Sono di Monaco.

▸ indicazione di quantità
  un po' di formaggio
  un litro di latte
  un chilo di pomodori

▸ indicazione di materia
  È di lana?
  – No, è di lino.

▸ indicazione di appartenenza
  i figli di mia sorella
  il libro di Enrico

▸ indicazione di argomento
  il corso d'italiano

▸ come articolo partitivo
  Vorrei della frutta.
  Ho comprato delle melanzane.

▸ insieme ad alcuni verbi ed espressioni
  Lucia finisce di lavorare alle 17.
  Hai voglia di venire?
  Cerco di essere puntuale.
  Ricordati di chiudere la porta.

La preposizione *a*

▸ stato e moto a luogo (dove?)
  Sono/Vado a casa.
  Sono/Vado a Roma.
  Sono/Vado a una festa.
  Sono/Vado al bar.
  Sono/Vado al cinema.
  Sono/Vado al ristorante.
  Sono/Vado al mare.

▸ indicazione di tempo
  alle nove / a mezzanotte
  A presto! / A venerdì!
  a metà ottobre

LE PREPOSIZIONI

▶ uso del da ... a	da venerdì a domenica
	dal lunedì al venerdì
	dalle 9 alle 17
	dal 19 al 21 settembre
▶ indicazione di modo	andare a piedi
	andare a cavallo
▶ dativo	Rita ha scritto a un'amica.
▶ insieme ad alcuni verbi	Lucia va a dormire verso mezzanotte.
	Adesso comincio a studiare.
	Mi piace giocare a calcio.

La preposizione da

▶ stato e moto a luogo	Sono / Vado dal medico.
▶ indicazione di fine o scopo	camera da letto
▶ uso del da ... a	da venerdì a domenica
	dal lunedì al venerdì
	dalle 9 alle 17
	dal 10 al 15 luglio
▶ indicazione di durata	dal 2002
	Vive a Roma da cinque mesi.
▶ indicazione di tempo (per indicare un momento della vita)	Com'eri da bambino?

La preposizione in

▶ stato e moto a luogo	Sono / Vado in Svizzera. / ufficio. / discoteca. / un pub. / montagna.
▶ indicazione di tempo (di mese o stagione)	in maggio
	in primavera
▶ indicazione di tempo (di anno)	nel 2016
▶ indicazione di modo (di mezzo di trasporto)	andare in bicicletta
	o in macchina

La preposizione con

▶ indicazione di accompagnamento	Esco spesso con gli amici.
▶ indicazione di qualità	Prendo un gelato con la panna.

centonovantanove **199**

LE PREPOSIZIONI

La preposizione **su**

▶ indicazione di luogo	una bellisima vista sull'Appennino
▶ insieme a verbi particolari	Salgo sulla torre.

La preposizione **per**

▶ indicazione di motivo	Studio l'italiano per lavoro.
▶ indicazione di fine o scopo	Studio l'Italiano per studiare in Italia.
▶ indicazione di tempo (di durata)	Lucia vuole andare a Roma per un fine settimana.
▶ indicazione di percentuale	l'otto per cento
▶ limitativa	Per me una birra, per favore.

La preposizione **fra/tra**

▶ indicazione di luogo	Il museo è fra / tra il bar e la banca.

Altre preposizioni

▶ dietro	Il distributore è dietro la stazione.
▶ senza	Bevo il caffè senza zucchero.
▶ sotto	il bar sotto casa
▶ verso	Vengo verso le undici.

Locuzioni preposizionali

▶ accanto a	Abitiamo accanto alla chiesa.
▶ a destra / a sinistra	Deve girare a destra / a sinistra.
▶ davanti a	Davanti al teatro c'è un'edicola.
▶ di fronte a	Il bar è di fronte alla stazione.
▶ fino a	Vai dritto fino al semaforo.
▶ lontano da	Abito lontano dalla stazione.
▶ vicino a	Abito vicino alla scuola.

SOLUZIONI

Soluzioni dell'eserciziario

UNITÀ 1

1 «ci» «di», «d» «vu» «d», «e» «u», «esse» «emme» «esse», «vu» «vu» «effe», «bi» «ci» «e», «di» «enne» «a», «bi» «emme» «vu», «i» «cu»

2 Studio, che cosa, di, di dove, sono, abiti, ho, mi chiamo, come

3 1 e, 2 c, 3 a, 4 b, 5 d

4 ti chiami, Mi chiamo, studi, Studio, Sei, sono, Abiti, abito, Hai, ho

5 di, a, a, a, con, di, di, a, di, a, a, con, di, di

6 1 c, 2 a, 3 d, 5 b

7 Che cosa, di dove, Come, Dove, Con chi

8 un'amica, un corso, una festa, una studentessa, un'università, uno studente, un dialogo, uno zaino, una domanda, uno zoo, un esercizio, uno sport, un/un'insegnante, una lezione, uno gnomo, un istituto, una parola, una ragazza, uno yogurt, un film

9 1. Giuliana è un'insegnante.; 2. Lavora all'università di Roma 3 e in un istituto privato.; 3. Giuliana insegna italiano come lingua straniera e francese.; 4. In questo momento ha una bella classe di livello intermedio alto.; 5. Karolina è polacca e studia giurisprudenza.; 6. Ulrike vive qui a Roma e studia lettere antiche.

10 spagnola, americano, irlandese, francese, turco, svedese, greca, svizzero, cinese, giapponese, russo, belga, belga, messicana, argentina, austriaco, portoghese, australiano

11 o/a: americano/a, argentino/a, australiano/a, austriaco/a, brasiliano/a, greco/a, italiano/a, messicano/a, polacco/a, russo/a, spagnolo/a, svizzero/a, tedesco/a, turco/a; e: cinese, francese, giapponese, inglese, olandese, portoghese, svedese; Eccezione: belga

12 Francia, francese, francese; svedese, svedese; Inghilterra, inglese, inglese; greca, greco; messicana, spagnolo; irlandese, Dublino, inglese; argentina, spagnolo; Turchia, Ankara, turco; belga; cinese, Pechino, cinese; Tokio, giapponese; Germania, tedesca, tedesco; svizzera, italiano

13 1. italiana; 2. giapponese; 3. greca; 4. americana; 5. svedese; 6. australiano; 7. spagnola; 8. austriaco; 9. argentino; 10. messicano; 11. francese; 12. russo

14 3

15 100 – 33 = 67, cento meno trentatré uguale sessantasette; 8 x 7 = 56, otto per sette uguale cinquantasei; 67 + 9 = 76, sessantasette più nove uguale settantasei; 86 : 2 = 43, ottantasei diviso due uguale quarantatré; 20 – 4 = 16, venti meno quattro uguale sedici; 13 + 19 = 32, tredici più diciannove uguale trentadue; 100 : 4 = 25, cento diviso quattro uguale venticinque; 79 – 21 = 58, settantanove meno ventuno uguale cinquantotto; 6 x 9 = 54, sei per nove uguale cinquantaquattro

16 verticale: 1. quarantacinque; 3. venti; 6. zero; 8. diciassette; 9. dieci; 11. sessanta; 12. dodici; 14. sette; orizzontale: 4. novantanove; 5. cinquanta; 7. otto; 10. diciotto; 13. ventiquattro; 14. sei; 15. sessantasette

17 1. ha, è; 2. ho, hai; 3. sono, sono; 4. è, ha; 5. è, ha, è; 6. è; 7. ha; 8. ha; 9. è; 10. è

18 a. ti chiami, Sei, sono, vivo, Studio, studi, Studio, abiti, Abito, Vivo, Si chiama, vive, Studia; hai; b. Marco ha ventitré anni e studia informatica. Celine è francese, di Lione, ma vive a Firenze da due anni. Studia storia moderna all'università. Abita vicino all'università. Vive con un'altra ragazza francese. Ha ventuno anni.

19 1. Klaus è austriaco, di Vienna, ma studia storia contemporanea a Ratisbona. Ha 27 anni.; 2. Junko è giapponese, di Osaka, ma studia architettura a Berlino. Ha 19 anni.; 3. Sophie è francese, di Parigi, ma studia giurisprudenza a Salisburgo. Ha 23 anni.; 4. Carola è portoghese, di Lisbona, ma studia filosofia a Francoforte. Ha 25 anni.; 5. Chiara è svizzera, di Zurigo, ma studia economia e commercio a Londra. Ha 24 anni.; 6. Thomas è polacco, di Varsavia, ma studia ingegneria civile ad Amburgo. Ha 26 anni.

20 il russo, l'inglese, il giapponese, lo svedese, lo spagnolo, il greco, l'arabo, l'italiano

SOLUZIONI

21 l'indagine, il Ministero, ricerca, il mondo, l'interesse, italiano, straniera, italiana, il 56%, l'italiano, libero, lo studio

22 **1.** studia, diventare traduttore; **2.** impara, ha il ragazzo in Italia; **3.** studia, partecipare a un programma Erasmus; **4.** studia, frequenta, l'italiano è molto importante per la storia dell'arte; **5.** impara, tanti motivi, ma soprattutto per interesse personale

23 Possibili soluzioni: come ti chiami; si scrive; tedesca; di dove; Dov'è Lipsia; quanti anni hai; Sì, abito a Bologna da un mese; Che cosa studi; Per partecipare a un programma Erasmus

24 **2.** L', la, uno/A; **3.** la/S; **4.** La, una/A; **5.** La, una/P; **6.** L'/I; **7.** Il, un/E; **8.** La, un/N; **9.** Il/Z; **10.** La, un/A; Soluzione: La Sapienza

25 Christiane: una, tedesca, abita/vive, da, Ha, Studia, di, in, in, vive, ragazza, si chiama, studia, per, in; Juri: mi chiamo, russo, abito/vivo, da, Studio, con, in, l'italiano, ho, è; si chiama, ha, studia; sostantivo: studentessa, anno, anni, storia, arte, università, appartamento, centro, università, ragazza, italiano, anni, economia, università, studente, appartamento, italiano, studi, ragazza, anni, lingue, letterature; aggettivo: tedesca, moderna, piccolo, altra, tedesca, russo, aziendale, belga, piccolo, italiana, straniere

UNITÀ 2

1 Possibili soluzioni: Ho fame: panino, pizzetta, toast, focaccia, tramezzino, cornetto; Ho sete: acqua minerale, spremuta, birra, succo, vino, spritz

2 stai, sono, Ho, prendi, prendo, ho, Prendo

3 **1.** è, sono, sono, hanno, è, abbiamo, è, ha, abbiamo, ha, sono, hanno; **2.** sei, siamo, abbiamo, ho, ho; **3.** avete, siete, ho, Sei, sono, ho, abbiamo

4 1 h, 2 a, 3 f, 4 g, 5 j, 6 k, 7 i, 8 e, 9 b, 10 c, 11 d

5 **a.** la, pizzette; l', appartamenti; il nome; gli spuntini; i; il; gli gnomi; lo, sport; i; i baristi; la, lezioni; gli aperitivi; i corsi; gli; le lingue; l'insegnante; città; i film; le classi; le università; le; le bariste; gli esercizi; gli zaini; **b. 1.** -i; **2.** -e; **3.** I nomi che terminano con una consonante e i nomi con l'ultima sillaba accentata.; **4.** -i; -e

6 **a. 1.** città grandi; **2.** toast caldi; **3.** università piccola; **4.** turisti giapponesi; **5.** aranciata amara; **6.** spumanti italiani; **7.** classe internazionale; **8.** tè amaro; **9.** film americani; **b. 1.** La città grande; **2.** Il toast caldo; **3.** Le università piccole; **4.** Il turista giapponese; **5.** Le aranciate amare; **6.** Lo spumante italiano; **7.** Le classi internazionali; **8.** I tè amari; **9.** Il film americano

7 L', il, una, il, un, le, gli, una, il, un/il, un, gli, il, un, un/il, un/il, la/una, lo, I, Il, Il/Un, un, I, I, le, I, gli, il, la, gli, il, i, i, I, l'

8 dialogo 1 – 3; dialogo 2 – 1; dialogo 3 – 6; dialogo 4 – 4; dialogo 5 – 2

9 **1.** dalle, alle, dalle, alle; **2.** alle; **3.** dalle, alle; **4.** da, all'

10 lunedì, mercoledì, giovedì, sabato, domenica; Lunedì dalle 8 alle 10 Gino prende il caffè con Anna.; Lunedì dalle 18 alle 20 incontra Alessandro al bar.; Martedì dalle 14 alle 16 Gino ha lezione di statistica.; Mercoledì dalle 12 alle 14 ha un corso di spagnolo.; Giovedì Gino ha la lezione di statistica dalle 10 alle 12.; Venerdì Gino gioca a calcio dalle 18.00 alle 20.00.; Domenica Gino va a pranzo con Antonella e Sara dalle 12 alle 14.

11 **1.** vorrei, senta; **2.** senti, vorrei; **3.** vorrei, vorrei, senta

12 Dialogo 1
● Ciao come ti chiami?
■ Alessandro, Ale per gli amici.
● Ah, ma sei italiano?
■ Sì sì, sono di Perugia.
● E dove abiti?
■ In Via Papiniano. Abito con un amico.
● Cosa studi?
■ Architettura

Dialogo 2
▲ Professor Mazza, come va?
◆ Bene e Lei?
▲ Non c'è male. Senta, lavora sempre all'università?
◆ Eh sì, insegno alla facoltà di Scienze politiche.
▲ Prende qualcosa da bere?
◆ Volentieri, un caffè macchiato.
▲ Bene, io prendo un cappuccino.

13 **a.** pane; **b.** biscotti; **c.** cereali; **d.** latte; **e.** frutta fresca; **f.** miele; **g.** cornetto; **h.** fette biscottate

SOLUZIONI

14 a. l'aglio, le salsicce, i fagioli, le lenticchie, le uova, i funghi; b. falso, vero, vero, vero, falso, vero, falso; c. Inghilterra, Spagna, Svezia, Islanda, Giappone, Germania, Stati Uniti, Francia, India; d. risposta libera

15 mangio, mangi, mangia, mangiamo, mangiano; vivo, vive, viviamo, vivete, vivono; sento, senti, sente, sentite, sentono; bevo, bevi, beviamo, bevete, bevono; fai, fa, facciamo, fate, fanno

16 1. mangiate, mangiamo, mangio; 2. bevete, beviamo, prendiamo; 3. apre, Apre, chiude; 4. vivono, Abitano, Hanno; 5. fate, Studiamo; 6. Senti, prendiamo; 7. parlano, Studiano

17 1. capisce; 2. capiscono, preferiscono; 3. finisce; 4. preferisce; 5. finiamo; 6. preferisce, preferiamo; 7. capite

18 a. cerco, cerchi, cerca, cerchiamo, cercate, cercano; pago, paghi, paga, paghiamo, pagate, pagano; b. Nella seconda persona singolare e nella prima persona plurale si inserisce -h- tra la radice del verbo e la desinenza.

19 1. cerchiamo; 2. paga; 3. cercate; 4. paghi; 5. pago

20 1. Andrea capisce il portoghese.; 2. I professori fanno una pausa.; 3. Gli studenti prendono gli appunti.; 4. Voi scrivete una e-mail.; 5. Luisa e Claudia bevono una spremuta.; 6. Sonia e Silke preferiscono le lezioni di inglese.; 7. Io finisco di lavorare alle 16.00.; 8. Gli studenti studiano molto.; 9. I bar hanno molti tipi di panini.; 10. Tu paghi l'aperitivo.; 11. Voi vivete in centro.; 12. I bar in Italia aprono alle 7.00.

21 Possibili soluzioni: sostantivi: università, spremuta, succo, orario; aggettivi: grande, piccolo, buono, naturale; verbi: bere, mangiare, prendere, aprire

UNITÀ 3

1 fare: quattro chiacchiere, colazione, la barba, la fila, la doccia, sport; farsi: la doccia, la barba; leggere: un libro, un giornale, una e-mail; scrivere: una e-mail, una canzone, un libro; ascoltare: una canzone; andare: al cinema, a una festa, a lezione, a un concerto, in bagno

2 1. Tra; 2. la fila; 3. in frigorifero; 4. a cena; 5. esco; 6. dare

3 mi trovo, mi diverto, si chiama, ci svegliamo, si alza, mi faccio, mi preparo, ci fermiamo, si fermano, si riposa, mi incontro, mi diverto/ci divertiamo, mi annoio, ci vediamo

4 b. 1. si sveglia, sveglia; 2. lava, si lava; 3. vede, si vedono; 4. prepara, si prepara

5 a. vado, vai, va, andiamo, andate, vanno; esco, esci, esce, usciamo, uscite, escono; do, dai, dà, diamo, date, danno; b. 1. va, dà, esco; 2. usciamo, dà; 3. vado, esco, do; 4. date; 5. vanno, Escono, andiamo; 6. do, esce; 7. danno, Andiamo

6 posso, devo, posso, Devo, devi, vogliamo, vuole, può, deve, vuole, deve, può, vogliono

7 1. devo; 2. Volete; 3. devi; 4. posso; 5. deve

8 ci sono, le; c'è, il; c'è, l'; c'è, la; c'è, il; ci sono, gli; ci sono, le; ci sono, le; c'è, l'; ci sono, le; c'è, la; ci sono, le, gli; c'è, la; ci sono, gli

9 1. Roma, è, Roma, ci sono, è, Roma, ci sono, è, Roma, c'è, è, ci sono; 2. Siena, è, è, Siena, è, Siena, ci sono, è, Siena, c'è; 3. Milano, è, Milano, c'è, è, Milano, c'è, ci sono, sono, ci sono, ci sono; 4. Venezia, è, ci sono, è, ci sono, c'è, è

10 Possibili soluzioni: Non mi sveglio mai prima delle 7.00.; Faccio raramente sport.; A volte studio in biblioteca.; Vado spesso al cinema.; Leggo sempre il giornale.

11 1. Non mi alzo mai tardi.; 2. Non mi piacciono le canzoni di Tiziano Ferro.; 3. Non vado mai al cinema.; 4. Non prendo mai la macchina.; 5. Padova non è una bella città. Non ci sono molte attività per il tempo libero.; 6. Di sera non mi incontro mai con gli amici.

12 Alle otto mi sveglio, dopo mi faccio la doccia, mi preparo, faccio colazione ed esco. Verso le nove e mezza arrivo all'università. Dalle 10.00 alle 14.00 ho sempre lezione, ma dopo vado in mensa a mangiare perché ho una fame da lupi. Di pomeriggio di solito ho ancora lezione. Torno a casa normalmente verso le sette e mezza/otto e dopo cena esco con gli amici e torno a casa verso mezzanotte.

13 a. vado a: Berlino, fare la spesa, Siena, lezione, mangiare, casa, una festa; vado al: cinema, parco, lago, mare, bar; vado in: Grecia, Liguria, discoteca, biblioteca, pizzeria, centro, gelateria, segreteria, mensa, palestra, montagna; b. 1. a; 2. a; 3. in; 4. in

SOLUZIONI

14 a, al, a, in, a, a, in, in, al, a, a, a

15 **Fabio:** lunedì va a lavorare, martedì va a bere qualcosa, mercoledì va a un concerto jazz; **Enrico:** martedì va a bere qualcosa, mercoledì va al cinema, giovedì e venerdì va a lavorare; **Anna:** giovedì va a una festa, venerdì va al cinema, sabato va in un locale; **Marta:** venerdì fa l'esame, sabato va in un locale, domenica va al cinema

16 a. bere, fare, andare, rimanere, venire, uscire, essere / esserci, avere, dare, volere, potere, dovere, stare; b. beviamo, facciamo, fate, ci sono, andiamo, va, rimango, ci sono, vengo, rimane, venite, vengo, viene, usciamo, fate, Uscite, Esco, esce, va, rimangono, bevono, volete, rimani, vuoi, stiamo, dà

17 1. Le piacciono gli spaghetti al pesto; 2. Ci piace fare sport.; 3. Non gli piacciono le città piccole.; 4. Gli piace uscire con gli amici.; 5. Vi piace navigare in Internet?; 6. Non gli piace la musica rap.; 7. Ti piacciono i film italiani?

18 1. gli piace; 2. le piace; 3. vi piace, ci piace; 4. gli piacciono; 5. le piacciono; 6. gli piacciono; 7. ti piace, mi piacciono

19 Possibili soluzioni : Mi piace moltissimo l'arte moderna.; Mi piacciono abbastanza gli esercizi di grammatica.; Non mi piace molto la cucina giapponese.; Non mi piacciono per niente le canzoni di Eros Ramazzotti.

20 la mia città, il mio cinema, il mio quartiere, le mie amiche, il mio bar, la mia famiglia, la mia Vespa, il mio ragazzo

21 1. La sua macchina non funziona.; 2. Le loro amiche giocano a tennis.; 3. La loro camera costa un sacco di soldi.; 4. Il vostro corso di aerobica inizia alle 18.00.; 5. La nostra Vespa è nuova.

UNITÀ 4

1 a. c'è, ci sono, ci sono, c'è, c'è, è, sono, ci sono, è, ci sono, c'è; b. risposta libera

2 verticale: 3. discoteca; 4. stazione; orizzontale: 1. museo; 2. ospedale; 5. parco; 6. biblioteca

3 **Pavia:** bella, tranquilla, pulita, ricca, provinciale; **Genova:** strana, affascinante, sporca, dinamica; **Bologna:** giovane, vivace, universitaria, ideale (per gli studenti), accogliente, creativa, calda; b. risposta libera

4 1. brutte; 2. moderna; 3. freddo; 4. vivace / caotica; 5. pulite; 6. piccolo

5 piove, c'è vento, c'è il sole e fa caldo, è nuvoloso / è coperto

6 dialogo 1 – c; dialogo 2 – d; dialogo 3 – a; dialogo 4 – b

7 1. In estate; 2. In inverno/gennaio; 3. Maggio; 4. In febbraio; 5. In giugno; 6. In luglio

8 risposta libera

9 1. al panificio; 2. dal fiorista; 3. dal fruttivendolo; 4. in pasticceria; 5. in edicola; 6. in macelleria; 7. in salumeria; 8. in pescheria; 9. in rosticceria

10 1. a. Si cammina molto.; b. Si visitano i musei.; c. Si guardano gli edifici.; d. Ci si diverte.; e. Si va in un bar e si prende qualcosa da bere.; f. Si osserva la gente che passa.; g. Si respira l'atmosfera della città.; 2. a. Si ascoltano i dialoghi.; b. Ci si concentra sulle informazioni.; c. Si parla con i compagni.; d. Si leggono i testi e si fanno gli esercizi.; e. Si imparano molte cose sull'Italia e sugli italiani.

11 Si inizia, si vede, si raggiunge, si ricordano, Si prosegue, si può, si arriva, si possono

12 risposta libera

13 a. girare a destra; b. andare dritto fino all'incrocio; c. andare dritto fino al semaforo; d. attraversare la strada; e. tornare indietro; f. attraversare la piazza; g. proseguire/andare dritto; h. girare a sinistra

14 1. torna, gira, vede; 2. vai, attraversi, giri, Vai, giri, vedi/trovi

15 1. quarta, quinta; 2. settimo, sesto; 3. Secondo, Secondo; 4. primo; 5. terzo, decimo; 6. nona

16 Possibili soluzioni:
- Scusi, mi può dare un'informazione?
- Sì, mi dica./Certo, mi dica.
- Dove è la Torre degli Asinelli?
- Allora, da Piazza Maggiore gira a sinistra e va fino a via Rizzoli. Poi deve girare a destra in via Rizzoli e andare avanti, lì c'è la Torre degli Asinelli.
- È lontano?
- No, sono 10 minuti a piedi, è una bella passeggiata sotto i portici.

SOLUZIONI

- La ringrazio. / Grazie.
- Prego. / Non c'è di che.

17 1. Li; 2. La; 3. Li; 4. Le; 5. Lo; 6. La; 7. Lo; 8. mi, Ti; 9. ci; Vi

18 1. lo, Etna; 2. la, Verona; 3. la, Sardegna; 4. li, Tortellini; 5. le, Gondole; 6. lo, Adriatico;
Soluzione: Torino

19 a. pronomi diretti: lo, la, li, le; pronomi indiretti: gli, le, gli, gli; b. 1. lo, gli; 2. le, lo, la; 3. le; 4. lo, gli, ti, mi; 5. li, gli; 6. li, ci; 7. ci; 8. vi, Ci, ci, le; 9. ti, mi, la

20 1. al, allo, ai; 2. nell', nello, nelle; 3. all', allo, alla, ai; 4. dal, dalla, dal/dalla, dagli; 5. dell', del, della; 6. dal, dal, dallo; 7. al, all'; 8. sulla, sui, sugli

21 a. Dalla, della, Al/Nel, al, sulla, al, dall', della, nella, nella; b. risposta libera

UNITÀ 5

1 1. contrario; 2. sinonimo; 3. contrario; 4. sinonimo; 5. sinonimo; 6. sinonimo; 7. contrari; 8. sinonimi; 9. contrario

2 sono stata, ho pensato, è stata, ho cercato, ho dovuto, ho cercato, sono passati, ho fatto

3 1. è; 2. sei, sono; 3. ha; 4. ha, è; 5. sono; 6. avete, abbiamo, abbiamo; 7. sono, sono; 8. ha; 9. ha, è

4 Sono arrivato, ho capito, è stato, hanno cercato, ho avuto, Ho abitato, abbiamo organizzato, siamo usciti, ha frequentato, ha avuto, ho preferito, ho conosciuto, ho imparato, ho fatto, è restata, ha conosciuto, hanno trovato, ha dato, Sono diventato, ho capito, ho imparato, ho conosciuto, abbiamo passato

5 Dialogo 1: 1. Ha dormito fino a tardi. Poi è rimasta a casa a studiare.; 2. Elisa e Linda non hanno fatto niente di particolare. Sono andate a mangiare una pizza al *Casolare*.; Dialogo 2: 1. È andato al cinema e ha visto l'ultimo film di Nanni Moretti. 2. Gigi ha guardato *I Cento Passi*.; Dialogo 3: 1. È andata a Barcellona. 2. È partita venerdì. 3. È andata con Carlo.

6

A	N	T	N	A	T	O	V	O	F	V	R
M	V	E	O	C	C	H	I	U	S	O	I
P	L	V	I	P	S	U	T	O	N	C	S
R	E	E	T	S	B	I	O	T	C	D	P
E	T	S	C	R	I	T	T	O	U	E	O
S	T	T	V	E	F	A	T	T	O	T	S
O	O	V	I	S	T	O	O	M	U	T	T
S	S	C	O	P	E	R	T	O	T	O	O

7 1. ha scritto, ha ancora risposto; 2. è venuto, è rimasto; 3. ha scoperto; 4. è nata; 5. ha detto, ha visto; 6. ho letto; 7. ha visto, ha messo; 8. Ho chiesto; 9. ha preso

8 Ieri alle 6.30 si sono svegliati, ma il Signor Metodico non si è alzato subito, ha ascoltato un po' la radio a letto. La signora invece si è alzata, si è lavata, si è fatta un caffè e si è vestita. Dopo hanno fatto colazione insieme e verso le 7.20 si sono preparati per uscire. Lui è uscito di casa verso le 7.30, lei è uscita verso le 7.45. Il Signor Metodico ha preso l'autobus delle 7.40 e così è arrivato in ufficio alle 8.00 in punto. È entrato in ufficio, ha letto la posta elettronica e anche qualche notizia sul giornale online. Dopo pranzo, verso le 15.00 lui e i suoi colleghi si sono incontrati per un caffè. È tornato a casa verso le 17.00 dove si è rilassato fino alle 18.00. La Signora Metodico si è fermata in ufficio fino alle 18.00 ed è tornata a casa verso le 18.30. Verso le 22.00 sono andati a dormire e lei si è addormentata quasi subito, mentre lui ha letto ancora 10 minuti il giornale.

9 si sono conosciuti, Si sono incontrati, si è innamorato, si sono rivisti, ha chiesto, Si sono dati, si è preparata, è uscita, si è addormentato, si è svegliato, è arrivato, si è dimenticato, si sono fatti, è ritornato, è andata, si sentono, si vedono

10 Marco e Alberto sono stati in Sardegna e hanno fatto un giro dell'isola in moto. Elisa ha lavorato al museo e ha preparato l'esame di storia moderna. Massimo è stato a Parigi due mesi e ha cercato materiale per la tesi. Fabrizio e Stefania sono stati in Danimarca, Svezia e Norvegia. Hanno visto un sacco di posti fantastici ma hanno speso moltissimi soldi.

11 risposta libera

12 risposta libera

13 risposta libera

SOLUZIONI

14 1. ho bevuto; 2. ho letto; 3. ho preso; 4. è andata; 5. ha chiuso

15 Ti sono piaciuti gli Uffizi di Firenze?, Ti sono piaciute le Dolomiti?, Ti sono piaciute le specialità bolognesi?, Ti è piaciuto il Colosseo?, Ti è piaciuta la Costiera Amalfitana?, Ti è piaciuto il clima?, Ti sono piaciuti i dolci siciliani?, Ti è piaciuta la gente?

16 1. sei andata, mi è piaciuta; 2. sono andata/o, ho visto, Mi è piaciuto, Mi sono piaciuti, mi è piaciuta; 3. hanno passato, gli sono piaciuti; 4. ha partecipato, Le è piaciuto, mi è piaciuta; 5. vi sono piaciute, abbiamo ascoltato, ci è piaciuta; 6. siete uscite, Vi è piaciuto, ci è piaciuta, ci sono piaciuti; 7. hanno frequentato, gli è piaciuto, gli sono piaciuti, gli sono piaciute, hanno fatto, gli è piaciuta

17 lento, tranquillo, sicuramente, perfettamente, velocemente, vivace, difficilmente, particolarmente

18 1. perfettamente, perfetto; 2. tranquilla, tranquillamente; 3. velocemente, veloce; 4. sicuramente, sicuro; 5. lentamente, lenti; 6. Difficile, Difficilmente; 7. particolare, particolarmente; 8. vivacemente, vivace

19 a. Le Università per Stranieri di Siena e Perugia organizzano corsi di lingua e cultura italiana di diversi livelli e di diversa durata e organizzano anche corsi speciali (per esempio l'arte italiana, la cucina italiana, l'opera).; b. risposta libera; c. risposta libera

20 1. Per migliorare le sue conoscenze d'italiano.; 2. Dura quattro settimane.; 3. Perché non ha trovato alcune informazioni sul sito dell'università.; 4. risposta libera

21 1. fra un mese; 2. sei mesi fa; 3. fra tre anni; 4. sei anni fa

22 1. è cominciato, è finito; 2. Ha finito, ha cominciato; 3. è già cominciato; 4. sono cominciate/sono finite; 5. è finito; 6. è finita, è cominciata

23 risposta libera

UNITÀ 6

1 Possibili soluzioni: **Capodanno:** brindare all'anno nuovo, indossare biancheria rossa; **Carnevale:** mascherarsi, fare scherzi; **Natale:** mangiare il panettone, ricevere regali; **Pasqua:** regalare un uovo di cioccolato, mangiare la colomba

2

L	I	O	M	E	L	A	N	Z	A	N	E
E	P	R	O	S	C	I	U	T	T	O	T
N	B	N	L	D	A	L	O	H	I	P	O
T	P	O	M	O	D	O	R	I	N	A	U
I	S	D	A	E	F	G	C	C	S	T	N
C	O	L	S	L	H	N	T	E	A	A	G
C	L	S	A	R	I	S	O	U	L	T	A
H	I	D	F	G	T	L	N	M	A	E	G
I	V	B	D	A	E	M	L	L	T	I	L
E	E	I	G	I	F	R	U	I	A	G	I
A	F	O	R	M	A	G	G	I	O	L	O

3 delle mele, del formaggio, del burro, del latte, dell'aglio, dell'insalata, dei pomodori, delle birre, degli/dello yogurt, del prosciutto

4 1. degli; 2. dei; 3. delle; 4. degli; 5. dei, delle; 6. delle

5 del, Lo, lo, del, ne, Ne, dell', Ne, dello, del, Ne, Lo, lo, delle, dei, Le, Le, degli, del, del, lo, Lo, Ne

6 1. d, li hai comprati; 2. f, Li ha trovati; 3. b, le ho messe; 4. a, L'ha presa; 5. g, Li ha pagati; 6. c. l'ho vista; 7. e, L'ho bevuto

7 sono andata, abbiamo organizzato, Ho preso, salumeria, Ne ho comprati, ho comprato, fruttivendolo, ho acquistato, Ne ho presa, mi sono ricordata, Sono andata, panificio, ne ho preso, sono andata, rosticceria, Ne ho comprate

8 1. sai; 2. può; 3. so; 4. posso; 5. sapete, può; 6. puoi; 7. possono; 8. sa; 9. sai, so, posso

9 a. pantaloni; b. gonna; c. scarpe; d. maglietta/T-shirt; e. camicia (da uomo); f. giacca; g. felpa; h. vestito

10 gonna, l'ha comprata, scarpe, Le ha prese, vestito, l'ha preso, l'ha avuto, pantaloni, li ha trovati

11 diversi, nero, nere, rosso, grigio, bianca, strano, verde, blu, marroni, rosso, gialli, rosse, azzurre, arancione, verdi, viola, rossi, gialle, blu

12 Studia, scrivi, ascolta, ascoltali, leggi, dimenticare, Cerca, esci

13 1. Vestiti; 2. Cura; 3. Esci; 4. Sii; 5. parlare; 6. mangiare; 7. risposta libera; 8. risposta libera

14 Leggilo…, Bevilo…, Non mangiarla…, Aiutali…, Non andarci…, Non guardarla…, Ascoltali…

15 Vacci, Fallo, falli, falle, dalli, Dallo, dillo, dille, fammi

SOLUZIONI

16 1. fate; 2. Buttate via, regalate; 3. andate; 4. comprate; 5. rimandate; 6. fate, Decidete; 7. seguite, Seguite; 8. prendete; 9. Chiedete, bevete

17 Quella lunga o quella corta?; Che taglia porti?; Ecco la 42; Sì, certo. Ecco una taglia più piccola. / Ecco la 40.; La cassa è là in fondo. Ciao.

18

articolo	colore	prezzo	taglia/numero	altre caratteristiche e commenti
stivali	neri	80 euro	38	punta rotonda
pantaloni	viola	40 euro	28	non sono larghi
maglietta	bianca	10 euro	M	semplice, di cotone
sciarpa	bianca e nera	10 euro		di lana, lunga e calda
gonna	blu scuro	15 euro	42	di jeans, un po' troppo lunga, con le tasche davanti

19 quel, quella, quello, quella, quella, quegli, Quelli, Quel, Quello, quell', quello, quei, quelli, Quelli, quelle, Quelle

20 questa, queste, Quelle / Queste, quelle, Quella, quella, Quegli, Quelli, quelli, quei, Quelli, questo, Quello, questa

21 bella, belle, bei, bei, bello, begli, bei, bella, bell' / bella, bell' / bella, bell', bella, bei, belli, belle, bel, bel, bello, belle, bell' / bella

22 **chiedere qualcosa in un negozio:** Vorrei un chilo di zucchine.; Vorrei vedere quei pantaloni.; Vorrei del pane.; **esprimere una quantità:** Ne vorrei due etti.; Ne vorrei 3 pacchi.; Vorrei un chilo di zucchine.; **chiedere una taglia:** Che taglia porta?; **chiedere il colore:** Di che colore è la gonna?; **chiedere il prezzo:** Quanto viene?; Quanto costano?

UNITÀ 7

1 d'epoca – moderna; fredda – accogliente; scomoda – comoda; piccola – spaziosa; nuova – vecchia; centrale – periferica; ordinata – caotica; vuota – arredata; isolata – centrale; tranquilla – caotica

2 brutta, periferico, moderno, fredda, piccola, vecchio, spaziosa

3 1. lavatrice; 2. abitabile; 3. soggiorno; 4. coinquilino; 5. riscaldamento; **Soluzione:** canone

4 1. camera da letto per una sola persona; 2. apparecchio che porta da un piano all'altro; 3. zona del soggiorno dove si può cucinare; 4. prezzo mensile di un appartamento; 5. elettrodomestico che serve per lavare i vestiti

5 popolazione residente nel 2015: 60.795.612, gli italiani che vivono in Germania: circa 700.000, data di nascita e di morte di Dante Alighieri: 1265 – 1321, i visitatori degli scavi di Pompei nel 2015: 2.934.010, persone di origine italiana nel mondo: circa 130.000.000, i turisti che visitano l'Italia ogni anno: circa 51.000.000

6 2354, 6.268.456, 14.678, 16.578, 864.323, 19.670

7 a. 1. chiuderesti; 2. starebbe; 3. dovreste; 4. potremmo; 5. vivrebbero; 6. dovrebbero; 7. piacerebbe; 8. potrei; b. a. per esprimere una richiesta educatamente (frase 1); c. chiedere gentilmente a qualcuno di fare qualcosa (frase 3); d. fare una proposta (frase 4); e. Per esprimere potesi o possibilità (frase 5, 6, 8); f. esprimere un desiderio (frase 7)

8 risposta libera

9 dormirei, leggerei, prenderesti, andresti, farebbe, si riposerebbe, visiterebbero, conoscerebbero, andrebbero, uscirebbero, scopriremmo, faremmo, mangeremmo, vedreste, cerchereste, farebbero, sarebbero, si divertirebbero

10 a. Massimo prenderebbe sei mesi di vacanza e farebbe un bel viaggetto in Europa. Andrebbe prima al Nord, in Norvegia, Svezia e Danimarca, poi scenderebbe in Germania, poi in Francia e infine in Spagna e in Portogallo. Cercherebbe di non spendere tantissimo dormendo negli ostelli, ma non dovrebbe come sempre contare i centesimi. Maurizio preferirebbe andare in Australia con la sua ragazza. Prenderebbero un auto a noleggio e girerebbero in lungo e in largo. Paola metterebbe i soldi in banca e si comprerebbe una casetta. Darebbe un anticipo, poi chiederebbe aiuto ai suoi genitori. Le basterebbe un monolocale, anche solo una mansardina.; b. risposta libera

duecentosette **207**

SOLUZIONI

11 1. Falso. Serve per lavare i vestiti.; 2. Falso. Serve per contenere i vestiti./Nell'armadio ci sono i vestiti.; 3. Falso. Serve per lavare i piatti.; 4. Giusto; 5. Falso. La scrivania è il tavolo dove si studia.; 6. Giusto; 7. Falso. La libreria serve per mettere i libri.; 8. Giusto

12 **cucina:** lavastoviglie, stoviglie, lampada, sedia; **soggiorno:** divano, libreria, sedia, lampada; **bagno:** lavatrice, lampada, armadio; **camera da letto:** scrivania, letto, sedia, lampada, armadio

13 risposta libera

14 Il monolocale è un mansardato, si trova all'ottavo piano, non c'è l'ascensore, non c'è l'angolo cottura, non c'è il riscaldamento, nel corridoio c'è un lavandino in comune con le altre mansarde, il gabinetto è sotto nei giardini pubblici dove ci sono un paio di vespasiani.

15 Vorrei, vorresti, potrebbero, sarebbe, impareresti, aiuterebbero, consiglieresti, cercherei, Dovresti, comprerei

16 stanno mangiando, sta chattando, sta chiacchierando, stiamo bevendo, sta telefonando, sta leggendo, stanno finendo, stai facendo, sto osservando, stanno facendo, sto bevendo

17 sto disturbando, stai lavorando, stiamo decidendo, stiamo pensando, stanno ristrutturando, stiamo cercando, Si sta ambientando, stai sentendo

18 *Dove Conviene* è un'applicazione che ti mostra le offerte di alcuni negozi che sono vicini a dove ti trovi. Questa app ti geolocalizza e ti mostra i volantini di supermercati, discount, negozi di elettronica, arredamento e bricolage che si trovano nei paraggi. Così puoi sfruttare l'offerta che ti interessa.

19 1. La ragazza che ho visto ieri si chiama Cinzia.; 2. Il pianoforte è uno strumento musicale che mi piace molto.; 3. La matematica è una materia difficile che a scuola ho sempre odiato.; 4. Ho letto *Il grande futuro* che è l'ultimo libro di Giuseppe Cattozzella.

20 **a.** 1. molto, molti; 2. molto, molte, molti; 3. molto, molte; 4. molta, molta; 5. molte, molto; 6. molto, molte; **b.** 1. bene, male; 2. troppo; 3. buoni, troppo, cattivi; 4. troppo; 5. pochi; 6. bene, buone; 7. pochi; 8. male; 9. troppo; 10. buono; cattivo

21 1. per/a, dal, per, da/di, da, per, al, al, alla, dalla, della; 2. dello, a, a, di

22 1. vero; 2. vero; 3. falso (ha il riscaldamento al massimo); 4. falso (risparmia moltissimo); 5. falso (in un appartamento è diverso); 6. vero; 7. vero

23 risposta libera

24 **a. Possibili soluzioni:** affittare, bagno, coinquilino, doccia, elettricità, finestra, giardino, isolato, luminoso, mansarda, nuovo, occupato, padrone di casa, quadro, riscaldamento, spese condominiali, terrazzo, vicini, zona

UNITÀ 8

1 rete; navigare; salvare; scaricare; sito

2 1. ammazzare il tempo; 2. ha consultato/consulta; 3. va in onda; 4. fonte; 5. cartina

3 **orizzontale:** 3. studiavamo; 5. eravate; 6. dicevi; 7. erano; 9. bevevano; **verticale:** 1. si divertivano; 2. facevano; 3. scriveva; 4. preferivano; 8. aveva;

4 avevi, giocavi, ero, c'erano, esistevano, facevi, Guardavi, avevano, ero, giocavamo, vivevamo, correvamo, andavamo, cercavamo, andavi, piaceva, si trovava, avevamo, ci alzavamo, durava, accompagnava, c'era, usava, vi incontravate, chiamavi, vivevamo, eri, c'erano, eri, eri

5 **a. Morena e Paola:** Dormivamo, Era, lavoravamo, davamo, osservavamo, cucinavamo, Mangiavamo, uscivamo, Andavamo, c'era; **Carlo:** Mi alzavo, facevo, controllavo, facevo, partivo, Arrivavo, mi fermavo, visitavo, facevo, mangiavo, cercavo, era, Facevo, vedevo; **Fabrizio e Massimo:** Abitavamo, preparava, andavamo, imparavamo, ascoltavamo, spiegava, ci divertivamo, era, giocavamo, uscivamo, bevevamo; **b.** 1. raccontare azioni abituali: dormivamo in un campeggio; la sera noi cucinavamo; mi alzavo presto; 2. descrivere il carattere di una persona: la gente era sempre gentile; John, l'insegnante d'inglese, era un tipo simpatico, sempre allegro; 3. descrivere un posto: era un bel campeggio, pulito ed accogliente; 4. descrivere una situazione: andavamo tutti d'accordo e c'era una bella atmosfera di gruppo; **c.** 1. Stefano, Cristina, Franco, Mariella, Gigi, Diego; 2. Era bellissimo, vicino al mare e pieno di ragazzi.; 3. pane e nutella;

208   duecentootto   ALMA Edizioni

SOLUZIONI

4. Andavano in spiaggia. Alcuni prendevano il sole, altri giocavano a calcio.; **5.** Diego; **6.** La pasta con il tonno perché era quella che costava meno.; **7.** Tornavano sempre in spiaggia, dove c'era un sacco di gente.; **8.** Suonava la chitarra.

6 avevano, dovevano, significava, poteva, chiedeva, esisteva, volevano, andavano, leggevano, telefonava, partecipava, esisteva, partiva, era

7 **2.** Mentre Anita dormiva, Gianluca guardava la TV.; **3.** Mentre l'insegnante parlava, gli studenti ascoltavano.; **4.** Mentre Marco aspettava l'autobus, parlava al telefono.; **5.** Mentre Tommaso cucinava, Tatiana apparecchiava la tavola.; **6.** Mentre le mamme chiacchieravano, i loro bambini giocavano.

8 introverso, sincero, ironico, triste, disordinato, insicuro

9 **1.** ironica; sincera; **2.** falsa; seria; **3.** sicuro, estroverso, insicuro, introverso

10 risposta libera

11 **1.** me, lei, tu, noi; **2.** me, Io; **3.** lui, lei; **4.** noi, lui, lei

12 **a. 1.** le; **2.** li; **3.** Le, L'; **4.** Gli; **5.** mi, ti, Mi; **6.** gli, lo; **7.** Vi, vi; **b. 1.** lei; **2.** l'; le, me/noi; **3.** me; **4.** lo, loro, gli, me

13 le, messe, lui, lui, gli, lui, la, gli, le, frequentate, lui, lo, lo, La, gli

14 immagine 1, immagine 3, immagine 4

15 **a. età:** giovane; anziano; **fisico:** robusto, calvo, grasso, magro, alto, basso; **capelli:** ricci, calvo, biondi, lisci, rossi, castani, chiari, scuri; **occhi:** azzurri, castani, verdi, chiari, scuri; **carattere:** simpatico, sincero, timido; **b.** risposta libera

16 risposta libera

17 La mia, I miei, i loro, mio, le mie, Mio, sua, mia, la loro, mio, mia, Suo, i suoi, i miei, la mia, i suoi

18 mio, la sua, mia, la sua, mia, suo, i suoi, Sua, mio, la sua, il mio, i miei, la nostra/la loro, mia, il suo, Mia, i loro

19 **1.** la nostra, i nostri, le nostre, i nostri, nostro, nostra; **2.** i loro, il loro, i loro, la loro; **3.** I suoi, Le sue, i suoi, Il suo, sua

20 organizzatissimo, benissimo, attentissimo, precisissimi, bravissimo, famosissimo, interessantissime, simpaticissimo, divertentissime, ordinatissimi, altissimi, contentissimi, bellissimo, gelosissima, fortunatissima

TRASCRIZIONI

Trascrizioni degli ascolti dell'eserciziario

UNITÀ 1

10

Ciao, mi chiamo Roberta e sono un'insegnante d'italiano per stranieri. Vi presento ora il mio nuovo gruppo. È una classe molto internazionale: Maria, per esempio, è spagnola, di Madrid. Bryan è americano. Marta invece è irlandese, di Dublino. Poi c'è Laurence che è francese e Nawid che è turco. Stefanie invece è svedese, di Stoccolma.
Poi c'è una ragazza greca, Theodora, di Atene e Fabio, che è svizzero, di Zurigo. Wang invece è cinese, mentre Junko è giapponese, di Tokyo. Igor è russo e Brigitte è belga. Ah, e anche Pierre è belga, di Bruxelles. Ho anche una ragazza messicana, Paula, e una argentina, di Buenos Aires, che si chiama Mariana. Infine Nicholas è austriaco, di Vienna, Dulce è portoghese e John australiano, di Melbourne. Insomma, una bella classe internazionale e anche molto simpatica.

14

■ Il mio numero di telefono è 340 62 57 901.

22

1. ● Ciao Paul, perché studi l'italiano?
   ■ Per diventare traduttore.
2. ● Julia, e tu? Perché impari l'italiano?
   ▲ Perché ho il ragazzo in Italia.
3. ● Stefanie, perché studi l'italiano?
   ◆ Per partecipare a un programma Erasmus.
4. ● César, perché frequenti un corso d'italiano?
   ▼ Studio storia dell'arte. L'italiano è molto importante per la storia dell'arte.
5. ● Jürgen e tu? Perché impari l'italiano?
   ✦ Mah! Per tanti motivi, ma soprattutto per interesse personale.

UNITÀ 2

8

1. ● Scusa, sai che ore sono?
   ■ Le 10 e 25.
2. ▲ Roberto, sai che ore sono?
   ◆ Le due e mezza.
   ▲ Mamma mia, è tardi! Ho lezione!
3. ● Scusa, che ora è?
   ■ Sono le sette meno un quarto.
   ● Beh! Allora c'è tempo. Il film comincia fra mezz'ora.
4. ▲ Paolo, a che ora comincia la lezione?
   ◆ A mezzogiorno e un quarto. Perché?
   ▲ Hai tempo dopo di prendere un caffè al bar?
   ◆ Va bene.
5. ● Alberto, sono le otto e un quarto e sei ancora a letto! Dai, che hai lezione all'università!
   ■ Ma ho sonno!!!

UNITÀ 3

15

1. ● Ciao Enrico.
   ■ Ciao Fabio come va?
   ● Sì, abbastanza bene, anche se è lunedì! Stasera devo lavorare e non ho per niente voglia. Senti un po', cosa fai mercoledì sera? Io vado a un concerto jazz. Vuoi venire?
   ■ No. Purtroppo mercoledì non posso. Ho già un appuntamento con Carlo. Andiamo al cinema. Lo sai che il mercoledì vado sempre al cinema. Costa meno.
   ● Oh! Peccato. E giovedì cosa fai?
   ■ Eh giovedì sera lavoro. Lavoro sempre il giovedì e il venerdì. Ma, perché non andiamo domani sera a bere qualcosa?
   ● Sì, d'accordo. Domani è martedì e non ho niente in programma. A che ora e dove?
   ■ Mah, facciamo alle nove e mezza al *River Side*.
   ● Sì, perfetto. So dov'è!
2. ▲ Anna, ciao sono Marta.
   ◆ Ciao, Marta. Come stai?
   ▲ Ma sì, non c'è male. A parte l'esame che devo fare venerdì.
   ◆ Allora giovedì sera non esci? Perché io e Sonia andiamo a una festa.

TRASCRIZIONI

▲ No guarda, fino a venerdì sono tappata in casa. Ma il fine settimana voi che fate?
◆ Allora, venerdì ho un appuntamento con Tommaso. Andiamo al cinema allo spettacolo delle 20.00. Sabato però sono libera. Perché non andiamo al *Verven* sabato sera? Fino alle 21.00 c'è l'happy hour, lo sai no? I cocktail costano la metà.
▲ Va bene! Volentieri. Senti, se ti interessa domenica vado al cinema *Anteon* ché c'è un bel film.
◆ Sì lo so, ma domenica purtroppo non posso. Devo stare a casa.

UNITÀ 4

3 a

1. ● Senta scusi, Lei è di Pavia, vero? Come è Pavia?
   ■ È una bella città della Lombardia, tranquilla, pulita, ricca, con un'importante università, si vive bene, forse è un po' provinciale.
2. ● Senta, Lei vive a Genova? Quali sono le caratteristiche di questa città?
   ▲ Genova è una città strana, molto affascinante. La devi scoprire poco a poco. Da un lato ci sono alcune strade con dei meravigliosi palazzi, Via Garibaldi per esempio, però dall'altro poi ci sono dei quartieri moderni orribili. Poi Genova è una città di mare, un po' sporca, come tutte le città con un porto, ma è anche molto dinamica.
3. ● Senti Paolo, ma da quanto tempo studi a Bologna? Ti piace Bologna?
   ◆ Da 2 anni! Bologna è giovane, vivace. È una… è una città universitaria, la città ideale per gli studenti. Pensa che sono circa il 20% della popolazione. Mah, che dire ancora? È una città accogliente, culturalmente molto creativa, calda. Pensa che tutte le sere c'è qualcosa di diverso da fare. E poi la cucina! Guarda, si mangia bene, ci si diverte, l'università è antica e famosa, ma che vuoi di più?

6

1. ● Cosa facciamo? Usciamo?
   ■ Ma non so. Secondo me fra un po' viene un temporale. È tutto nero laggiù.
2. ▲ Madonna mia che caldo!! Un'afa impossibile!

3. ● Che tempo fa lì? Qui c'è una giornata di sole stupendo e fa caldo, ci sono 22 gradi.
   ■ Qui è brutto. È tutto nuvolo.
4. ▲ Brrr che freddo che fa. Ci sono 10 gradi sotto zero. Oggi non metto il becco fuori casa.

UNITÀ 5

5

1. ● Anna, sei andata in palestra ieri?
   ■ No, ieri mattina ho dormito fino a tardi! Poi sono rimasta a casa a studiare per l'esame. E tu?
   ● Io sono uscita con Elisa ma non abbiamo fatto niente di particolare. Siamo andate a mangiare una pizza al *Casolare*.
2. ▲ Ehh, guarda chi arriva. Ciao Gigi!
   ◆ Ciao Carlo! Ma cosa hai fatto poi ieri sera?
   ▲ Ieri sera sono andato al cinema. Ho visto l'ultimo film di Nanni Moretti. E tu?
   ◆ Ma, io sono andato da Luca, abbiamo preso un DVD, *I Cento Passi*. Guarda, bellissimo. Luigi Lo Cascio, l'attore protagonista, è bravissimo!
   ▲ Ah, sì, sì, so che film è. È uscito nel 2000, se non sbaglio.
3. ● Ciao Sonia! Come va? Allora? Passato bene il fine settimana?
   ■ Oh sì! Sono andata a Barcellona!
   ● Ma dai! Che bello!!
   ■ Sì, guarda, ho trovato un volo per 40 euro andata e ritorno, e allora siamo partiti venerdì e siamo tornati domenica sera.
   ● Ah, ma allora non sei andata da sola?
   ■ No, no. Carlo è venuto con me. Sai, lui conosce molto bene Barcellona ed è stato perfetto perché ha raccontato un sacco di cose interessanti sulla città.

10

● Ohh, guarda chi c'è. Marco finalmente! Allora, come va? Tornato dalle ferie?
■ Eh, sì! Eccomi qua, pronto a ricominciare.
● E cosa hai fatto di bello?
■ Quest'estate sono stato in Sardegna con Alberto e abbiamo passato delle vacanze veramente

ALMA Edizioni   duecentoundici   **211**

TRASCRIZIONI

fantastiche. Siamo andati in moto, abbiamo dormito in campeggio, abbiamo fatto il giro dell'isola. Guarda, bellissimo, veramente. La Sardegna merita proprio. Sole tutto il tempo, un mare pulitissimo...
- Beati voi!! Io invece sono restata qui e ho lavorato come al solito al museo!! Non vi dico che divertimento. Però almeno ho avuto tempo di preparare l'esame di storia moderna... va beh, dai! Massimo, e tu? Che cosa hai fatto? Sei andato a Parigi poi?
- Eh sì. Sono stato a Parigi luglio e agosto, ma di Parigi ho visto ben poco. Sono andato a cercare materiale per la tesi. Però ora conosco tutte le biblioteche della città.
- Ma dove hai dormito a Parigi?
- Da Luca. È lì per l'Erasmus da sei mesi e così mi ha ospitato. Ma Stefania e Fabrizio dove sono? Non sono ancora tornati?
- No! Tornano il prossimo fine settimana. Sono andati nei Paesi del Nord! Danimarca, Svezia e Norvegia! Mi hanno mandato una mail da Oslo, la loro ultima tappa, e mi hanno scritto che hanno visto un sacco di posti fantastici. Solo che hanno speso moltissimi soldi.

UNITÀ 6

18

- Ciao Elena. Allora? Come è andata al mercato?
- Ciao Monica. Oggi giornata alla grande. Ho trovato un sacco di cose per l'inverno. Guarda. Fantastici questi stivali neri, vero!? 80 euro. Mi piace un sacco la punta rotonda.
- Sì. E poi quest'anno si usa un casino. Ma che numero porti? Li posso provare un attimo?
- Il 38. Sì, sì, fai pure.
- Eh sì. Proprio belli. Quasi quasi me li prendo anch'io.
- Poi guarda. Ho trovato questi pantaloni a 40 euro.
- Sì, bellini. Ma quel colore viola non mi convince molto. E poi non sono un po' piccoli?
- No! È la 28. Mi vanno benissimo, beh, non sono di certo larghi, ma secondo me mi stanno bene. Poi a me piace il viola. Con una bella maglietta bianca stanno da Dio.
- Come quella lì che vedo nella borsa...? Ma quante cose hai comprato?
- Un sacco! Te l'ho detto che è stata una giornata di grandi acquisti. La maglietta l'ho pagata 10 euro al banchetto solito delle magliette. Ormai mi conoscono e mi fanno pure lo sconto. Non è carina? Semplice, di cotone... Proprio quella che cercavo.
- Sì. Non è male. Ce n'è anche di altri colori?
- Beh, i soliti: bianca, nera, verde, rossa, poi c'è anche un bel giallo che quest'anno va di moda.
- E la tua che taglia è?
- Una M. La S è troppo stretta e corta.
- E poi? Hai comprato ancora qualcosa?
- Sì ho trovato anche questa sciarpa di lana bianca e nera. Mi piace un sacco perché è bella lunga ed è veramente calda. 10 euro l'ho pagata. Non è tanto, no?
- Beh, no di certo. Se la compri in un negozio ti costa almeno il triplo.
- E poi mi sono comprata questa gonna di jeans a 15 euro. Un po' troppo lunga ma mi piace il colore blu scuro e poi ha le tasche davanti. Una 42.
Per me è un po' grande ma con la cintura va bene. Ecco, è tutto. Ho fatto fuori tutti i soldi che ho guadagnato con la traduzione per il prof di economia, e per i prossimi mesi sono a posto.
- Sai che ti dico? La prossima volta vengo con te. Io al mercato non trovo mai niente. Tu invece riesci sempre a trovare delle cose carine.
- Eh sì, cara mia! Anni e anni di esperienza...!

UNITÀ 7

5

- La popolazione residente nel 2015 era di 60.795.612.
- Le persone di origine italiana nel mondo sono circa 130.000.000.
- In Germania vivono circa 700.000 italiani.
- L'Italia produce circa 48.800.000 ettolitri di vino.
- Ogni anno circa 51.000.000 di turisti visitano l'Italia.

TRASCRIZIONI

❖ Nel 2015 i visitatori degli scavi di Pompei sono stati 2.934.010.
▸ Dante Alighieri è nato nel 1265 ed è morto nel 1321.

6
2354, 6.268.456, 14.678, 16.578, 864.323, 19.670

10 a
- ● Ciao Massimo, ciao Paola. Come va? Oh, ma avete sentito l'ultima notizia? Quel secchione di Leandro si è laureato a pieni voti e un suo vecchio zio ricco senza figli gli ha regalato 50.000 euro.
- ■ Sì, sì, l'abbiamo saputo anche noi. Eh beh, caspita con 50.000 euro ne puoi fare di cose… Io prenderei sei mesi di vacanza e mi farei un bel viaggetto in Europa. Andrei prima al Nord, che ne so, Norvegia, Svezia, Danimarca poi… poi scenderei pian piano in Germania, poi Francia, che ne so, poi in Spagna, Portogallo. Cercherei di non spendere tantissimo, cioè non andrei in albergoni, cose costose, sempre i soliti ostelli, ma sicuramente non dovrei contare come sempre i centesimi.
- ● L'Europa? Ma che, sei matto? Io se avessi tutti quei soldi, me n'andrei in Australia. È già da un po' che mi piacerebbe andare laggiù con la mia ragazza a fare una bella vacanza. Io e Nadia prenderemmo magari una macchina a noleggio e gireremmo in lungo e in largo tutto il Paese.
- ▲ Ma io sinceramente non li spenderei così in divertimenti. Magari li metterei in banca e mi comprerei una casetta.
- ■ Ma dai! Con 50.000 euro non riusciresti a comprarti niente.
- ▲ Beh, magari potrei… potrei dare un anticipo. E poi chiederei un aiuto ai miei. Ma poi mica mi devo comprare una villa. Mi basterebbe anche solo un monolocale. Magari una bella mansardina non sarebbe male.

UNITÀ 8

5 c
- ● Ma vi ricordate quelle vacanze mitiche alla fine della maturità?
- ■ Quali? Quelle in Sardegna?
- ● Sì, se non sbaglio era l'agosto del 2008.
- ■ Ah sì che belle! Ma quanti eravamo? Un sacco di gente vero?
- ▲ Eh beh sì, c'erano Stefano, Cristina, Franco, Mariella, Gigi, Diego, e poi anche qualcun altro. Insomma eravamo una decina di persone. Non avevamo un euro in tasca ma, che ne so, ci divertivamo sempre un sacco e poi ridevamo sempre.
- ■ Ma dove dormivamo? Eravamo in campeggio o in una casa? Adesso faccio confusione con le vacanze in Sicilia.
- ● Mah, dormivamo al campeggio di Santa Teresa di Gallura, ti ricordi? Era bellissimo… vicino al mare… pieno di ragazzi. Facevamo sempre colazione al supermercato, te lo ricordi? Mangiavamo tonnellate di pane e Nutella.
- ■ Ah, sì, mi ricordo, dopo quelle vacanze non ho più toccato un barattolo di Nutella per due anni!
- ● Dopo colazione prendevamo i motorini e andavamo tutti i giorni in una spiaggia diversa. C'erano dei posti bellissimi. Il mare era verde smeraldo.
- ▲ Sì, sì, esatto, poi alcuni prendevano il sole e altri giocavano a calcio in spiaggia. Alla fine dell'estate eravamo tutti nerissimi. Poi la sera tornavamo in campeggio, cucinavamo…
- ● No, scusa!! Era sempre il povero Diego che cucinava! Perché nessuno aveva mai voglia, anche se tutti avevamo una fame da lupi. Faceva sempre la pasta con il tonno perché era quella che costava di meno!!
- ■ Sì, e poi alla fine, anche la sera dopo cena tornavamo sempre in spiaggia dove c'era un sacco di gente. Stefano tirava fuori la chitarra e cominciava a suonare. Sempre le stesse canzoni eh!! Alla fine era una tortura.
- ● Sì… guarda e poi come al solito c'era qualcuno che raccontava le solite scemate e poi tutti giù a ridere.
- ▲ Sì, sì è vero… e qualcuno cominciava anche a sbaciucchiarsi!!! Mariella e Diego dopo un po' sparivano e nessuno sapeva dove erano!!
- ● Sì, sì è vero!!! Che belle vacanze eh? Non avevamo niente in testa. Pensavamo solo a divertirci…

TRASCRIZIONI

14

- Ciao Roby, come stai? Perché non sei venuta alla festa?! Che peccato!
- Mah, adesso bene, ma ieri stavo proprio male. E poi ero stanchissima. Ma come è andata?
- La festa è stata bellissima. Davvero divertente. Ho conosciuto due ragazzi decisamente carini e simpatici.
- Cosa??? Racconta, racconta.
- Sì sì. Uno si chiama Davide, suona il basso in un gruppo e studia scienze politiche.
- Ah, forse lo conosco. Ha i capelli neri e ricci e un po' lunghi?
- Sì, ed è alto e magro e ha un bel sorriso aperto.
- Sì, allora credo di sapere chi è. Però me lo ricordavo basso.
- Nooo, è alto almeno 1.80. L'altro si chiama Elio. Lo conosci?
- Elio? Il nome non mi dice niente.
- Anche lui è alto e magro, ha due bellissimi occhi chiari e ha i capelli un po' lunghi e lisci. Lui è il cantante del gruppo di Davide, studia storia.
- Storia, davvero? Come me. Magari l'ho visto in facoltà.
- Boh, può essere... Lui però non è così aperto come Davide, mi sembra un po' timido, però sembra anche molto dolce e sincero. Li ho cercati su Facebook e gli ho chiesto l'amicizia. Vediamo!
- Dai, magari una volta usciamo insieme. Ma chi c'era ancora?
- C'era Stefano, ma quasi non lo riconoscevo. Ora è calvo ed è un po' grasso... Senti, ma cosa fai domani...

CREDITI FOTOGRAFICI

P. 7: © fotolia/Pavlo Vakhrushev; © iStock/Nickilford; © Thinkstock/iStock/Freeartist; © fotolia/jackfrog **P. 8:** © Thinkstock/iStock/EpicStockMedia; © fotolia/Beboy **P. 9:** © Thinkstock/iStock/Dirima; © iStock/Wavebreakmedia; © fotolia/Syda Productions; © Thinkstock/DigitalVision/Nick White; © Thinkstock/Digital Vision/Jack Hollingsworth; © Thinkstock/iStock/BerSonnE **P. 10:** © iStock/ilbusca; © fotolia/goodluz; © fotolia/Petro Feketa **P. 11:** © Thinkstock/Wavebreak Media; © fotolia/WavebreakmediaMicro; © Thinkstock/Digital Vision/Ryan McVay **P. 12:** © Thinkstock/Hemera; © Thinkstock/iStock/Goodluz **P. 13:** © Thinkstock/iStock/fatesun **P. 14:** © fotolia/ZoomTeam; © Thinkstock/iStock/PIKSEL; © Thinkstock/iStock/Daniel Ernst; © Thinkstock/iStock/acfrank; © Thinkstock/iStock/BerSonnE **P. 16:** © Thinkstock/Goodshot **P. 19:** © Glow Images/ImageBROKER RM/Sabine Lubenow; © Glow Images/Eye Ubiquitous/Bennett Dean; © Thinkstock/iStock/hydrangea100; © iStock/Giorgio Magini **P. 20:** © fotolia/Franz Pfluegl; © Thinkstock/iStock/Joe Gough; © Thinkstock/iStock/GrishaL **P. 21:** © iStock/antonioscarpi; © Thinkstock/iStock/Evgeny Karandaev; © Thinkstock/iStock/Maksym Narodenko **P. 22:** © iStock/anouchka; © fotolia/Jürgen Fälchle **P. 23:** © iStock/scanrail **P. 24:** © 123RF/ dolgachov **P. 25:** © Neubauwelt; © Thinkstock/iStock/Levent Konuk; © Thinkstock/iStock/Konstantin Anisko; © Thinkstock/iStock/urfinguss; © iStock/amaranto; © GraphicBurger **P. 26:** © Thinkstock/iStock/MaaraJuberte; © fotolia/pio3; © Elena Carrara; © Thinkstock/iStock/dues **P. 27:** © iStock/clubfoto; © fotolia/Jiri Hera; © iStock/forley; © Thinkstock/iStock/sunstock; © fotolia/franga; © Thinkstock/iStock/ValentynVolkov; © Thinkstock/Hemera/Julien Grondin; © Thinkstock/Dave King; © Thinkstock/iStock/aizram18; © fotolia/Andrey Armyagov **P. 29:** © PantherMedia/william87; © Thinkstock/iStock/Maksym Narodenko; © Thinkstock/iStock/Devonyu; © Thinkstock/iStock/anna1311; © Thinkstock/iStock/ValentynVolkov; © Thinkstock/iStock/karandaev; © Thinkstock/iStock/denphumi; © iStock/EricFerguson; © Thinkstock/Hemera/Julien Grondin; © Thinkstock/iStock/sunstock; © iStock/forley **P. 30:** © iStock/pressdigital; © fotolia/photocrew **P. 33:** © Thinkstock/iStock/gpointstudio; © iStock/diego_cervo; © iStock/gemenacom **P. 34:** © Thinkstock/iStock/kosmos111; © fotolia/contrastwerkstatt; © Thinkstock/iStock/CreativaImages; © Thinkstock/Lightwavemedia/Wavebreakmedia Ltd; © Thinkstock/iStock/Peshkova **P. 36:** © PantherMedia/lentolo81 **P. 37:** © PantherMedia/Daniel Olivier; © Thinkstock/Jupiterimages/BananaStock; © Thinkstock/iStock/milkal; © Thinkstock/iStock/Ridofranz **P. 39:** © fotolia/tinx **P. 41:** © imago/Milestone Media **P. 43:** © Thinkstock/iStock **P. 47:** © Thinkstock/iStock/starmaro; © Thinkstock/iStock/Montegia; © iStock/starmaro **P. 48:** © Thinkstock/iStock Editorial/mathess **P. 49:** © iStock/Kais Tolmats; © Thinkstock/iStock/Madllen; © Thinkstock/iStock/Apetrov89ru; © Thinkstock/iStock/akova; © fotolia/sborisov; © fotolia/mirubi; © PantherMedia/Toni Anett Kuchinke; © Thinkstock/iStock/Borisb17; © Thinkstock/iStock/Sazonoff **P. 50:** © iStock/Maxiphoto; © Thinkstock/iStock/drxy; © Thinkstock/iStock/vesilvio; © Thinkstock/iStock Editorial/Cividins; © Thinkstock/

iStock/sv-time **P. 51:** © Thinkstock/iStock/Montegia; © www.cartomedia-karlsruhe.de; © Thinkstock/iStock/Alex Belomlinsky **P. 52:** © Thinkstock/iStock Editorial/vesilvio; © fotolia/Comugnero Silvana; © fotolia/ANADEL **P. 53:** © iStock/Tupungato **P. 54:** © www.cartomedia-karlsruhe.de **P. 55:** © fotolia/woe **P. 58:** © Thinkstock/iStock/klug-photo; © fotolia/c; © Thinkstock/iStock/Astarot; © Thinkstock/iStock/AntonioGuillem **P. 61:** © PantherMedia/Lenorlux; © Thinkstock/Wavebreakmedia Ltd; © iStock/apomares; © Thinkstock/iStock/m-imagephotography **P. 62:** © Thinkstock/iStock/andresrimaging; © iStock/Kevin Russ; © Thinkstock/iStock/Balazs Kovacs **P. 64:** © fotolia/diego cervo **P. 65:** © Thinkstock/iStock/8vFanI; © iStock/Davel5957 **P. 66:** © iStock/rosliothman; © fotolia/Greg Brave **P. 67:** © fotolia/beatrice preve **P. 69:** © EF Education (Deutschland) GmbH **P. 70:** © Thinkstock/iStock/NevAnder; © Thinkstock/iStock/StockRocket; © Thinkstock/BananaStock **P. 71:** © Glow Images/hwo **P. 75:** © Thinkstock/iStock/Delpixart; © Thinkstock/iStock/Marzia Giacobbe; © Thinkstock/iStock Editorial/Razvan; © fotolia/Antonio GAUDENCIO **P. 76:** © Thinkstock/iStock/atoss; © iStock/fcafotodigital; © Thinkstock/iStock/WJBurgwal; © Thinkstock/iStock/SvetlanaK; © Thinkstock/iStock/Photozek07; © fotolia/Denis Dryashkin; © Thinkstock/iStock/marilyn barbone; © fotolia/hvoya; © Thinkstock/iStock/saquizeta; © iStock/antoniotruzzi; © iStock/Alasdair Thomson; © Thinkstock/iStock/Denira777; © Thinkstock/iStock/Magone; © Thinkstock/iStock/juan moyano; © fotolia/Tomboy2290; Cotechino © fotolia/Marzia Giacobbe **P. 79:** © Thinkstock/iStock/Ancika; © fotolia/Minerva Studio; © Thinkstock/iStock/AdamGregor; © fotolia/nys; © Thinkstock/iStock/demidoffaleks; © Thinkstock/iStock/clark_fang; © iStock/AlexKalina; © Thinkstock/Hemera/Evgenii Karamyshev; © fotolia/Africa Studio; © iStock/adisa; © Thinkstock/iStock/Gordana Sermek; © Thinkstock/iStock/petrdlouhy; © iStock/bonetta; © Thinkstock/iStock/shutswis; © iStock/jasantiso; © Thinkstock/iStock/BeylaBalla; © iStock/gofotograf **P. 81:** © Thinkstock/iStock/Anna Sirotina; © iStock/novakzoltan; **P. 82:** © Thinkstock/iStock/BartekSzewczyk **P. 84:** © iStock/DonNichols; © fotolia/Alexandra Karamyshev; © iStock/deniztuyel; © Thinkstock/iStock/MaleWitch; © fotolia/sumnersgraphicsinc; © Thinkstock/iStock/Digital Paws Inc. **P. 85:** © iStock/AlexTimaios; © fotolia/rook76 **P. 89:** © Thinkstock/iStock/Shaiith; © fotolia/Andreaphoto; © PantherMedia/enrico_lapponi; © fotolia/saras66; © Thinkstock/iStock/Gangis_Khan; © PantherMedia/phil_bird **P. 90:** © PantherMedia/Wavebreakmedia; © Thinkstock/iStock/monkeybusinessimages; © iStock/ZoneCreative **P. 91:** © fotolia/andersphoto **P. 92:** © Thinkstock/iStock/StockRocket; © fotolia/Andreaphoto **P. 93:** © fotolia/Robbic **P. 94:** © Thinkstock/iStock/Maksym Bondarchuk; © Thinkstock/iStock/dejan Jekic; © Thinkstock/iStock/photobac; © iStock/ugurhan; © Thinkstock/iStock/aopsan; © fotolia/Andrey Bandurenko; © fotolia/Viktor Gmyria; © Thinkstock/iStock/billyfoto; © iStock/flyfloor; © iStock/stephanie Phillips; © Thinkstock/iStock/Evgeny Sergeev; © Thinkstock/Hemera/Igor Terekhov; © Thinkstock/Hemera/Simon Krzic; © iStock/tumpikuja **P. 96:** © Thinkstock/iStock/Educester; © Thinkstock/iStock/

Askold Romanov **P. 97:** © iStock/duckycards **P. 98:** © Thinkstock/moodboard/Mike Watson; © fotolia/Walter Luger; © PantherMedia; © Thinkstock/iStock/OcusFocus **P. 99:** © dpa Picture-Alliance/Jens Kalaene; © fotolia/VRD **P. 103:** © Thinkstock/Polka Dot/Jupiterimages;© Famiglia Cristiana 16/2016 – Periodici San Paolo srl; © Thinkstock/iStock/MichaelNivelet; © Thinkstock/DigitalVision/Jack Hollingsworth **P. 104:** © Hueber Verlag, München **P. 105:** © Thinkstock/Digital Vision; © Thinkstock/iStock/Prykhodov **P. 106:** © Corbis/Onoky/Fabrice Lerouge; © Thinkstock/iStock/branca_escova **P. 107:** © Thinkstock/iStock/monkeybusinessimages; © iStock/Xavier Arnau; © Thinkstock/iStock/IPGGutenbergUKLtd; © fotolia/Rock and Wasp; © GraphicBurger; © fotolia/Kar Tr; © iStock/franckreport; © iStock/Brendan Hunter **P. 108:** © iStock/Bigandt_Photography; © fotolia/ViewApart; © Thinkstock/BananaStock; © iStock/Ilya Terentyev; © Thinkstock/iStock/kobrin_photo; © Thinkstock/iStock/metinkiyak; © Thinkstock/DigitalVision/Mike Powell **P. 110:** © iStock/wundervisuals **P. 111:** © iStock/skynesher **P. 112:** © Thinkstock/Goodshoot/Jupiterimages; © iStock/nimis69; © iStock/gmalandra **P. 113:** © Thinkstock/iStock/BerSonnE; © 123RF/Andrey Kiselev; © 2015 Icons Solid **P. 117:** © fotolia/sborisov; © fotolia/mirubi; © PantherMedia/Toni Anett Kuchinke; © Thinkstock/iStock/Borisb17; © Thinkstock/iStock/Sazonoff; © imago/Reporters **P. 118:** © Glow Images/hwo; © PantherMedia/giuliaisabella **P. 123:** © fotolia/WavebreakMediaMicro **P. 124:** © iStock/Eugenio Marongiu **P. 127:** © Thinkstock/BananaStock **P. 128:** © Thinkstock/iStock/andresrimaging; © Hueber Verlag, München/Florian Bachmeier **P. 130:** © fotolia/Tyler Olson **P. 132:** © Thinkstock/iStock/Wavebreakmedia **P. 133:** © Thinkstock/iStock/Luis Carlos Jiménez del Río; © Thinkstock/iStock/AndreySt; © Thinkstock/iStock/Natikka; © Thinkstock/iStock/papkin; © Thinkstock/iStock/saquizeta; © fotolia/gudrun **P. 134:** © Thinkstock/iStock/lvcandy **P. 136:** © fotolia/Shooter **P. 140:** © Thinkstock/iStock/mrohana; © iStock/tomch **P. 143:** © fotolia/Rainer Albiez **P. 146:** © iStock/bernotto **P. 149:** © Thinkstock/iStock/vladans **P. 153:** © iStock/Kevin Russ **P. 154:** © iStock/Tempura **P. 156:** © fotolia/kegfire **P. 161:** © Thinkstock/iStock/marilyn barbone; © Thinkstock/iStock/saquizeta; © Thinkstock/iStock/Denira777; © fotolia/Denis Dryashkin; © iStock/fcafotodigital; © Thinkstock/iStock/Luis Carlos Jiménez del Río; © Thinkstock/iStock/SvetlanaK; © iStock/Alasdair Thomson; © Thinkstock/iStock/Photozek07; © Thinkstock/iStock/juan moyano **P. 163:** © fotolia/the_lightwriter; © Thinkstock/Hemera/Evgenii Karamyshev; © iStock/adisa; © Thinkstock/iStock/petrdlouhy; © iStock/gofotograf; © fotolia/nys; © Thinkstock/iStock/shutswis; © Thinkstock/iStock/Gordana Sermek **P. 164:** © Thinkstock/Hemera/Evgenii Karamyshev; © iStock/adisa; © Thinkstock/iStock/Gordana Sermek; © Thinkstock/iStock/Digital Paws Inc. **P. 170:** © fotolia/ppi09 **P. 171:** © fotolia/Henry Czauderna **P. 175:** © iStock/sturti **P. 176:** © Thinkstock/iStock/RayTango **P. 179:** © Thinkstock/Stockbyte/Jupiterimages

P. 236/240: © Thinkstock/iStock/pking4th

UniversItalia 2.0 A1/A2
corso di italiano

direzione editoriale per l'edizione internazionale: Massimo Naddeo
redazione: Valerio Vial, Anna Colella, Letizia Porcelli, Marco Dominici
copertina, progetto grafico e impaginazione: Lucia Cesarone, Studio Sieveking
illustrazioni: Mascha Greune

si ringraziano per la supervisione e consulenza didattica: Maria Balì, Marcello Ferrario, Elena Gallo, Livia Novi, Daniela Rocca, Enrico Serena, Laura Tiego-Eckstein

©2018 ALMA Edizioni
Printed in Italy
ISBN 978-88-6182-590-1
prima edizione: gennaio 2018

ALMA Edizioni
viale dei Cadorna 44
50129 Firenze
alma@almaedizioni.it
www.almaedizioni.it

Tutti i diritti di traduzione, di memorizzazione elettronica, di riproduzione e di adattamento totale o parziale, con qualsiasi mezzo (compresi i microfilm, le riproduzioni digitali e le copie fotostatiche), sono riservati in tutti i Paesi. L'editore è a disposizione degli aventi diritto per eventuali mancanze o inesattezze.